高等学校法学系列教材

新编法学导论

主　编　王　晶　侣连涛　邢双艳

副主编　张青卫　刘竹义

清华大学出版社
北京交通大学出版社
·北京·

内 容 简 介

法理学也被称为法哲学，是法学学科体系的基础理论、一般理论和方法论。在传统法理学教学过程中，往往由"法理学"一门课程完成法学基础理论的讲授工作，既充当低年级学生的法学入门课程，又充当高年级学生的进阶读本。"法理学"课程讲授和学生学习的实践经验告诉我们，一门课程无法很好地完成入门基础和进阶拔高的双重使命。因此，"法理学"课程分阶段教学成为部分高校法理学教学的授课模式。

《新编法学导论》是传统"法理学"课程"一分为二"教学改革用书之一，与《法理学》教材共同构成法理学学科的完整课程用书体系。在马克思主义法学理论指导下，本书从法学和法律两个角度，介绍了法学基本理论、法本体基础理论、法运行基础理论、法律与社会等基本内容。

本书最大特点在于强调法学知识的基础性和入门性，可作为高等教育法学专业"法理学"课程的入门教材供法学专业一年级新生使用，也可以作为非法学专业学生"法律素养""法学概论"等公共选修法律课程的教材，还可作为相关法律从业人员的参考用书，同时还可以作为法律爱好者的入门读物。

图书在版编目（CIP）数据

新编法学导论 / 王晶，佀连涛，邢双艳主编. —北京：北京交通大学出版社：清华大学出版社，2023.11

ISBN 978-7-5121-5097-3

Ⅰ. ① 新… Ⅱ. ① 王… ② 佀… ③ 邢… Ⅲ. ① 法学 Ⅳ. ① D90

中国国家版本馆 CIP 数据核字（2023）第 214311 号

新编法学导论
XINBIAN FAXUE DAOLUN

责任编辑：田秀青

出版发行：清 华 大 学 出 版 社　邮编：100084　电话：010-62776969　http://www.tup.com.cn
　　　　　北京交通大学出版社　邮编：100044　电话：010-51686414　http://www.bjtup.com.cn
印 刷 者：北京时代华都印刷有限公司
经　　销：全国新华书店
开　　本：185 mm×260 mm　印张：15.5　字数：397 千字
版 印 次：2023 年 11 月第 1 版　2023 年 11 月第 1 次印刷
印　　数：1～2 000 册　定价：45.00 元

前　言

　　"法理学"作为法学专业的十六门核心课程之一，是以部门法理论和法律实践为主要基础提升而成的法的一般理论。它既是法学的一门基础理论课，又是法学研究的哲学基础和方法论。"法理学"与其他部门法学相比较而言，最大的特点是抽象性和思辨性。在各大法律院系人才培养计划中，"法理学"课程往往安排在大学一年级第一学期，被赋予了引导法学专业学生入门和提升法学理论素养的双重使命。法学教育的实践证明，"法理学"这门课程面对双重的教学使命，不但完成不好，也完成不了。基于此，传统"法理学"采取分阶段教学的理论与实践应运而生。有的高校把传统的"法理学"课程分成"法理学导论"和"法理学原理"，有的高校把传统的"法理学"课程分成"法学导论"和"法理学专论"，有的高校把传统的"法理学"课程分成"法理学（上）"和"法理学（下）"，还有的高校把传统的"法理学"分成"法理学初阶""法理学进阶""法理学高阶"。分段后的法理学往往被分别安排在大学一年级第一学期和大学三年级第一学期开设。第一阶段的课程承担起引导法学专业学生跨入法学知识殿堂的作用，第二阶段的课程承担起法学基本理论的传承和法学思辨能力培养的理论素养提升功能。

　　本书是传统"法理学"课程"一分为二"教学改革用书之一，与《法理学》教材共同构成"法理学"课程的完整用书体系。本书编写突出了三大特点。

　　一是突出法理学案例教学的特点。本书根据各章节内容的特点，选取了法理学中的中外经典案例和热点案件素材，通过对案件材料的分析和领会使学生进一步巩固和掌握法理学知识点。同时案例在选取时尽量结合我国的社会现实，反映当前群众所关注的热点和焦点问题，使学生在学习法理学的过程中很容易把已有的知识体系与法理学知识点相互关联起来，起到提高学生学习兴趣和学习效果的作用。

　　二是突出实用性。在每章之后，编者都精选了近年来各大高校研究生招生考试和历年司法考试（现为法律职业资格考试）中的题目，达到检验和巩固学生所学知识的目的，同时也检验学生的学习情况。

　　二是与时俱进。教材编写过程中，尽量反映法理学近些年来研究所得的新知识和新观点，教材体系精练、内容简明、层次清晰、理论联系实践、重点和难点突出。

本书由吉林师范大学王晶、山东科技大学侣连涛和邢双艳担任主编，负责教材的编写和统稿、定稿工作；西安财经大学法学院张青卫和南京师范大学中北学院刘竹义担任副主编，负责教材编写和全书稿件校对工作。各章节的编写分工如下：刘竹义负责第一章、第二章、第三章编写工作；王晶负责第四章、第五章、第六章、第七章、第八章、第九章第一～三节的编写工作；侣连涛负责第九章第四节、第五节的编写工作；邢双艳负责第十章的编写工作；张青卫负责第十一章的编写工作。此外，王晶、张青卫和刘竹义负责全书的稿件校对工作。本书在编写过程中借鉴了诸多国内外优秀法理学教材、著作的成果，在此我们深表谢意。尽管我们在编写过程中尽了很大努力，但由于编者知识和能力水平有限，再加上时间较为仓促，欠缺和错误之处在所难免，敬请广大专家、学者批评指正。

编　者
2023 年 9 月

目　　录

第一章　绪论 ……………………………………………………………… 1

　　第一节　法学的概念、研究对象和特征 ………………………………… 1

　　第二节　法学历史 ………………………………………………………… 4

　　第三节　法学体系 ………………………………………………………… 14

　　第四节　法学与其他学科的关系 ………………………………………… 18

　　第五节　法学研究方法 …………………………………………………… 21

　　第六节　法学教育 ………………………………………………………… 27

　　第七节　法学导论 ………………………………………………………… 29

　　本章复习题 ………………………………………………………………… 33

第二章　法的概念 ………………………………………………………… 36

　　第一节　法的概念的语义分析 …………………………………………… 36

　　第二节　法的现象与本质 ………………………………………………… 40

　　第三节　法的分类 ………………………………………………………… 53

　　本章复习题 ………………………………………………………………… 59

第三章　法的起源 ………………………………………………………… 63

　　第一节　原始社会的社会调控机制 ……………………………………… 63

　　第二节　法的起源 ………………………………………………………… 68

　　本章复习题 ………………………………………………………………… 79

第四章　法的历史类型 …………………………………………………… 82

　　第一节　法的历史类型释义 ……………………………………………… 82

　　第二节　古代法律制度 …………………………………………………… 83

　　第三节　近现代资本主义法律制度 ……………………………………… 89

　　第四节　当代中国社会主义法律制度 …………………………………… 93

　　第五节　法的未来发展 …………………………………………………… 99

　　本章复习题 ………………………………………………………………… 101

第五章 法的要素 ·· 102

第一节 法的要素释义 ·· 102

第二节 法律规则 ·· 105

第三节 法律原则 ·· 112

第四节 法律概念 ·· 117

本章复习题 ·· 120

第六章 法律体系 ·· 124

第一节 法律部门及其划分 ·· 124

第二节 法律体系释义 ·· 127

第三节 当代中国的法律体系 ····································· 129

本章复习题 ·· 135

第七章 法的渊源 ·· 137

第一节 法的渊源释义 ·· 137

第二节 法的渊源的种类 ··· 139

第三节 当代中国法的渊源 ·· 141

本章复习题 ·· 152

第八章 法律效力 ·· 156

第一节 法律效力概述 ·· 156

第二节 法律效力范围 ·· 161

本章复习题 ·· 166

第九章 法的作用 ·· 169

第一节 法的作用释义 ·· 169

第二节 法的规范作用 ·· 172

第三节 法的社会作用 ·· 175

第四节 正确认识法的作用 ·· 178

第五节 《民法典》的社会治理作用 ···························· 182

本章复习题 ·· 190

第十章 法律关系 ·· 192

第一节 法律关系的释义 ··· 192

第二节 法律关系的分类 ··· 196

第三节 法律关系的主体 ··· 198

第四节　法律关系的客体 ……………………………………………………… 201

第五节　法律关系的内容 ……………………………………………………… 203

第六节　法律关系的产生、变更与消灭 ……………………………………… 210

本章复习题 …………………………………………………………………… 213

第十一章　法律责任 …………………………………………………………… 217

第一节　法律责任释义 ………………………………………………………… 217

第二节　法律责任的产生原因和构成要件 …………………………………… 222

第三节　法律责任的分类 ……………………………………………………… 226

第四节　法律责任的归结与免除 ……………………………………………… 228

第五节　法律责任的承担与实现 ……………………………………………… 231

本章复习题 …………………………………………………………………… 235

参考文献 ………………………………………………………………………… 240

第一章

绪　论

✅ **教学目的和要求**

1. 了解法学的研究对象、法学的学科分类。
2. 了解法学与其他人文学科的关系，掌握法学教育对法学专业学生的重要意义。

✅ **教学重点和难点**

掌握法学学科的分类，法学与其他社会科学的关系。

第一节　法学的概念、研究对象和特征

一、法学的概念

法学是法律科学的简称，其词源历史悠久，但中国与西方不同。

关于法律和法律问题的研究，在我国先秦时期称为"刑名法术之学"或"刑名之学"，汉代开始有"律学"。刑名法术之学主要强调定分与正名，着重对"刑""名"进行辨析。律学主要是对当时的律、例进行注释，关注法律的应用技术，而不关注正义等价值问题。我国古代"法学"一词最早出现于南北朝时期。《南齐书·孔稚珪传》曾引用孔稚的一句话："寻古之名流，多有法学。"唐代大诗人白居易也曾向皇帝建议"悬法学为上科"。然而，孔、白二人所用的"法学"的含义，仍然接近于律学。总的来说，在中国，法学或法律科学的名称，直到19世纪末20世纪初西学东渐、西方文化大量传入时才广泛使用。

在西方，法学一词源远流长，正如"法"一词一样，"法学"这一词语的拉丁文——jurisprudentia早在公元前3世纪末罗马共和时代就已经出现。该词由jus（法律、正义、权利）和providere（先见、知识、聪明）两词合成，表示有系统、有组织的法律知识、法律学问、

法律技术。到了公元 2 世纪罗马帝国前期，该词已被广泛使用。当时罗马的五大法学家之一乌尔比安（170？—228）曾说道："法学是神事和人事的知识，正与不正的学问。"后来，随着罗马法的复兴，拉丁文 jurisprudentia 这一词语在欧洲各国广泛传播。德文、法文、英文及西班牙文等语种，都是在该词的基础上发展出了各自指称法学的词汇，并且其含义日渐深刻，内容不断丰富。

当今，我国对法学的理解主要存在以下两种理解方式。

第一，法学是指法学学科。《学位授予和人才培养学科目录》（2018 年 4 月更新），规定我国分为哲学、经济学、法学、教育学、文学、历史学、理学、工学、农学、医学、军事学、管理学、艺术学 13 个学科门类。法学是高校开设学科中的一个大类。法学学科主要包括法学类、政治学类、社会学类、民族学类、马克思主义理论类、公安学类等。

第二，法学是指法学科学。法学又称法律学、法律科学，是人文社会科学中的一个相对独立的学科，是以法律规范、法律制度、法律现象以及其发展规律性为研究内容的科学，是一门关于社会共同生活的规范科学，属于社会科学的范畴。

二、法学的研究对象

法学是一门社会科学。社会科学，就是研究社会现象的科学。凡是与人类社会生活有关，与人类社会关系有关，与人类社会历史发展及其发展变化规律有关的现象，都是社会科学的研究对象。按此理解，法学显然是社会科学体系中的一员。但是，法学又是一门具有独特性的社会科学，它以法律规范、法律制度等法律现象为研究对象，试图把握人类进入文明时代后各种法律现象发展的一般过程和规律性，借以了解法律作为社会现象、文明现象的独特性，了解法律作为社会控制方式的重要性和独特性。

对于法学的研究对象，不同的思想家或学者有不同的回答。有的以法的价值与理念为研究重点，有的以法的规范与结构为研究重点，还有的认为法律的研究对象应该以法在社会中的运行为基本出发点，等等。这种对法学研究对象的不同认识，催生了不同的法学流派，极大地丰富了法学的内容。

本书认为，法学作为一门系统的学科，应该对其从内部与外部、理论与实践等方面进行全方位的研究。由于法学的研究范围非常广泛，所以后来随着法律研究的不断发展，法学也就划分成许多部门法学。根据分类的标准不同，其分类形式也可以多种多样。例如，根据其理论与实践运用程度的不同，可以从认识论的角度将法学分为理论法学与应用法学；根据其国内与国外的情形，可以分为国内法学与外国法学；根据其学科交叉与使用方法，可以分为边缘法学（交叉法学）与比较法学等。根据现阶段的法学教育与法学研究的具体情况，法学研究对象可以分为以下三个方面：

（一）法学的研究对象首先是法

这里的"法"包括通常所说的各种意义的法。从法的形式角度来看，包括宪法、法律、法规以及其他各种形式的成文法和不成文法；从法的体系角度来看，包括宪法、行政法、民商法、刑法、经济法、社会法、诉讼法、环境法以及其他各种部门法；从法的时间角度来看，包括古代法、近代法、现代法和当代法；从法的空间角度说，包括本国法、外国法、国际法、本地法和外地法；从法的历史类型角度来看，包括奴隶制法、封建制法、资本主义法、社会主义法；从法的一般分类角度来看，包括国内法和国际法、根本法和普通法、一般法和特别法、实体法和程序法；从法的表现形态角度来看，包括动态的法和静态的法、具体的法和抽象的法、纸面上的法和生活中的法、理想的法（如自然法）和现实的法（如实际生效的法）等。法学只有将所有这些不同意义上的法尽收眼底，加以研究，才算是名副其实的法学。

（二）法学主要研究各种法的现象和法发展的规律

法学的研究内容虽然也会涉及经济、政治、文化等法律以外的其他社会现象，甚至还会涉及一些自然现象，但无论在古代还是现代，法学的研究对象始终聚焦于一定社会的法律现象。法律现象属于社会现象的范畴，其范围极其广泛，具体表现形式也丰富多样，并且其还会随着社会的发展变化而不断演变、更新和扩展。根据法律现象存在形式的基本特点之不同，众多的法律现象可以概括为两大类：一是静态法律现象，即主要以相对静止形式存在或表现出来的法律现象。如各种规范性法律文件、法律规范、法律制度、法律机构、法律文化、法律意识等；二是动态法律现象，即主要以运动形式存在或表现出来的法律现象。如各种法律行为、法律关系、法的创制、法的实施、法的适用、法律监督等。但必须注意的是，法律现象的这种概括性分类只具有相对意义，而不能绝对化。"静"或"动"指的仅仅是或主要是法律现象的存在方式。就具体内容而言，无论是静态法律现象，还是动态法律现象，都处于不断的发展变化之中，同时也都会在一定时期内保持相对稳定。法学的主要任务之一，就是从静态与动态的有机结合中，研究社会中总体的法律现象以及各种具体法律现象的产生和发展过程、存在形态、运行或演变方式、主要作用等，并在研究中揭示一切法律现象的共性以及各种具体法律现象的个性，形成关于法律现象的系统性知识体系。

同其他社会现象一样，法律现象既不是人们主观意志支配的产物，也不是杂乱无章的堆积或拼凑。从产生到发展，从各种具体的法律现象到总体法律现象，从法律现象内部到法律现象与社会及其他社会现象之间，无不显示着法律现象产生和发展的必然性以及其自身发展演变的内在规律。因此，法学的任务并不仅仅限于对法律现象本身的研究，更重要的是从对现象的研究中探寻法律现象的发展演变规律，形成揭示和反映这些规律的法学理论。

（三）法学还应当研究与法相关的问题

法和法的现象不是孤立的，它们的存在和发展同其他事物特别是经济、政治、文化等社会现象有着密切的联系。研究这些与法相关的问题，可以拓展法学的研究领域，深化对法律和各种法律现象的规律性认识。因此，法学还应当研究与法相关的问题。

三、法学的特征

法学作为一门社会科学，有其自身的学科特点。

第一，法学的研究对象是法与法律现象。法学始终与法律相关，与法律现象相关，所涉及的问题主要是法律问题，不同于自然科学、人文科学和其他社会科学。

第二，法学的研究内容非常丰富多样，涉及法律现象的方方面面。张文显[1]认为："法学既然是以法的现象及其规律作为研究对象的一门系统的科学，必须对其研究对象进行全方面的研究。既要考察研究法的产生、发展及其规律，又要比较研究各种不同的法律制度，它们的性质、特点以及它们的相互关系；既要研究法的内部联系和调整机制等，又要研究法与其他社会现象的联系、区别及其相互作用；既要对法进行静态分析，又要对法进行动态研究。"付子堂[2]认为，法学研究的内容是法律的内在方面和外在方面；卓泽渊[3]认为，法学研究法律的事实、形式、价值。

第三，法学实践性非常强，应用性非常突出，具有现实性、务实性的特点。法是调整人们行为的规则。以法作为研究对象的法学，必然具有实践性的特征，即它来源于社会实践，又转过来为社会实践服务。

第四，法学与人类经验、知识、智能、理性密切相关，是人的法律经验、知识智能、理性的综合体现，是经验与理性的统一，既具有一般的感性经验色彩，也具有抽象思辨的特点。

第五，法学与法律职业的专门化、职业化密切相关，与专门的法学家的存在密切相关，具有专门性、职业性特点。法学是在实践中产生，其发展也是为了指导法律实践。

第六，法学有阶级性。法学是社会科学中一门具有政治性、阶级性的科学，它总是体现着一定阶级阶层和不同社会集团的世界观、价值观以及其经济的、政治的实际利益需要。历史上，出现过四种为不同阶级利益服务的、体现不同意识形态的法学，即奴隶主阶级的法学、封建地主阶级的法学、资产阶级的法学和无产阶级的法学。

第二节 法 学 历 史

一、法学的产生条件

法学的产生，需具有以下条件：第一，立法的发达、司法实践的开展以及各种法律现象的材料积累，要求对法律问题进行专门的探究，法学家职业阶层因此而形成；第二，一整套

---

① 张文显. 法理学 [M]. 北京：高等教育出版社，2018.
② 付子堂. 法理学初阶 [M]. 北京：法律出版社，2021.
③ 卓泽渊. 法理学 [M]. 北京：法律出版社，2016.

法律概念、原则（原理）和规则的构成，法学方法的运用和自成体系的法律理论的创造；第三，传授法律知识和探讨法律理论的机构（法律学校）的存在；第四，学科分化的程度能满足法学独立的知识系统的建立。

二、西方法学历史

（一）古希腊时期的法学

以雅典为代表的古希腊城邦国家的成文法不多，没有健全的专门法律机构和职业法学家集团，没有独立的法学。但以习惯法为主体的法律制度已有相当程度的发展。

1. 古希腊哲人的思想道路

古希腊、古罗马不仅是西方法律文化的发源地和摇篮，而且在整个人类法学发展的历史长河中也具有举足轻重的地位。古希腊哲人对自然和包括法律在内的社会现象具有非凡的哲学洞察力，他们对自然、社会和政治法律制度首次进行了具有内在逻辑深度的分析和把握，提出了影响深远的认识、把握自然和人类社会诸现象之本质的概念工具和思想表达方式。尤其是他们原创性地提出和阐发的正义和法治观念直到今天仍然具有启发意义。

古希腊法律思想的杰出代表是普罗泰戈拉、苏格拉底、柏拉图和亚里士多德。

2. 古希腊的正义理论

把正义视为法律存在的基础和根据乃是古希腊人深厚的观念传统。这种对于法律存在价值的追问和思考方式最初主要通过神话和文学得以体现。正是神话和文学中所展现的生命存在的基本方式和生命存在的精神冲突构成了对法律存在的哲学探讨的最初语境。

到了公元前 5 世纪，希腊哲学和思想发生了一次深刻的变化，哲学最终从神话和宗教意识中摆脱了出来，哲人们把诗人们的激情张扬转化为理智的思考，他们开始通过语词和概念的推导，构建起一个语言的逻辑秩序，以呈现法律制度存在的基础和意义，进而为人们的社会生活提供理性的指引。

3. 古希腊的法治观念

法律在古希腊城邦政治生活中扮演着十分重要的角色。希腊人把国家视为一个伦理的、具有共同精神本质的社会，其机构的活动从根本上讲是一种教育活动，通过教育使其成员能享有共同精神本质，并使整个社会凝聚在一种共同的心灵本质之中。这种本质对希腊人来说，不是纯粹的抽象，而是具体地凝聚和体现在法律之中，法律就是国家的凝聚力，它凝聚和团结了社会。

亚里士多德放弃了对柏拉图"哲学王"理念的追求，将"哲学王"所蕴含的理性精神落实在法律之中，将"法律"界定为"不受欲望影响的智慧"，法律成了纯粹理性的载体。他还明确提出"法治应当优于一人之治"的命题，视"法治"为最优良的治国方略。在西方法学历史上，亚里士多德首次对"法治"做了系统的界定和阐释。他曾说道："法治应包含两重意义：已成立的法律获得普遍的服从，而大家所服从的法律又应该本身是制定得良好的法律。"①
事实上，亚里士多德理解的法治包括三个基本要素：第一，法治指向公共或普遍的利益，它
不同于为了单一阶级或个人利益的宗派统治或暴君专制；第二，在依据普遍规则而不是依靠
专断命令进行统治的意义上，同时也是在政府重视法规所认可的习惯和约定常规的比较笼统
的意义上，法治意味着守法的统治；第三，法治意味着治理心甘情愿的臣民，它不同于仅仅
依靠暴力支持的专制统治。换句话说，法治得以落实的文化心理保障在于被治者对于法律的
基本信念。

（二）古罗马时期的法学

与古希腊不同，古罗马的成文法（主要是私法）和法学极为发达。在西方历史上，正是
在罗马帝国前期，第一次形成了职业法学家集团，第一次出现了法律教育和法学学派，第一
次产生了法学著作。罗马五大法学家之一盖尤斯的《法学阶梯》，是一本最早的并完整保存下
来的西方法学著作。而且，由于奥古斯都大帝建立了法学家官方解答权制度，法学家的声誉
大振，法学不仅获得了相对独立的地位，而且成为罗马法学的渊源之一。罗马法学对其后的
西方法学和法律制度的发展都有重大影响。

罗马法学泛指古罗马奴隶制社会的法学，尤指罗马共和国末期至公元 3 世纪的法学及公
元 3 世纪末至公元 6 世纪法学家编纂法典的重大成就。它把蕴含在自然法中的自由、平等理
念转化为实在法的原则，揭示了法治的核心要素，从而奠定了古罗马在西方思想史上的卓越
地位。

在法学理论方面，早在公元 1—2 世纪，普罗库卢斯派的凯尔苏斯在希腊哲学和自然法思
想的影响下，就对法下了一个定义："法是决定善良和公平的一种艺术。"这个论点标志着《十
二铜表法》中家父权（在家庭中父权高于国家法律）陈旧观点的改变，对罗马法学的发展曾
起到了积极作用。五大法学家中的乌尔比安认为自然法就是生物间的规则。在罗马法的分类
方面，他主张分为市民法、万民法、自然法（见古典自然法学派）三大类，并指出万民法规
定奴隶不被认为是人，而自然法则认为一切人都是平等的。另一罗马法学家弗洛伦提努斯
（？—111？）也认为奴隶制违反自然。盖尤斯对于自然法并没有明确的定义留传下来，但他
主张二分说，即将自然法和万民法合成一类，与市民法相对。

公元 3—6 世纪罗马法学的发展，主要表现在法学家在法典编纂方面的贡献。公元 294
年颁布的《格雷戈里安努斯法典》，其内容原为哈德良皇帝当政时期至公元 294 年的法律，法
典因法学家格雷戈里安努斯主编而得名。《海摩格尼安努斯法典》颁布于公元 324 年，也以主
编该法典的法学家海摩格尼安努斯的名字命名。《狄奥多西法典》颁布于公元 438 年，虽以命
令编纂该法典的东罗马帝国皇帝狄奥多西二世命名，但这部法典的编成，有赖于许多法学家
的共同努力。至于《查士丁尼民法大全》，其中的《查士丁尼法典》《查士丁尼学说汇纂》《查
士丁尼法学阶梯》都是由查士丁尼皇帝选任的法学专家组成委员会负责编纂，并由著名法学
家特里波尼亚努斯主持。《查士尼丁新敕》也全部是由法学家汇集查士丁尼执政期内所颁发的

---

① 亚里士多德. 政治学. 北京：商务印书馆，1965.

令，编纂整理成书的。

尽管罗马人在文学、艺术、哲学等方面不及希腊人，但罗马人的专长是以帝国统治万民，以法为和平的王冠。新功利主义法学派的耶林认为，罗马帝国曾三次征服世界。第一次以武力，第二次以宗教，第三次以法律。恩格斯也曾经指出，罗马法是简单商品生产即资本主义前的商品生产的完善的法，它也包含着资本主义时期的大多数法权关系。可以说，罗马法是纯粹私有制占统治的社会的生活条件和冲突的十分经典性的法律表现，以致一切后来的法律都不能对它做任何实质性的修改。

（三）欧洲中世纪法学

1. 欧洲中世纪法学的历史意义

公元 476 年，日耳曼人进攻罗马城，西罗马帝国宣告灭亡，欧洲从此进入了长达一千余年的中世纪历程。在此期间，基督教得以广泛传播并在人们的精神生活中产生了深远影响。

欧洲中世纪法学所取得的成就主要体现在注释法学和教会法学之中。注释法学的形成和发展意味着罗马法和罗马法学的复兴，罗马法复兴与文艺复兴、宗教改革相并列，构成中世纪强大的"3R 运动"。注释法学从方法论上标志着世俗法学的新生，它使法学摆脱了神学的控制而成为独立的学科。世俗法学的发展，导致二元法学局面的出现，因为世俗法学强调的是人与人之间的权利和义务关系，教会法强调的是人与上帝的义务和权利关系，这就是所谓的二元对立。

2. 注释法学

注释法学分为注释法学派和注解法学派（或称为评论法学派），二者在研究的着眼点与研究方法上都有很大的区别：注释法学派着眼于过去，是为了恢复罗马法的本来面目，采用的是机械注释的方法；注解法学派着眼于现在，是为了将历史与现实结合起来，以解决现实问题并发展罗马法传统，采用的是评论的研究方法。

从 11 世纪末到 13 世纪上半叶，作为注释法学第一阶段的注释法学派在其存在的 150 余年间，经过五代人的辛勤耕耘，涌现了一大批有名望的法学家，其中，伊纳留（1055？—1130）、阿佐（1150？—1230）、阿库修斯（1182—1260）是主要代表。从 13 世纪下半叶到 15 世纪初，作为注释法学第二阶段的注解法学派也经历了 150 余年的发展，其代表人物是阿尔伯特鲁斯（？—1310）、巴尔多鲁（1314—1357）、巴尔都斯（1327—1400）。

3. 教会法学

教会法学作为研究教会法的一门学问，是在教权与王权的斗争中发展起来的。格拉蒂安于 1140 年完成的《教会法矛盾调和集》是第一本系统整理教会法并解决其中的差异和矛盾的著作，该著作是教会法学产生的标志。历史上的教会法学家大多精通罗马法，有些人甚至也是罗马法学家。在方法论上，教会法学家也主要使用的是注释方法。

4. 经院哲学家的法律观

教父学的代表是奥古斯丁，他对教会法的影响很大，也促进了教皇国的建立。托马斯·阿奎那则是经院哲学最伟大的代表人物，其法律思想相当丰富，尤其是他的自然法思想相当深刻，对后世影响相当大。在托马斯·阿奎那看来，整个宇宙由神、理性、政治权威这三种秩序组成，由此而把法律分成四类：一是永恒法，是神的理性的体现，是上帝用来统治整个宇宙的规则；二是自然法，是永恒法对理性动物的关系，人类是理性的动物，自然法就是上帝引导和统治人类的法律；三是上帝法，通过神的启示而得以阐述，它可以保护人而免于犯错误；四是人类法，是人类利用自然法为安排一些细节性事务而通过国家机关制定的法律，人类法必须服从于自然法。

（四）西方近代法学

1. 古典自然法学

这是一个跨国界的统一学派，其发展经历了三个阶段：一是从 17 世纪初到 17 世纪中叶的形成阶段，其特点在于思想家们虽强调法学与神学的分离，却又并未能完全脱离神学痕迹。格老秀斯（1583—1645）的《战争与和平法》、霍布斯（1588—1679）的《利维坦》是这个阶段的代表作；二是从 17 世纪末到 18 世纪中叶的完备阶段，其特点在于从人的理性中推导出个人权利，并进行相应的政治法律制度构架的设计。洛克（1632—1704）的《政府论》、孟德斯鸠（1689—1755）的《论法的精神》、卢梭（1712—1778）的《社会契约论》是这个阶段的代表作；三是应用阶段，19 世纪以前都属于应用阶段，人们一方面将自然法学说应用于实际的政治斗争，另一方面根据自然法理论创立各部门法学。

17 世纪和 18 世纪是古典自然法学占主导地位的时代。古典自然法学派论说的主题是自然权利说与社会契约论。

2. 哲理法学

哲理法学亦称法的形而上学，它用抽象的思辨方法来研究法律问题，其代表人物是康德和黑格尔，代表作有康德的《法的形而上学》和黑格尔的《法哲学原理》。哲理法学与古典自然法学存在一种相承关系，这表现两个方面：第一，哲理法学是以古典自然法学为直接出发点的，研究的重点是理想中的法，而不是实在法；第二，在研究方法上，二者都是用抽象的推理方法，肯定或解释法律与理性之间的关系。但是，哲理法学又不同于古典自然法学，它是一个独立的学派，是德国古典哲学的一个重要组成部分。

3. 历史法学

与古典自然法学不同，历史法学是一种实证主义法学，其所研究的对象是实然法，而不是应然法；法学家们使用的方法是历史比较的方法，而反对假设和推理的方法。历史法学的创始人是胡果，但历史法学的主要观念则是由其学生萨维尼（1779—1861）提出来的。历史法学的观念包括：第一，主张用历史的方法来研究法律，认为古典自然法学的理性主义立法观点在德国行不通，只是一种幻想；第二，历史法学认为法律是民族精神的体现，是随着民族的发展而自发地形成的，它不能人为地通过立法来建立，因为人为的法律必然失真而丧失民族精神。因此，法律的主要表现形式是习惯法，习惯法优于成文法。

4. 功利主义法学

功利主义法学的理论渊源部分地可以追溯到 18 世纪苏格兰哲学家大卫·休谟,其杰出代表则是杰里米·边沁和约翰·斯图尔特·密尔。杰里米·边沁认为苦与乐才是决定人应当做什么和不应当做什么的根本原则,衡量人类行为善或恶的标准也应当是行为本身所引起的苦与乐的大小程度。政府的职责正在于通过避苦求乐以增进社会的幸福,立法者要保证社会的幸福,就必须达到四个目标:保证公民的生计(口粮)、富裕、平等和安全。约翰·斯图尔特·密尔一方面赞同边沁的观点,另一方面极力反对那种把功利主义贬斥为粗俗的享乐主义的看法。他坚持认为,功利主义的幸福原则是利他的而非利己的,因为它的理想是有关所有人的幸福。

5. 分析实证法学

分析实证法学与古典自然法学、历史法学并列,被称为西方 19 世纪三大法学,其主要代表人物是英国法学家约翰·奥斯丁(1790—1859),他于 1832 年出版的《法理学的范围》一书,详细论证了分析实证法学的基本观点:第一,在研究范围上,分析实证法学的任务为对从实在法中抽象出来的一般概念和原则予以分析和说明,即所谓的"一般法理学";第二,在法的概念上,奥斯丁提出了主权、命令和制裁三要素说,法律被认为是主权者的一种命令,而实在法最本质的特征在于其强制性;第三,在法律与道德的关系问题上,奥斯丁认为二者没有内在的必然联系,道德上的好与坏是没有确定的标准的,因此应该把道德因素从法律研究中剔除出去;第四,在研究方法上,采用实证主义的方法,不以任何先验的假设和推论作为前提,只注重实证分析,它标志着西方法学从传统的形而上学转向专门的法律思维。

(五)西方现代法学的多元格局

1. 自然法学的复兴——新自然法学

随着自然法学在 20 世纪初的复兴,西方出现了一些关注法律制度的基本价值的法理学。推动自然法学复兴的主要学者有意大利法学家韦基奥(1878—1970)、德国法学家施塔姆勒(1856—1938)等,以及美国法学家富勒(1902—1978)、罗尔斯(1921—2002)和德沃金等。

第二次世界大战后,随着法西斯政权的崩溃,否认正义之类价值准则的实证主义法学相形失色,强调实在法应从属正义之类价值准则的自然法学说则进一步兴起,主要代表人有美国法学富勒等。富勒的学说主要论证程序自然法:将法律不溯既往等民主原则称为法的内在道德;强调实在法与价值准则、法与道德是不可分的。

20 世纪 60 年代至 70 年代初,美国国内政治动荡,各种群众运动兴起,在这种历史条件下,美国当代学者提出了新的自然法学说。其代表作主要有罗尔斯的《正义论》和德沃金的《认真对待权利》。

2. 新分析法学

自然法学的复兴给分析实证法学带来了强有力的挑战,分析实证法学发展为新分析法学。凯尔森(1881—1973)在《法与国家的一般理论》《纯粹法理论》等著作中提出的纯粹法学将分析实证的立场和方法贯彻到底。哈特（1907—1993）的新分析法学与凯尔森①有所不同。他避免了包括凯尔森在内的先前分析实证法学在理论上的某些片面性，对实证法学进行了更为严密的研究和分析。哈特将法律称作规则体系，并将法律规则区分为主要规则和次要规则。前者是"设定义务的规则"，它告诉人们应该或不应该做什么；后者是"关于规则的规则"，是设定权利的规则。

3. 社会学法学

与新分析法学的"内在观点"有很大的不同，社会学法学将研究的重点放在法律的社会目的、作用和效果的考察之上，强调社会不同利益的整合。就其形成和发展的历史而言，社会学法学主张在法律与社会的关系中理解法律的一贯立场至少可以追溯到近代哲学家休谟，而孟德斯鸠、孔德、斯宾塞等人则起到了重要的推进作用。美国社会学法学的创始人罗斯科·庞德（1870—1964）既对实用主义法学抱有一定的同情，又接受了自然法学的某些思想，提出了法律的社会控制理论。与庞德同时代的卡多佐（1870—1938）、霍姆斯（1841—1935）等人赞同庞德的观点，同时还强调法律满足社会需要的模式是通过司法程序和司法保护来实现的。卡尔·卢埃林（1893—1962）、杰罗姆·弗兰克（1889—1957）为法律现实主义的主要代表，他们主张的现实主义法学就基本倾向而言也属于社会学法学。

4. 其他法学

1）经济分析法学

经济分析法学最初是作为法学研究的一种新方法而出现的，它将法律与经济效益联系起来，对法律进行经济分析。美国法学家理查德·波斯纳的《法律的经济分析》是经济分析法学的代表性著作。这个理论是建立在这样的假设之上的，即人作为理性动物，必然努力使自己的满足得以最大化。由此，一个理性的法律制度应该最大限度地利用人们的本性，促进自然资源和社会财富的最有效利用。

2）批判法学

20世纪七八十年代在美国出现了所谓的"批判法学"运动，之所以被称为批判法学，是因为这场运动的基本精神是对西方国家，尤其是对美国主流法律思想和现行法律制度持严厉的批判态度。这一运动的经典阐释是由罗伯特·昂格尔（1949— ）在其《批判法学运动》中完成的。它以"批判西方的法律制度和法律思想，尤其是美国的法律制度和法律思想"为己任，故此得名。批判法学家在理论上和政治上属于"新左派"，有"法学中跳出的新左派"之称。在批判法学看来，所谓法律超然于政治的客观性假设不过是一个谎言，而某些被神话了的范畴如公法与私法、自然法与自然权利、个人自治与公共权利等作为法律意识形态的重要组成部分，它们彼此之间的界限划分是不具有真实性的。

批判法学反映和体现了西方思想的后现代语境，往往被纳入后现代法学加以讨论；后现代法学还包括女性主义法学、法律与文学等。

---

① 其代表作为《法律的概念》。

（六）马克思主义法学

马克思主义法学是人类最为进步的法学。他是在社会实践与阶级斗争的过程中发展起来的，揭示了法的本质与发展规律，具有进步性、科学性。马克思主义法学的产生是法学史上的一次伟大革命，它以历史唯物主义为理论基础，科学地提示了法的产生、本质、特点、功能、作用及其发展规律，从而真正使法学成为一门科学。马克思、恩格斯是马克思主义的奠基人，他们在《德意志意识形态》《共产党宣言》《资本论》《反杜林论》《家庭、私有制和国家的起源》等著作中系统地阐明了自己的法律观点和理念，从而在法学领域引起了一场伟大的革命。马克思主义是不断发展的学科，马克思主义法学是以马克思主义为指导，研究法律现象的学科的总称，它的产生也是法学史上划时代的根本变革。

马克思主义法学具有以下特点。

（1）指导思想。马克思主义法学以马克思主义的世界观、方法论，即辩证唯物主义为指导，以历史唯物主义为理论基础。

（2）阶级基础。马克思主义法学是无产阶级和广大人民群众的权利和法律要求的体现，它公开申明自己是为无产阶级和广大人民群众的根本利益服务的。

（3）阶级性与科学性。马克思主义法学的阶级性和科学性是辩证统一的。马克思主义法学认为法不是也不可能是超阶级意志的，是由一定社会的经济结构决定的，是在社会上居于统治地位的即掌握国家政权的阶级意志的体现，是统治阶级实现其阶级统治的工具。

（4）法与经济的联系。马克思主义法学认为存在决定意识，统治阶级意志的内容决定于统治阶级赖以生存的物质生活条件，归根结底决定于在该社会占统治地位的生产关系、经济条件。

（5）法的发展。马克思主义法学认为法是社会发展到一定历史阶段的产物。随着生产力的发展、社会的前进、阶级的消灭，国家与法都会消亡。

三、中国法学的历史

中国法学源远流长，拥有丰富的法学文化遗产。据古籍记载，早在夏、商、西周时期，就已有不少关于法律问题的论述，出现了以天命和宗法制度为核心的法律思想。到了春秋战国时期，法学研究已经相当兴盛，并在百家争鸣中产生了丰富多彩的法学思想。但总的来说，直到清末，法学始终被包容在古代哲学、伦理学之中，未能形成独立的法学学科。

中国法学发展的历史，大致可以概括为以下四个阶段。

（一）春秋战国时期的法学理论

春秋战国时期是中国古代文化的大发展时期，各种学说、学派层出不穷，形成了百花竞放、百家争鸣的文化繁荣景象。而法律问题则是当时诸子百家关注的重要问题，诸子百家中对法学的兴起和发展做出积极贡献的首推法、儒、墨、道四家，其中以法家最为突出。

法家的主要代表人物有李悝（前455—前395）、吴起（？—前381）、商鞅（前390？—前

338）、韩非（前 280？—前 233）等人。法家以主张法治而得名，把法治推崇为治国之本，强调法的强制作用，主张制定成文法，使之成为全体臣民必须遵守的行为规范和判断功过、行使赏罚的标准。不仅如此，由于法家的代表人物大多是当时的政治活动家，他们在积极主张法治理论的同时，还致力于把法家的"援法而治""以法治国"主张付诸治国实践，在魏、秦等国进行了一系列旨在实现法治的政治改革和变法，尤其是商鞅变法的成功，更使法家学说显赫一时。

以孔子为代表的儒家学派的法学思想主要涉及两个问题：一是关于法的地位和作用，二是关于法的适用。对于前者，儒家从其"人性善"的哲学立场出发，强调圣贤、圣君的治世作用，高度重视道德礼教的教化功能，主张"德主""以德去刑"，提倡"德治""礼治"和人治。对于后者，儒家强调"刑不上大夫，礼不下庶人"，主张法的适用的不平等。

墨家以墨翟（前 468？—前 376）为主要代表人物。墨家的法律观以"兼相爱，交相利"为核心，提出"以天为法"的自然法学观，主张以天为法，循法而行，并提出了"赏当贤，罚当暴，不杀无辜，不失有罪"的刑法思想。

以老子（李聃，生卒年代不详）为代表的道家法律思想集中体现为自然法。道家从"无为而治"的观念出发，推崇自然法，主张"人法地，地法天，天法道，道法自然"。认为只有自然法才是符合"自然无为"的"天之道"，"天之道"是最公正无私的，"高者抑之，下者举之，有余者损之，不足者补之""无往而不胜"。与无为而治的观点相适应，道家反对制定各种礼法制度，甚至断言"法令滋彰，盗贼多有"，从而首开中国法律虚无主义之先河。

（二）秦汉到明清时期的法学理论

秦始皇统一中国后，以商鞅、韩非的"明法审令""事皆决于法"的法治思想为指导，实行"以法为主"。到汉武帝时，采纳董仲舒"罢黜百家，独尊儒术"的主张，变"以法为主"为"儒法合流"，此后又逐渐走向"以儒为主"。在此后两千多年的中国封建社会里，儒家法律思想一直占据统治地位，法学也由此而成为儒家经学的奴仆，法学的正常发展已经成为不可能。对法学的研究，也就只剩下一条出路：那就是根据儒学原则，对已经制定的成文法进行文字、逻辑上的注释，这就是贯通于中国汉代以后的封建社会始终的"律学"。

律学在从文字和逻辑上对法律条文进行阐释的同时，也注重某些法学思想、理论的阐述，如关于礼与法的关系、条文与法意的联系、刑法的宽严、肉刑的存废、刑名的变迁以及诉讼和狱理等。东晋以后，律学逐渐由官方注释取代了私人注释，公元 653 年的《唐律疏议》就是官方注释的范本，其后，宋、明、清各代都有类似的著述。总之，在中国两千多年的封建社会中，法学的发展极为缓慢，可谓是步履艰难。虽然在律学的著述中蕴含了不少有价值的法学思想，但在总体上未能形成系统的理论体系，更未能形成独立的法学学科。

（三）清末至民国时期的法学理论

自鸦片战争之后，中国逐渐沦为半殖民地半封建社会。面对帝国主义的入侵，当时的各派爱国人士都提出了变法图强的要求。同时，随着西方文化以及法学思想的传入，也冲破了原有的封建法学体系，加速了传统的"中华法系"的瓦解。在此情况下，清王朝被迫进行了法制改革，宣布修正法律，并派出官员和学生到欧美各国及日本考察和学习法律。其中有一批人回国后致力于传播西方法学理论，开创了中国现代法学教育和法学研究，从而使中国法学思想发生了很大的转变。康有为的《大同书》、梁启超的法治思想、严复翻译的许多西方著作、孙中山关于三民主义和五权宪政的主张等，都包含了大量的西方流行法学理论。

在法学思想发生转变的同时，中国的法学教育也开始起步。1904 年成立直隶法政学堂，此后又在京师大学堂（北京大学前身）正式设立法科，终于使法学在中国成为一门独立的学科。在国民政府统治时期，法学理论，尤其是法学教育有了长足发展，建立健全了法学教育的层次，形成了以"六法全书"为核心的法学课程体系，培养出一批优秀的法学人才。但总的来看，由于受国民党政府统治的阶级本质因素和当时历史条件的制约，这一时期的中国法学主要是受西方资产阶级法学思想的影响，并夹杂了一些封建法学，乃至法西斯主义法学思想的糟粕。

理解传统中国法学，必须注意以下几个方面的特点。

（1）三千多年的中国法律建设和发展，形成了中华法系，这对我们中华民族和周边国家、地区和民族产生了重大的影响。

（2）中国法律制度是以刑罚为核心，法学思想也与此相关。

（3）中国法学深受儒家的影响，出现了法律伦理化、伦理法律化。

（4）中国法学的专业化层次不高，基本上没有形成职业化、专门化、独立化的队伍。

（四）社会主义时期的中国法学理论

1949 年中华人民共和国的成立，结束了剥削阶级在中国的统治历史，也结束了封建主义法学和国民党的半封建、半资产阶级法学在中国的统治，由马克思主义法学取而代之。从此，中国法学进入了一个全新的发展时期。在马克思主义原理与中国实践相结合的思想指导下，马克思主义法学在中国得到了创造性的运用和发展。

新中国成立后的一段时间里，中国主要进行革命法制的建设工作，但因各种因素的影响，法制建设不尽如人意，法学研究基本上停顿。1978 年后，中国重新进行法制建设，逐渐形成了法治的理念，法学的研究也得到复兴和发展。

邓小平在党的十二大提出"建设有中国特色的社会主义"之后，在这一思想的指引下，法学界一些学者提出了建构"有中国特色的法学理论""有中国特色的马克思主义法学""有中国特色的社会主义法学"等内涵相同的命题。我国已故著名法学家张友渔先生于 1985 年 4 月在全国人大常委会法制工作委员会立法工作培训班上的讲话中提出马克思主义法学在中国的发展问题，强调理论研究要符合中国国情，要建立具有中国特色的法学理论。

尤其是进入 20 世纪 80 年代以后，伴随中国全面社会主义改革和开放的不断深入发展，适应社会主义市场经济体制逐步建立和完善的客观需求，部门齐全、内容丰富、以宪法为统帅的社会主义法律体系逐步形成，为中国现代法学的发展提供了良好的社会环境和丰富的研究素材，法学理论研究和法学教育也随之进入一个崭新的发展阶段。

法理学和比较法学家沈宗灵先生在其主编的教材《法学基础理论》中曾提出："无论是我

国的社会主义法或法制，还是以这种法或法制为研究对象的马克思主义法学，都应具有中国的特色。"法理学家孙国华先生也明确提出我国法学工作者必须"面向未来、面向世界、面向四个现代化，为建设有中国特色的马克思主义法学而奋斗"。他们还就如何建设有中国特色的马克思主义法学有过精彩的论述。与此同时，一些中青年学者也在建设有中国特色的马克思主义法学的主题之下，就如何理解"有中国特色""有中国特色的马克思主义法学"的理论体系如何构建等问题进行了探索，提出了一些有益的思路和观点。

第三节　法　学　体　系

一、法学体系的概念与特征

法学形成体系或法学有内部分支、学科划分，是近代以来的事情。近代资产阶级革命以前，法学从未成为一门完全独立的学科，它或者被包括在神学、哲学、政治学、伦理学之中，或者依附于国家的立法和司法活动。既然没有形成一门独立的学科，当然也就不存在体系或分科的问题。随着法学从其他学科中分化出来，特别是随着立法发展成为广泛而复杂的整体和随之而来的法律部门的出现，也就出现了法学的分科。

法学体系，就是法学分科的体系，即由法学各个分支学科构成的有机联系的统一整体，它的中心问题是关于法学内部各分支学科的划分或法学学科的分类。法学体系的特点如下。

（一）系统性

法学体系的系统性，是指各组成部分相互依赖，共同构成一个整体，整体的性质不同于任何组成部分，也不同于各部分的简单相加。它们之间的简单相加并不能构成法学体系，法学体系的形成是在二者的相互联系和依赖中，使自身体现出一种更优越的性质和功能。

（二）层次性

组成法学体系的各法学分支学科就如同系统中的各子系统一般，其内部结构又可划分为各组成部分，即各下位的分支学科，而各下位的分支学科往往还可进一步划分为更具体的分支学科或学科方向。法学体系的一层又一层的结构，显示出法学研究范围的明晰化和专深化。

（三）现实性

法学体系的建立和自然科学体系的建立并不相同。自然科学体系的建立依据是自然界存在的客观规律，它只会因为人类对自然界认识的加深而逐渐完善。自然规律是普遍的而不是现实的，也就是说不会随社会现实的变化而变化。

法律现象是适应社会现实的产物，建立在法律现象之上的法学体系也就只能是社会现实的产物。

（四）开放性

任何地方的法律现象都不可能永远地处于一种封闭状态，不同地区和国家社会交往的逐渐扩大和文化交流的逐渐加深，都会造成法律文化的相互交流和法律制度上的相互借鉴，这就使建立在二者之上的法学体系具有了开放性。

法学体系也会不断地从其他学科体系的知识中吸取自身需要的营养，来发展和完善自己的体系结构。法学体系的这种开放性，使法学体系有了进一步发展的生命力。

二、法学体系与相关体系

（一）法学体系与法学理论体系

法学体系不等同于法学理论体系，但又与一定的法学理论体系相联系。法学理论体系是建立在一定的世界观和方法论基础上的法律理论观点、思想和学说体系，在此意义上，它与一个国家法学的学科体系（法学体系）是有区别的。一个国家的法学学科体系大致统一，但却可以并存多个不同的法学理论体系（如不同法学派别的理论学说）。

（二）法学体系也不完全是法学的课程设置体系

尽管法学专业课程的设置往往是以法学分科为依据（如法理学既是法学的分支学科，又是一门法学课程），但法学课程体系不可能穷尽法学所有的分支学科。法学院（系）在编制法学课程体系时，总是根据各自的实际需要和情况而定。

三、法学体系的划分

（一）划分法学学科的原则

如何划分法学学科或依据什么标准，这在国内外法学著作中还没有一致的观点。各国学者提出的法学学科相当宽泛，名称也不尽相同。本书认为，划分法学学科应遵守以下原则：

（1）要正确而客观地估量中国目前已经形成的学科现状，并且科学地预测未来将会出现的新的学科前景；

（2）划分法学学科时，虽然要坚持以其研究对象为标准，但也要考虑各学科的研究方法、特点，学科结构的平衡诸要素；

（3）法学体系的构成要素是有层次、分等级的，划分学科应当注意这种层次和等级，不能将位阶低的法学学科与位阶高的法学学科并列起来或混为一谈。

（二）法学体系的划分方法

由于法学各分支学科的划分无固定的标准和划分方法，使法学分支学科的划分显得纷繁复杂。从相关的法学著作和法学教材来看，学者们的划分类别大致有以下几种（未完全列举）。

（1）两分法。从认识论角度将法学体系划分为理论法学和应用法学两大类。

（2）四分法。将法学体系分为国内法学、国际法学、法律史学、比较法学和外国法学四大类。

（3）五分法。将法学体系分为理论法学、应用法学、法律史学、比较法学、边缘法学五大类。

（4）六分法。将法学体系分为理论法学、法律史学、国内部门法学、外国法学、国际法学、法学与其他学科之间的边缘学科六大类；或分为理论法学、法律史学、国内应用法学、外国法学和比较法学、国际法学、边缘法学六大类。

（5）七分法。将法学体系分为理论法学、法律史学、国际法学、外国法学和比较法学、立法学和法律社会学、法学与其他学科之间的边缘学科、部门法学七大类。

根据上述学者的研究，本书认为法学体系可以划分为以下几类。

1. 理论法学

理论法学综合研究法的基本概念、原理和规律等。理论法学的基本特征如下。

（1）高度抽象性。理论法学是对法律现象中各种具体问题的整体性把握和抽象。这种抽象性使理论法学往往难以直接地运用于实践之中，而需要通过各种涉及具体法律现象的法学学科的转化才能直接运用于实践。

（2）高度概括性。理论法学超越于各种具体法律问题之上的特点使理论法学具备了高度的概括性。以具有高度涵盖性和抽象性的概念来统摄各种具体的法律概念，并以此概念为基础进行逻辑推理是理论法学的特点。

（3）理论的基础性。理论法学的一般性法学范畴和命题能够成为其他法学学科研究具体法律问题的基础。理论法学是其他法学分支学科的基础，这种基础就是指它构成了其他法学学科研究的出发点。

（4）普遍适用性和指导性。理论法学高度的抽象性和概括性决定了理论法学针对其他任何法学分支学科以及任何法律实践都具有普遍的适用性和指导意义。理论法学因为是把握法学和法律的一般规律的学科，任何法学分支学科都不能脱离了正确的理论指导。

2. 应用法学

应用法学主要是研究国内法和国际法的结构和内容，以及它们的制定、解释和适用。应用法学是以直接服务于法律实践为目的，并具有较强的现实针对性的法学分支学科的总称。应用法学的基本特征如下。

（1）较强的实用性。应用法学直接为法律实践服务，从它的目的看，它是以实用为目的的。

（2）较高的针对性。应用法学以局部的、具体的法律现象为自身的研究对象。

（3）学科的广泛性。应用法学的学科和人们的法律实践紧密地联系在一起，只要有人类法律活动的领域，就一定有应用法学的存在。

这当然不是说应用法学没有自己的理论，只是说这种理论在概括范围和抽象程度上与理论法学的理论有所不同。相对来说，应用法学与法的实践有直接联系，它所处理的是直接的经验材料，并且它的理论一般限定在本部门法的领域。理论法学则相对比较抽象，是从应用法学中概括出来又用以指导应用法学的，并且它的理论贯穿于整个法律现象。至于人们通常所说的"边缘法学"，一般是横跨两个学科或由两个学科整合而成的，如法律社会学、法律经济学、法律心理学、法医学、刑事侦查学、法律统计学、法律教育学等。它们有的侧重理论研究，有的侧重解决法律实践问题，分别属于理论法学和应用法学。

英国《牛津法律指南》中提出，法学可分为理论法学与应用法学两大部类，理论法学是以法律现象的共同问题和一般规律为研究对象的法学学科，其特征包括：高度抽象性、高度概括性、理论的基础性、普遍适用性和指导性。

3. 法律史学

法律史学是研究法律现象和法律思想的历史及其发展规律的法学分支学科。法律史学的特征如下。

（1）历史真实性。历史真实性一方面是指法律史的研究对象是法律现象和思想的历史状况，它的着眼点是过去而不是现在。

（2）历史规律性。在把握真实的历史的基础上，探求法律发展的历史规律是法律史研究的必然归途。

（3）文献资料性。文献资料性作为法律史学的基本特征，一方面是指法律史的研究主要是依据历史上的文献资料而进行的研究；另一方面是指法律史学的研究还需要在前人的科学研究文献资料基础之上进行更深层次的研究。

4. 比较法学

比较法学是采用比较方法研究不同国家和地区的法律现象的一门法学分支学科。比较法学的基本特征如下。

（1）研究方法的独特性。比较法学能够成为一门法学学科不是因为研究对象本身的性质和特点，而是因为研究方法的独特性。

（2）学科领域的广泛性。比较法学由于只是因为比较方法的独特而形成的一门法学学科，所以该学科对所有法学学科领域都可能涉猎。

（3）研究内容的层次性。比较法学虽然是基于不同国家或地区的法律现象的比较研究，但由于法律现象本身的多样性和层次性，使比较法学中的比较研究具有了层次性。

（4）研究对象的跨国（区）性。比较法学的研究对象是两个以上的国家或地区的法律现象。

5. 边缘法学

边缘法学是法学和其他学科因部分研究对象的交叉重合而形成的法学分支学科的总称。

边缘法学的基本特征如下。

（1）学科领域的交叉性。边缘法学最重要的特征就是它是一门交叉学科，是法学和其他学科因部分重合而形成的一门新学科。

（2）学科属性的多样性。边缘法学往往涉及两个不同的学科体系，在学科性质划分的时候经常跨越多个不同的学科。例如，环境资源法学，不仅具有法学学科的属性，而且具有环境科学的属性，还具有生态学学科的属性。

（3）研究内容的针对性。由于边缘法学是和其他非法学学科交叉重合而形成，学科领域比较狭窄，它的研究对象也显得比较具体而富有针对性。

第四节　法学与其他学科的关系

从外部关系看，法理学是整个法学与哲学、政治学、经济学、社会学、伦理学、心理学及自然科学联系的纽带。人文科学、社会科学和自然科学的成果往往首先是通过法理学的吸纳，然后再传导给法学的其他学科。每一次人文社会科学思潮的兴起，也总是率先在法理学学科中得到反映。在现代社会中，法在调整人们行为方面的作用极为广泛，法学和包括自然科学在内的各门学科都有不同程度的关系。

一、法学与哲学的关系

哲学是关于自然、社会和思维知识的总结和概括。任何阶级或学派的法学都以某种哲学作为其理论基础。当代中国的法学是以马克思主义哲学，即辩证唯物主义和历史唯物主义作为自己的理论基础的。

法学和哲学都涉及学科的研究方法。用哲学的研究方法可以从法学中抽象出法学的一般理论，所以哲学的研究方法也被法学所运用。哲学是研究自然、社会和思维最一般、最普遍、最根本问题的科学。哲学是人安身立命的根基，是社会的标尺，是文明的尺度，是进步的指针。每个人、每个民族、每个国家、每个社会都不可缺少哲学，都要选择一种哲学思想为基础，无哲学的人、民族、国家、社会是可悲的人、民族、国家、社会。每一种人类活动，特别是文化活动都不能脱离哲学，脱离哲学的活动缺乏意义。在整个科学体系中，哲学非常重要，是不可缺少的。过去哲学曾一度被称为科学的科学、万法之王，企图囊括所有知识体系，这虽然有些夸大其词，但在一定意义上可以看出哲学的包容性和重要性。

法学与哲学的关系主要表现在以下几个方面。

（1）哲学是法学的基础，是法学的基本方法论，它对法学起指导作用。

（2）哲学引导法学的发展、变革，每一次哲学思想、观念、方法的变革，都是科学变革发展的前奏，都会直接或间接地影响包括法学在内的所有科学的发展变化。

（3）在研究对象、内容方面，哲学与法学存在部分重合，二者都研究法律、法律现象、法律问题，但方法、侧重点有所区别。

（4）在一定程度上，法学思想、理念的发展、创新也能影响哲学的发展、创新，法学促进了哲学的进一步深化。

二、法学与经济学的关系

经济的发展水平决定着社会的发展程度，当然也决定着法律的发展水平。经济学是研究社会中的经济现象（如各种经济关系、经济组织、经济活动和经济发展规律）的科学。经济学对于社会的发展、民主与法治的发展进程以及人民生活的提高起着重要的作用。法律也对经济有反作用。同时，经济学的一些研究方法也可以为法学研究所借鉴，一些新的法学流派（如经济分析法学派）与新的法律部门（如法律经济学）就是二者相互结合、相互应用的结果。

法学与经济学之间的关系直接体现了历史唯物主义的一个原理，即作为上层建筑的法律，归根结底是由经济基础决定的，而法律又反作用于经济基础，推动或阻碍社会生产力的发展。法学和经济学都需要研究法与经济的关系。法学从研究法律制度、法律关系、法律行为的角度（如研究合同制度、当事人双方权利义务关系、民事侵权行为等）出发来研究法与经济的关系，而经济学则从生产力、经济关系、经济规律和经济活动的角度出发来研究这种关系。

三、法学与政治学的关系

在历史上，法学和政治学曾长期结合在一起。欧洲中世纪，天主教会居于主导地位，政治学和法学都从属于教会的神学。17—18世纪资产阶级革命时期，法学和政治学都摆脱了神学的桎梏，但它们还是一些哲学家的包罗万象的哲学体系中的两个环节。而且，两个学科也很难分开。直到19世纪，法学和政治学才从哲学中脱离出来，各自成为独立学科。

法和国家、政府、政党以及政治家的活动等现象是密切联系的。法学要研究政治，政治学也要研究法律，而且两者都要研究国家，只不过研究的对象和重点不同而已。

法学与政治学又是有所区别的。政治学是以社会中的政治现象、政治问题为研究对象的科学，主要探讨社会公共权力的合法性来源，公共权力的运作，社会组织、制度的形成、建设、结构、功能，社会的管理、控制、治理及其方式，社会的民主制度及其运作，政党制度等问题。政治学是法学的基础，起着引导法学发展、变革的作用。20世纪以来，法学的社会功能、使命，特别是政治功能、使命远远大于政治学，它所发挥的功效也远远大于政治学。一切的政治活动都必须在法律的范围内活动。

四、法学与社会学的关系

社会学研究的范围相当广泛，而法律是调整社会的一种重要工具，因此法学与社会学也有密切的关系。社会学以社会为研究对象，主要研究社会的要素、结构、功能和作用，特别是研究社会组织的形成、发展和运作，研究社会怎样达到良性发展和运作，形成有序化的社会秩序。

法学与社会学的关系主要表现在以下几个方面。

（1）社会学为法学奠定了理论基础、方法论基础，社会学的很多理论、观点、方法被大量地运用于法学领域，成为法学发展的动力，法学的任何一种理论的提出、改变、形成都或多或少、或直接或间接地与社会学有关。

（2）社会学与法学在研究对象、内容、方法、功能等方面具有交叉性、互补性。

（3）法学与社会学可以相互结合、相互借鉴，从而加深对法律现象和社会现象的认识。

在历史上，以社会学为基础对法律进行的分析和研究，形成了法律社会学（也称法社会学）的思潮和流派。法社会学与自然法学、分析法学一起成为法学的三大支柱，大大推进了法学、法律的发展。

五、法学与伦理学的关系

在古代和中世纪，法律规范和道德规范、宗教规范有时很难分开，古代印度的《摩奴法典》和公元 7 世纪出现的《古兰经》就是这方面的典型。即使在近现代，法律规范与道德规范、法学与伦理学已明显分开，但法学与伦理学都极为关注法律与道德的关系这一极为重要和复杂的问题。

六、法学与心理学的关系

法是调整人们行为的规则，而人的行为同人的心理活动是密不可分的。因而法学与心理学也必然具有密切的联系。法学在研究法律的作用和运作时必须重视人的心理活动，注意吸收心理学的研究成果。例如，犯罪心理学即是犯罪学与心理学相结合的交叉科学。

七、法学与历史学的关系

历史学不仅为人类管理社会提供了经验，而且其研究方法也为法学研究所引用。历史学是以人类历史为研究对象的科学，主要研究人类历史或者说人类社会发生、发展的过程及其规律性。法学与历史学的关系主要表现在以下几个方面。

（1）法律秩序、法律制度的建设、形成、发展是历史的产物，也是历史的抉择。没有历史，就没有法律。

（2）法学与其他历史科学一样，是历史性的科学，法学的理念、范式（概念、范畴、理论、观点、方法）都是历史的产物，与一个民族、一个社会、一个国家以及与整个人类的发生、发展过程息息相关。没有历史，就没有法学。

第五节 法学研究方法

一、方法与方法论

方法和方法论问题既是一个重要的哲学问题，也是日常生活中人们必然遭遇到的问题。中国的两句古话——"工欲善其事，必先利其器"和"磨刀不误砍柴工"，都说明了方法的重要。方法是与人类有意识、有目的的活动相联系的。从最一般的意义上说，方法就是人们为了解决某种问题而采取的特定的活动方式，既包括精神活动的方式，也包括实践活动的方式。对于科学研究来说，用于研究的方法本身是否科学和正确，是决定研究活动成功与失败的关键因素。可以这样说，与各种非马克思主义法学流派相比，在揭示法律现象的本质与规律方面，马克思主义法学之所以具有明显的理论优势，主要在于其方法的科学与有效。

把某一领域分散的各种方法组织起来并给予理论上的说明，就是方法论。法学方法论就是由各种法学研究方法所组成的方法体系，以及对这一方法体系的理论说明。方法在法学研究中具有十分重要的作用，科学的方法有助于揭示法律现象整体的内在本质、普遍联系和一般规律。

二、法学方法和法学方法论

自罗马法学开始，人们就已经开始运用各种各样的方法去研究法学，并形成了各种法学流派，如自然法学、注释法学和后注释法学等。

法学方法论是 19 世纪后半叶才产生的。法学方法论的产生必须具备两个基本条件：一是有可供概括的各家各派的方法及其成果；二是对于法学学科的发展而言，由于法学研究本身出现了严重的不足，因而迫切需要新的方法论来重塑研究的进路与范式。法学方法就是通过某种立场、途径和工具，获得关于法律是什么的理解。

关于法学方法和法学方法论的思考，在西方法学史上是沿着两条线索展开的：一条线索是从法学之外的立场研究法学，另一条线索是从法学内部的立场来研究法学。法学方法和法学方法论最核心的问题就是研究法律规范如何适用于具体的案件，法律的解释和推理相应地成为法学研究的重点。

三、法学研究的基本方法

（一）价值分析方法

价值分析方法，就是通过认知和评价社会现象的价值属性，从而揭示、批判或确证一定社会价值或理想的方法。价值分析方法之所以是法学研究的基本方法，就在于法学的一个基本任务是揭示法的应然状态或价值属性，即回答法应当是怎样的。法作为调整社会利益关系的规范体系，其本身就是一定价值观念的体现。法之所以要对一些行为予以保护而对另一些行为予以制裁，就是因为法之中隐含着一套价值准则，凡是被这种价值准则所肯定的行为，就得到法的保护；反之，则受到制裁。因此，法学的一个首要任务就是对各种利益进行评价，并确定它们在价值序列中的相应位阶（地位）；当发生利益冲突时，还要提供一种在其中进行取舍的原则。也就是说，法学必须回答在利益关系中，哪些利益应当受到保护，应当保护到什么程度，哪些利益应当受到限制，应当限制到什么程度。

法学中的价值分析包括价值认知和价值评价，它们是价值分析过程的两个不同的阶段或方面。这两个阶段或方面既相互区分又相互联系，构成了价值分析方法的基本内容。价值认知是以法律这个被认知的客体所蕴含的价值属性为对象的，它要探究特定的法律制度是按照哪一个阶级、阶层的利益标准与价值观念来调整社会关系，以及在社会主体之间分配权利义务的；价值认知的直接目的是如实地观察和描述特定法律制度所包含的价值准则和价值排序。价值评价是从一定的利益和需要出发，按照一定的价值标准、价值准则对特定法律制度的总体或部分进行判断与取舍。例如，法律制度中关于权利义务的总体结构是否合理？是应当加以维持还是应当予以改革或摧毁？某一授权性规范或禁止性规范是否公正？如果需要对它们加以修改，应如何进行修改？公平与效益发生冲突时应当如何取舍？这些问题均属于价值评价。

价值分析方法在法学研究中有着特别重要的意义，主要体现在以下两个方面。

（1）价值分析方法是深刻认识和理解法律制度精神实质的钥匙。法与一般的自然客体不同，它是人类有意识、有目的的活动的产物，自觉地追求或实现一定的社会价值或理想。如果不对法律制度进行价值分析，未能把握法律制度所内含的价值目标或理想，是不可能深刻认识和理解法律制度的实质和要旨的。例如，通常来说，在没有调查清楚一个人是否真的死亡之前，就宣告该人死亡是不合理的，但是现代民法中恰恰就有宣告死亡的制度。依据这一制度，利害关系人（如配偶、父母、子女、债权人）根据法定的条件，可以向法院申请宣告失踪达一定时间的人死亡。现代民法之所以确立这样的制度，其目的或价值，就在于保护长期失踪的人的利害关系人的利益。如果我们不从这一制度的目的或价值出发来理解这一制度，不但难以理解其要旨或精义，甚至有可能对其产生误解。

（2）价值分析方法是改革和完善法律制度的重要方法。马克思主义哲学是实践哲学，它与以往旧哲学的根本不同之处，就是它不仅仅关注对世界的解释，而且更强调对世界的改造。以马克思主义哲学为指导的法学理论，也必然是一种革命的实践法学。一方面，它要正确反映现实的法律世界，对它的本质和规律做出科学的解释；另一方面，它还要致力于改造、完善这个世界，也就是要服务于法律制度的改革与完善。价值分析方法在改革和完善法律制度上具有不可替代的作用：一方面，它能够为现存法律制度的评价和批判提供一套价值准则，从而使人们能够认识和发现法律制度的缺陷和弊端；另一方面，它能够为法律制度的未来发展提供一种理想和目标，并以此来引导人们进行法律制度的改革或创新。

（二）实证分析方法

实证分析方法的主要特点就是通过对经验事实的观察和分析来建立和检验各种理论命题。所谓经验事实，指的是可以通过人们的直接观察或间接观察被发现的确定的事实因素。对于法学的实证研究而言，经验事实既包括与法律的制定和实施有关的一切社会事实，也包括法律文本中的词语、句法和逻辑结构等事实因素。实证分析方法之所以是法学研究的基本方法，就在于法学的一个基本任务是揭示法的实然状态，即回答法实际上是怎样的。例如，法在现实生活中是如何运行的，法有哪些社会作用和功能，法有什么样的体系和结构。要解答这样一些涉及法的实然状态的问题，必须借助和运用实证分析方法。在法学中运用的实证分析方法有许多具体形态，其中最主要的有以下几种。

1. 社会调查的方法

社会调查是法学进行实证研究的最基本的方法。为了使法学研究摆脱理论脱离实际的不良作风，大力开展社会调查是非常必要的。法学所需要进行社会调查的课题和范畴是极其广泛的，如治安状况的调查、社会组织的调查、法文化的调查、法行为的调查、法实效的调查、法角色的调查和风俗习惯的调查等。社会调查的方式一般可分为普遍调查、抽样调查、典型调查和个案调查四种。为了使社会调查达到预期目的，法学工作者在选择一种调查方式之后，还必须学会熟练地运用一些接触事实、收集资料的技术性方法，如观察法、实验法、参与法、访谈法和问卷法等。这些技术性方法只有经过专门的学习和训练才能准确地掌握。调查者如果不具备这方面的知识，则调查结果的可靠性和根据调查结果所做出的推论的科学性就很难得到保证。

2. 历史考察的方法

一切社会现象都有其产生、发展的历史。如果抛开历史的联系，无论是经济现象、政治现象、宗教现象还是法律现象，都不可能得到正确的理解和把握。正如列宁指出，为了解决社会科学问题，为了真正获得正确处理这个问题的本领而不被一大堆细节或各种争执意见所迷惑，为了用科学的眼光观察这个问题，最可靠、最必需、最重要的就是不要忘记基本的历史联系，考察每个问题都要看某种现象在历史上怎样产生，在发展过程中经过了哪些主要阶段，并根据它的这种发展去考察这一事物现在是怎样的。进行这种历史的考察可以使人们从总体上把握法与经济、政治、文化相互作用的历史脉络，加深对历史唯物主义法律观的理解，并为研究现实问题打下坚实的理论基础。

3. 比较的方法

对法现象的比较研究一般可分为两种形式，一种是横向的比较，另一种是历史的比较。横向的比较是法学中最常用的比较方法，其中国际比较已发展成为法学的一个独立分科，被称为比较法学。由此可见比较方法在法学研究中的重要地位。然而，国际比较并不是横向比较研究的唯一形式，对国内不同地区的法现象也可以进行比较研究，如比较研究不同地区的治安情况，比较研究城市和农村中法的实效，比较研究沿海发达地区和内地不发达地区人们的法意识（法律意识）等。历史的比较是按照法现象的时间顺序进行比较研究，通过对不同历史类型的法以及同一类型不同时期的法的比较研究，可以从中得到很多具有启发性、实用性的知识。这无论对于法治建设还是对于法学理论的完善都大有裨益。

4. 逻辑分析的方法

任何科学理论的建立都必须借助于逻辑推理，法学自然也不能例外。逻辑分析的方法具体形式有很多，如归纳与演绎、分析与综合、比较与分类、科学抽象法、数学模型法等。这些具体形式在法学研究中都有其独特的作用。例如，法学研究者可以用演绎法从法的原则中推论出具体的法律规则，可以用分类法来划分法的部门，可以用科学抽象法提炼法学的基本范畴等。因为法本身就是一种由各种规则构成的内在统一、结构严谨的体系，所以正确使用逻辑分析的方法对于全面、准确地了解法的内容和形式是十分有益的。

5. 语义分析的方法

语义分析方法就是通过分析语言的要素、句法、语境来揭示词和语句意义的研究方法。人类在语言交流过程中，很早就开始了对语言及其使用的研究。不过，把语义分析法上升为一种具有哲学意义的方法并加以运用，则是在 20 世纪才出现的。这与分析哲学的兴起和流行有直接联系。

语义分析方法在法学研究中发挥着十分重要的作用。这是因为在法律领域中，语言的功能不仅仅是一般性的交流思想，立法、执法和司法机构，都是通过语言的操作来划定权利与义务的界限，从而宣告和推行国家意志。在此，语言成为传达国家意志和指令的载体，立法过程、执法过程和司法过程本身都伴随一个语言的操作过程。因而，如何正确地使用和解释法律用语，就直接和人们的切身利益联系在一起了。如果不能合理地对法律用语进行解释，或者法律本身就是语义含混和前后矛盾的，那么，法律就难以承担起自己的使命。这时，法律就不能充分地保护它所应当保护的利益，也不能有效地制裁它应当制裁的行为。在利益关系高度复杂化的现代社会，就更是如此。另外，在建构法学理论、表达法学观点的学术活动中，如果不能准确、合理地使用各种概念和术语，也会引起思想交流的障碍和理论的混乱。因此，近、现代法学十分注重语义分析方法的运用。当然，西方某些法学派别过高估价语义分析方法的地位和作用，甚至将其视为法学研究最根本的和首要的方法，这种观点确实不足为训。但是，必须充分承认语义分析方法的独特功能，这一方法的运用，对于法治建设和法学研究都是十分有益的。

（三）经济分析方法

经济问题一直与政治和法律问题"纠缠"在一起，但从经济学的角度来分析法律现象却是一个现代事件。这是因为对于古典思想家来说，泾渭分明的私人领域和公共领域的划分在现代社会中变得模糊不清。在现代社会中，随着商品经济的发展，劳动分工的扩展，经济问题从私人领域进入了公共领域并改变了公共领域的古典含义。在这一转换过程中，新教改革的加尔文主义、洛克的财产权理论以及以亚当·斯密为代表的古典政治经济学起到了至关重要的作用。随后，黑格尔和马克思赋予了这一转换以形而上学的含义，彻底改变了经济与政治（法律）关系的古典理解。争论的战场从政治哲学领域转向了经济学领域。马克思的剩余价值理论颠覆了洛克的财产权理论之后，经济学面临了最严重的一次危机。

市场及价格机制的运行是有成本的，而不同的制度，尤其是政治法律制度的构造可以导致不同的市场及价格运行成本。因此，可以通过对政治法律制度的分析来降低市场运行的成本，从而使得资源得到最有效的利用或者说导致经济的增长。促成这一新的分析革命的是经济学家科斯。科斯在 1937 年发表的《论企业的性质》及 1960 年发表的《社会成本问题》两篇文章中，阐明了"交易费用"这一概念，在"交易费用"概念的基础上创建了"新制度经济学"。

20 世纪 70 年代，科斯在芝加哥大学的同事波斯纳发表了《法律的经济分析》一书，将"新制度经济学"的基本立场和分析方法运用到法学中来，标志着"经济分析法学"的诞生。

经济分析法学的分析方法包含在"科斯定理"中。科斯定理认为：在零交易费用下，无论产权如何配置，资源配置总能达到最优（帕累托最优）。经济分析方法就是研究不同产权界定的交易费用，以获得最有效益的法律制度。从那以后，"经济分析法学"和"新制度经济学"就成了法学界的"显学"。

（四）阶级分析方法

阶级分析方法被广泛使用于包括法学在内的人文社会科学的诸多领域。阶级分析方法，就是用阶级和阶级斗争的观点去观察和分析阶级社会中各种社会现象的方法。它可以广泛地应用于各门社会科学和人文学科，在法学研究中也占有重要的地位。阶级分析方法之所以是法学的基本方法，就在于法学研究对象自身的规定性。法是阶级社会所特有的社会现象，阶级性是法的本质属性。只有运用阶级分析方法，才能深入认识和把握法的内在本质、普遍联系和发展规律。

在如何对待阶级分析方法这一问题上，必须防止两种错误倾向。一是以教条主义的态度来理解和运用阶级分析方法，把科学的阶级分析片面归结为"阶级斗争之学"和"对敌专政之学"，这种错误倾向曾给我国的法治建设和法学研究造成了灾难性的影响。二是以虚无主义的态度对待阶级分析方法，有意或无意地贬低、轻视甚至否认阶级分析方法的理论意义和认识价值，对于这种错误倾向也应注意防止。

阶级分析方法作为法学研究的基本方法之一，其独特的功能主要体现在以下四个方面。

（1）对于法学的理论建设而言，阶级分析方法是避免走入唯心主义法学误区的必要指南。唯心主义法律观的总体特征，是把法律制度的产生、演变归结为某种精神因素的决定性作用。在历史法学派出现之前，这种决定性的精神因素，又都被指定为与人类社会现实生活无关的先验性存在物。例如，法律曾被认为是来源于神意、宇宙理性、人类理性、绝对精神、永恒正义等，这些精神性因素存在于人类现实生活之外，与现实的条件、关系、行为和观念没有什么联系。相反，它们是一种自在自为的精神力量。阶级分析方法的运用，可以使人们清醒地认识到这些法律观的谬误之处，因为运用这一方法来考察法律现象，人们视线的焦点自然全投射在现实生活中的社会分层、利益结构之上。在阶级和阶级斗争尚未消灭的历史条件下，在经济和政治上占有优势的社会集团，不可能不通过法律规范的选择与操作来维护自己的共同利益。在存在阶级对立的社会中如此，在阶级差别、阶级斗争仍然存在于一定范围内的社会中也是如此。

（2）对于法律现象的历史考察而言，阶级分析方法是探索法律制度和法律思想历史演变规律的基本线索。从世界上看，自法律产生以来，不同时空范围内的法律现象可谓形形色色、千变万化。在某一时期被视为天经地义的原则和规则，在另一时期却能被弃之如敝履；在某一阶段中有效运转的法律体制，在另一阶段中却可能在强大的利益压力下扭曲变形甚至难以为继。若要在如此复杂多变、迷离混沌的历史现象中发现规律性的东西，不借助于阶级分析方法是难以想象的。

（3）对于古今中外法律制度的定性研究而言，阶级分析方法是有力的分析工具。定性研究与定量研究在法学研究中都是不可缺少的。在对法律制度进行定性研究方面，阶级分析方法具有不可替代的功能。例如，在不同历史类型的国家中，有时它们的法律制度在形式上会呈现出众多一致之处；而在相同历史类型的国家中，其形式上的广泛差别又极其明显。运用阶级分析方法来观察问题，人们就可以不被这些形式上的共相与差异所迷惑，从而在总体上对它们做出准确的定性分析。只要人们能够避免对阶级分析方法的片面化、庸俗化理解，就不但不会妨碍充分地继承历史上优秀的法律文明成果和借鉴外国的成功经验，反而更有利于做到取其精华、弃其糟粕，为完善我国的社会主义法治服务。

（4）对于法治实践而言，阶级分析方法是确立和坚持我国法治根本宗旨的重要理论参照。我国的社会主义法治是中国人民在同帝国主义和国内反动势力的长期艰苦斗争中建立起来的，它使处于社会最底层的广大劳动群众从奴役中解放出来，成为社会的主人。以法律手段维护、促进人民大众的共同利益是它的根本宗旨。社会主义国家在安排权利与义务的基本结构时，必须始终贯彻这一根本宗旨。当然，权利义务分配的各种具体方案，可能会由于现实阶级关系、阶级斗争形势和国内、国际政治环境的变化而有所不同。但是，社会主义法治的根本宗旨是不容动摇的。而阶级分析方法的运用，正是确保这一根本宗旨的重要条件。

上述功能能否得到充分发挥，首先取决于能否以科学的态度准确理解和运用阶级分析方法。在过去相当长的一段时期内，由于受教条主义思维方式的影响，人们在理解和运用这一马克思主义的方法时，往往只留心于抽象的结论，而舍弃了丰富、具体的分析过程；只注重可为现行政策做注脚的个别观点，而忽视了理论的整体联系；只记住了作为分析工具的范畴和术语，而忘记了使这些范畴和术语的运用免于片面和极端的前提条件。实践证明，以这种非科学的态度来对待阶级分析方法，只会给我们的法学发展和法治建设带来灾难性的影响。

另外，还应看到，由马克思和恩格斯创立于19世纪中叶的阶级分析方法，并不是封闭和僵死的东西。这就要求人们必须通过参照20世纪社会结构的重大变迁，联系我国的实际与实践，借鉴现代科学研究的优秀相关成果，而对其进行完善、修正和发展，只有这样，才能使之不断地保持科学性与有效性。

第六节 法 学 教 育

法学教育几乎是与法律相伴而生的，大体上它与法律发展同步而互动，有力地推动了法律的发展和法学的发展。法学教育是法律发展的基础，是法学进步的阶梯。任何法律专家和法学专家都必须经受法学教育，并且只有其中的优秀者才可能为法律和法学的发展做出重要的贡献。

一、法学教育的概念

法学教育是培养法律人才的专门教育，是社会教育体系的重要组成部分。法学教育特指以培养法律人才为目的而进行的系统化、理论化的专门教育，是一种特殊形式的法律教育。

法律知识的系统化和理论化的特点，决定了法律职业必须走专业化道路，从事法律职业的人员，必须以接受相当的法学教育为前提，这是当今各国共同的要求，受过高等法学教育已经成为绝大多数国家从事法律职业的必备条件。从我国的实际情况看，社会所需要的法律人才主要有两大类：一是应用型法律人才，二是学术型法律人才。

二、法学教育的特点

（1）法学教育以传授法律知识和培养法律技能为主要内容。

（2）法学教育注重法律理念、法律思维、法律意识和法律职业道德的培养。

（3）法学教育是综合性教育。

（4）法学教育注重培养学生的实践能力，是知识教育和职业训练的统一，教学实习在法学教育中占有极其重要的地位。

三、法学教育的目的

法学教育是教育的重要构成部分。这里的法学教育特指由专门学校或其院、系、专业所进行的关于法的专门化教育。它不同于社会一般的非专门化的法律教育。社会一般的法律教育，包括普法宣传、中小学法律知识教育、普通高校非专业化的法律教育、执法机关在执法活动中对有关当事人和其他公民所进行的法律教育等。法学教育与一般法律教育的区别在于，所传授的法律知识是否具有较高的理论性，相关理论是否具有系统性和全面性，以及教育者与受教育者对于法律的认识是否具有专门性。法学教育的目的在于为国家和社会培养精通法律的管理人才，为法学教育和法学研究培养法律理论人才，为立法与执法培养法律实践人才，以及培养和提升社会民众的法律意识。

四、新中国高等法学教育的起步

新中国成立后，国家的政治、经济和文化建设需要大批具有专门知识与技术的人才，包括法学教育在内的高等教育被提上议事日程。1952 年，全国高等院校进行大调整，西南政法学院、北京政法学院和华东政法学院相继成立。1953 年，又决定成立中南政法学院。1954 年，由高等教育部主持召开的全国政法教育会议决定恢复北京大学和复旦大学的法律系，并建立西北大学法律系，加上中国人民大学、东北人民大学（吉林大学前身）和武汉大学法律系，政法院系形成了 4 院 6 系的格局。新中国高等法学教育体系基本形成。

社会主义改造基本完成后，我们党领导全国各族人民开始全面转入大规模的社会主义建设。1957 年，中共中央在开展整风运动的过程中，对当时的阶级斗争估计得过于严重，把大量的人民内部矛盾当作敌我矛盾，反右斗争被严重扩大化。1958 年 9 月，《中共中央国务院关于德育工作的指示》提出："党的教育工作方针同资产阶级教育工作方针之间的斗争，按其性质来说，是社会主义道路、资本主义道路两条道路之间的斗争。"1961 年，党中央提出"调整、巩固、充实、提高"的方针，开始总结 1958 年以来的经验教训，注意到了各领域存在的问题。1971 年全国教育工作会议确定的《关于高等学校调整方案》撤销了 106 所高校，中国人民大学、湖北大学及四所政法学院皆在撤销之列，综合性大学中只有北京大学和吉林大学保留了法律系。

五、新中国高等法学教育的重建和发展

1978 年 12 月召开的中共十一届三中全会毅然抛弃了"以阶级斗争为纲"的"左"倾错误，把党和国家的工作重点转移到经济建设，并做出了改革开放的伟大决策。这为我国高等法学教育的重建提供了前提条件。1978 年，中共中央批转的《第八次全国人民司法会议纪要》提出要恢复法律系，培养司法人才。1978 年改革开放后，高等教育提出以人的全面发展为教育目标。在立法成果不断扩大的同时，中国法学教育的模式逐步突破重政治素质、轻职业素养的苏联法学教育模式影响，呈现出德国等大陆法系国家法学教育模式的特征。

1983 年 12 月 31 日—1984 年 1 月 5 日，教育部、司法部在北京联合召开全国高等法学教育座谈会，总结高等法学教育恢复和重建的经验，对高等法学教育各层次的培养规格做了具体规定。到 1988 年，普通高等教育的政法院校系发展到 25 院（校）和 81 个法学系，大专、本科、硕士、博士的层次结构基本形成，为 20 世纪 90 年代法学教育的大发展奠定了基础。

中国法学教育在有计划的商品经济时期采取的大陆法系模式的基本特征为：培养教育目标是德智体全面发展的专业人才；教育培养方式是通过多种形式、多种层次培养法律人才，教育培养形式包括全日制法学教育和成人教育等，教育培养层次包括中专、大专、本科、研究生等；教育内容是国家颁布的法律法规和法学理论知识及有关人文知识；教育方法主要是以教师讲授为主的课堂式，教师是教学活动的主导者。

20 世纪 90 年代以后，改革开放的进一步深化，对外交流与合作活动日益增多。伴随着

市场经济的建立和发展以及依法治国方略的逐步实施，人们的思想观念特别是法制观念发生了深刻变化。以法律职业教育为法学教育典型特征的普通法系国家的教育模式被借鉴引入，与传统法学教育中苏联模式的教师主导型和大陆法系模式的素质教育目标特征融合一体，形成社会主义市场经济体制时期的中国法学教育的混合模式。[①]

中国法学教育在社会主义市场经济体制时期采取的混合模式的基本标志是：培养教育目标从以通才教育为主，开始走向通才教育与职业教育的兼顾；教育培养方式继续延续了多种形式、多种层次培养法律人才的模式，但逐步转向以法学本科、法学硕士和法学博士教育为主体，其他学历教育为补充，以全日制教育为主，以其他形式为辅助；教育内容以国内法为主，兼顾外国法及国际法，法学本科教育的 16 门核心课程统一化；传统讲座式教育方式受到挑战，实践性教学方法开始引入。

六、当前法学教育的主要任务

我国法学教育的发展任务主要是：调整教育层次、结构，扩大培养规模，使法学教育结构更加合理，质量效益明显提高，最大限度缓解社会上法律人才的供求矛盾；建立起与社会主义市场经济体制、国家法治建设、社会全面进步相适应的现代法学教育体系，实现法学教育管理体制的法治化、规范化。

合格的法律人才应当具备以下几个方面的素质。

（1）思想素质，即应当具有追求真理、维护正义的崇高理想和法律至上的坚定信念，应当具备法律职业伦理、恪守法律职业道德的精神品质。

（2）法律素质，即应当具有法律思维能力、法律表达能力和对法律事实的辨别能力，具有扎实的法律知识和比较过硬的处理法律问题的技能。

（3）人文素质，即应当具有广泛的知识背景，体现人文关怀，具备良好的人际沟通能力。

为适应经济全球化需要，法学教育还必须具有国际意识，要以全球化的视野来认识时代的要求和趋势，理解法律的精神和价值，比较法律的运行和效果，改进法律的制度与组织。总之，培养高素质的复合型法律人才，是 21 世纪中国法学教育的重要目的。

第七节 法 学 导 论

一、法学导论的概念与地位

"法学导论"是指从宏观上系统论述法的基本概念、基础问题，对法律的学习和研究具有引导和指导意义的法学入门课程。它对法律的学习和法学的研究都具有引导和指导意义。"法学导论"是法学专业学生进入法学院学习的第一门法学专业课程。法学导论之所以称之为"导

---

① 冀祥德. 法学教育的中国模式 [C]. 新中国法治建设与法学发展 60 年理论研讨会论文集，2009.

论"，在于它既是法理学原理学习的前提和基础，又奠定其他部门法学学习的理论基础。它为法科学生学习各门法学专业课程提供了充分的理论准备。"法学导论"既是法学的入门课程，又是培养法学院学生学术修养和人文素质的学术文本。学习法学导论还可以逐步培养学生分析法律问题的学术素养和逻辑分析能力。

二、法学导论与相关课程的关系

（一）法学导论与国家与法的理论

国家与法的理论或者国家与法权理论，并不是中国的产物，它们源自苏联。新中国成立以前，中国的法学教学中曾有法学绪论课程。新中国成立以后，法学绪论的课程设置已不再适用。新中国迫切需要新的法学教学体系及其相应的课程设置。这时新中国的法学教学既不能采用旧中国的课程设置，也难以在短期内创设一个全新的法学课程体系，基于当时的客观实际，向苏联学习，甚至照抄苏联的法学教学课程设置，也就成为了历史的必然。于是，苏联的以国家与法的理论作为法学入门课程的模式，也被全盘照搬。1949—1957年，中国的政法干部学校和司法、检察干部训练班等法学教育机构的课程设置除马列主义基本理论、民法、刑法、审判法、行政法等课程外，作为业务理论和基本政策开设的就是国家与法的理论、中国宪法、过渡时期的总路线以及主要政策等课程。各个高等政法院、校、系，也是在学习苏联法学教育经验，改造旧的政法院、系的基础上创办起来的。在"苏联先进经验与中国革命实践相结合，理论与实际相结合的办学方针指导下，法律系的教学计划基本上是按照苏联高等学校法学专业教学计划的模式安排的"。有的学校"还聘请了一批苏联专家担任学科指导和教学工作"。由国家与法的理论担负法学入门课程和理论课程的双重任务的教学模式，也就被确定下来。国家与法的理论的课程设置，直到20世纪80年代才被法学基础理论课程代替。

用国家与法的理论作为法学的入门课程是极不妥当的。首先，它混淆了法学与政治学的界限，把本该由政治学研究的"国家"作为法学研究的核心范畴。"国家"理论是法学理论的基础，但并不是法学理论本身。其次，它所论述的国家理论或者法的理论，都不能担负起法学入门课程的重任，其内容既不能归结为对法或法学的引入，也不能归结为对法或法学的深入探讨。最后，它将法或法学的入门引导与理论概括相混同，使其既要对法学的基础知识进行介绍，又要对整个法学理论进行高度的理论抽象，这对于国家与法的理论来说，是十分困难的，也极不科学。

（二）法学导论与法学基础理论

20世纪80年代，面对过去对国家与法的理论课程内容的不科学设置，许多学者都主张将其中的"国家理论"予以删除，保留并扩展法的理论，建立法学基础理论课程以适应新时期法学教育发展的需要。仓促之间，中国法学理论界难以认真思考，基于特定的时代背景，法学基础理论的创设是十分难能可贵的。但随着法学理论研究的深入，法学基础理论课程名称与内容的不合理性日益突出。

首先，法学基础理论实质上仅是法的基础理论，与其名称法学基础理论名不副实。法学基础理论或类似教材中通篇所阐述的几乎都是"法"的问题，如法的概念、法的本质、法的作用、法制、法的制定、法的适用、法的遵守、法律关系、法的消亡等。早在 1985 年就有学者提出要在法学基础理论学科中充实"法学的基础理论"，否则就会有"文不对题"的问题。

其次，法学基础理论既作为法学的入门课程，又作为法学的理论课程，难以胜任。法学教学的确既需要引导性的入门课程，也需要理论性的高度概括课程，但是二者应是有所分别的。将二者混同在一起，期望通过一门课程而得以完成，显然不切实际。如果这样的法学基础理论开设在法学院系的低年级，一方面解决了给学生入门教育的问题，但另一方面又使低年级的大学生陷入难以理解一些高深的法学理论的困难之中。如果将其开设在高年级，又有一个如何引导学生登堂入室的问题。在学生对法学基本概念一无所知的情况下，期望他们能很顺利地学好宪法学、民法学、刑法学、行政法学、诉讼法学等各个法学学科，显然是极不现实的。因此必须将历史上由法学基础理论承担却又未承担好的双重任务予以分解，由不同的两门课程来完成。于是有学者提出并倡导了将法学基础理论分解为法学导论和法理学的实践。这一改革即是由新的法学导论和法理学来承担既有的法学基础理论难以承担的教学任务。

（三）法学导论与法理学

法学导论与法理学是两门联系紧密的法学课程，法学导论在某种程度上也是法理学导论，但两者也存在一定的不同。

（1）两者担负的任务不同。法学导论作为法学教育入门课程，担负着宏观介绍和指导的任务；法理学作为法学理论学科课程，担负着对法律现象深入探讨，培养学生理论素质的任务。

（2）两者的理论深度不同。法学导论立足于给学习者以法和法学的一个基本印象，理论深度相对较低；法理学则要给学习者以理论训练和培养，对法和法学给予理论抽象和概括，理论深度相对较高。

（3）两者在法学教学课程设置中时间不同。法学导论一般开设在法学院系的低年级；法理学多开设在法学院系的高年级。

（4）两者的对应课程不同。法学导论对于法学专业的学生来说，是其他法学课程学习的先导，与其他法学学科相对应；对于非法律专业的学生来说，法学导论是与法学概论或法学通论相对应的入门引导，可以为法学概论和法学通论的学习奠定知识基础；对于法律或法学的爱好者来说，法学导论可以作为他们登堂入室学习法律或法学的第一步。法理学则是对整个法律或法学进行理论深化与理论概括的学科。因此，法学导论独立于法理学，二者不可相互取代。

（四）法学导论与各门法学学科

法学导论对法学各门学科，是一种引导和指导的关系。法学是一门十分复杂的科学，初学者很难立即顺利地进入法学的"天空"，在法学领域中自由翱翔，因此他们需要了解法和法学一些最基本的概念和范畴，使他们能有一个进一步学习法学的知识基础。法学导论开设的目的正是要为其他各个法学学科的学习奠定一个基础。学好法学导论，有助于各法学学科的教学活动的进一步开展。法学导论不代替任何法学学科，任何法学学科都需要法学导论的入门先导和学科先导。

三、学习法学导论的意义

法学导论既是进行法学学习和研究的引导，也是进行法学学习和研究的指导。学习法学导论具有重大的意义。

（一）学习法学导论是学习其他部门法学的前提

法学导论所论述的是法和法学的最基本概念和基本问题，是法学的基础理论和一般理论，研究的内容是法律的一般性、普遍性问题，提供的是法律的基本概念、基本知识和基本原理。这些基本概念、基本知识和基本原理是从其他法学学科中概括出来，又用以指导其他法学学科的。因此，法学导论是法学的入门向导，是学习其他法学学科的基础。

（二）学习法学导论是培养实际工作能力的需要

大部分学习法律的人都要从事法律实际工作。这种人才流向容易导致忽视法理学的倾向。其实，要想成为一名合格的、出色的法律实务工作者，学习法理学，掌握法的精神是相当重要的。第一，任何法律的实践问题都不是孤立的，而是同整个法律制度和社会实践连在一起的，需要根据法理学的理性来把握和解决，这样才能平衡互相对立的利益，实现各种价值的合成，避免形式主义地对待法律问题，处理具体案件。第二，具体案件的解决固然依据具体的法律、法规，需要从具体的法律规定找答案，但是，要能够找到正确的答案则取决于对法律精神、法律原则、法律价值的深刻理解。正像一个人如果仅仅知道某种花卉的栽培技术，而不懂得光合作用、寒暑温差、土壤结构等园艺学的一般原理，就不可能成为一名技术高超的园艺工作人员。

（三）学习法学导论是培养法律思维方式的需要

法学导论的一个重要功能是培养人们的法律思维方式。所谓法律思维方式，是指从法律的角度和逻辑观察问题、分析问题和解决问题的思维方式。法律思维方式是法律职业者所特有的思维方式，是法律职业者必须具备的职业能力。在法治国家中，一切法律问题都必须用法律思维方式来观察、分析和解决。法律职业者只有用法律思维方式来思考和分析法律问题，才能得出合乎法律精神和逻辑的结论。法律思维方式的养成离不开法学导论的学习。

首先，法律思维所运用的基本概念由法学导论加以清晰的界定和解释。概念是思维的基本要素。只有学好法学导论，掌握法的基本概念，才有可能形成法律思维方式。其次，法律思维规律的领悟和把握离不开法学导论的学习。法学导论不仅揭示法律实践活动的规律，也揭示法律思维、认知活动的规律。因此，领悟和把握法律思维规律，必须认真学习法学导论。

本章复习题

一、选择题

1. "法学"在中国汉代称为（ ）。

A. 刑名之学　　　　B. 刑名法术之学　　C. 律学　　　　　D. 法学

2. 法和法学自古至今无不与"正义"有着不可割舍的联系，将法学定义为"神事和人事的知识，正与不正的学问"的是（ ）。

A. 乌尔比安　　　　B. 亚里士多德　　　C. 苏格拉底　　　D. 柏拉图

3. 关于法学，以下选项中正确的说法是（ ）。

A. 法学研究的是社会法律现象

B. 法学的研究对象限于国家颁布的规范性法律文件

C. 法学自其产生之始就形成了体系

D. 法学体系中起统领作用的是宪法学

4. 关于法学体系，下列选项中错误的说法是（ ）。

A. 法学体系就是由一个国家现行的各种法律制度组成的有机联系的统一整体

B. 关于法学体系的划分，不同法学家有不同的认识

C. 法学体系可以分为理论法学和应用法学两大门类

D. 在法学体系中，存在法学与其他社会科学或自然科学的交叉学科

5. 在西方，法学起始于（ ）。

A. 古希腊　　　　　　　　　　　B. 古罗马

C. 中世纪后期　　　　　　　　　D. 近代资产阶级革命时期

6. 强调法律是民族精神、历史传统的体现的法学流派是（ ）。

A. 自然法学派　　　　　　　　　B. 社会法学派

C. 历史法学派　　　　　　　　　D. 分析法学派

7. 下列关于法学的表述中，正确的有（ ）。

A. 从认识论角度，法学可以分为理论法学和应用法学

B. 法学是随着法的产生而产生的，有了法就有了法学

C. 法学的研究对象存在不同层次，最深的层次是创制和适用法的方法

D. 法存在和发展的社会文化状况也是法学的研究对象之一

8. 罗马法复兴时期出现的以研究和恢复罗马法为核心的法学流派是（ ）。

A. 罗马法学派　　　　　　　　　B. 社会法学派

C. 注释法学派　　　　　　　　　D. 分析实证主义法学派

二、简答题

1. 法学的研究对象是什么？

2. 法学的分支学科是如何划分的？

3. 如何理解法学体系与法律体系的关系？

4. 法学的研究方法是什么？

5. 法学导论的研究对象和学习意义是什么？

三、材料分析题

1. 在社会发展某个很早的阶段，产生了这样的一种需要：把每天重复着的产品生产、分配和交换用一个共同规则约束起来，借以使个人服从生产和交换的共同条件。这个规则首先表现为习惯，不久便成了法律。随着法律的产生，就必然产生出以维护法律为职责的机关——公共权力，即国家。随着社会的进一步的发展，法律进一步发展为或多或少广泛的立法。这种立法越复杂，它的表现方式也就越远离社会日常经济生活条件所借以表现的方式。立法就显得好像是一个独立的因素，这个因素似乎不是从经济关系中，而是从自己的内在根据中，可以说，从"意志概念"中，获得它存在的理由和继续发展的根据。人们忘记他们的法起源于他们的经济生活条件，正如他们忘记了他们自己起源于动物界一样。随着立法进一步发展为复杂和广泛的整体，出现了新的社会分工的必要性：一个职业法学家阶层形成起来了，同时也就产生了法学。

——选自《马克思恩格斯选集》

请根据以上材料，分析讨论法学产生的条件。

2. 美国霍姆斯大法官在他 1897 年著名的演讲《法律的道路》中说道："我们研究法律的目的就是预测——预测借助于法院所实现的公共权力发生作用的概率。"因此他提出了坏人理论："如果你们仅想知道法律而不是别的，那么你们就必须从一个坏人而不是好人的角度来看法律；坏人只关心法律知识允许他预测的物质后果，而好人却从更为模糊的良知命令去寻找其行为的理由——不论在法律之内或之外。"现实主义法学代表卢埃林认为法学研究的重点应当从研究规则转变为观察司法人员的实际作为，特别是法官的行为，因为规则本身是不确定的。弗兰克认为，法律规则不是法官判决的基础，司法判决是由情绪、直觉的预感、偏见、脾气以及其他非理性的因素决定的，法院的判决是极为不确定的和几乎难以预见的。据此，现实主义者提出要从研究"本本上的法"转向研究"行动中的法"，要引入其他社会科学的成果来研究影响判决的现实因素。按照哈特的看法，现实主义者不能解释事实，这是因为他们从一个纯粹外在的观点（外在的观点即纯粹从一个观察者的角度来看待法律规则）去考察法律现象。问题不在于法律现实主义者是糟糕的律师，而在于他们是糟糕的心理学家和社会科学家，尽管他们求助于心理学和社会科学去解释法律现象。哈特认为，社会现象——一种至少部分是由人的判断、选择、合作等产生和构成的现象——如果不采取他所说的内在观点（内在的观点即从一个参与者的角度来看待法律规则）就不可能被完全理解。

根据以上材料，你认为法学本身是一门自给自足的学科吗？为什么？

3. 卢梭（Rousseau，1712—1778）之倡天赋人权。欧洲古来，有阶级制度之习，一切政权、教权，皆为贵族所握，平民则视若奴隶焉。及卢梭出，以为人也者生而有平等之权，即生而当享自由之福，此天之所以与我，无贵贱一也，于是著《民约论》（*Social Contact*）大倡此义。谓国家之所以成立，乃由人民合群结约，以众力而自保其生命财产者也，各从其意之自由，自定约而自守之，自立法而自遵之，故一切平等。若政府之首领及各种官吏，不过众人之奴仆，而受托以治事者耳。自此说一行，欧洲学界，如旱地起一霹雳，如暗界放一光明，风驰云卷，仅十余年，遂有法国大革命之事。自兹以往，欧洲列国之革命，纷纷继起，卒成今日之民权世界。《民约论》者，法国大革命之原动之也。

——选自梁启超的《论学术之势力左右世界》

根据以上材料，谈谈对法学功能的认识与体会。

第二章

法 的 概 念

☑ 教学目的和要求

1. 了解法的基本含义以及西方非马克思主义学者关于法的论述。
2. 掌握法的现象以及马克思主义学者对法所做的定义，正确理解法的本质。

☑ 教学重点和难点

正确理解中西方关于法的基本含义和法的本质。

第一节　法的概念的语义分析

一、中国古代法和律的词源

　　源者，来源、源泉、源流也。所谓法的词源，即"法"一词的本来含义，是指"法"这个词是怎样形成以及最初被赋予何种含义。在"法"的本来含义中，体现或反映了人们最初对法这种社会现象的认识状况。因此，通过考察法的词源，可以发现包含在"法"这个词中相对稳定、约定俗成的含义。

　　"法"的中文是象形文字。在古代汉语中，"法"和"律"两字最初分开使用，含义也不同，以后发展为同义。但人们现在使用的"法律"一词，是近代以来"法"和"律"两词的重新组合，不同于历史上的含义。

　　中文的"法"字古体写作"灋"，东汉许慎所著《说文解字》的解释为："灋，刑也。平之如水，从水；廌，所以触不直者去之，从去。"廌，又名"解廌"，也叫"獬豸（xièzhì）"，是古代传说中的上古神兽，体形大者如牛，小者如羊，类似麒麟，全身长着浓密黝黑的毛，双目明亮有神，额上通常长一角，俗称独角兽。它拥有很高的智慧，懂人言知人性。它怒目圆睁，能辨是非曲直，能识善恶忠奸，发现奸邪的官员，就用角把他触倒，然后吃下肚子。当人们发生冲突或纠纷的时候，独角兽能用角指向无理的一方，甚至会将罪该万死的人用角抵死，令犯法者不寒而栗。上古时期，被后世尊为"中国司法始祖"的皋陶（Gāoyáo）常用独角兽审判案件。"灋"在古代有公平、惩罚两层含义。春秋前常常称为刑，事实上刑就是法，如禹刑、汤刑、九刑等；春秋战国时期称国家制定的法律为法，如《法经》、茆（máo）门之法等；据我国历史上第一部词典《尔雅》中的记载："法，常也；律，常也。"由此可见，法的本义是指一种判断是非曲直、惩治邪恶的规范。

商鞅改法为律后法就变成了律，如秦律、汉律、唐律等。《说文解字》对"律"的解释为"律，均布也"。"均布"是古代调音律的工具。古代有六吕、六律的之说。段玉裁的《说文解字注》指出："律者，所以范天下之不一而归于一，故曰均布也。"把律比作均布说明律有规范人民行为的作用，是人人普遍遵守的规范，如"汉律""贞观律"等。《唐律疏议》中指出："律之于法，文虽有殊，其义一也。"法与律合称在古代中国并不常见。法律合称应该是清末受西方法律文化的影响所致。

二、西文里的法和法律

西方文字是拼音文字。多数使用拼音文字的国家用不同的发音和拼写方式区别"法"和"法律"。西方的法、法律含义非常复杂，除英文中的 law 外，拉丁文 ius、lex，法文中的 droit、loi，德语中的 recht、gesetz 分别代表着法与法律。要注意的是，这些词往往还具有其他含义，如"公平""正义"等。西方法学者为了区别，还在这些词语前边加上"客观的""主观的"等定语，于是有了"客观法"和"主观法"的说法。所谓"客观法"，是指抽象的、不以个人的主观意志和行为而客观存在的法律规范。所谓"主观法"，则是指属于主体的并需要通过一定的活动来实现的合法权利。

此外，西方学者还对法做了各种各样的分类，甚至将法与法律对立起来。这种分类与自然法（应然法）和实然法（实在法、现实法、国家法）相对应。

一般来说，西方"法"的词意的核心首先是正义（公平、公正），法是正义的体现。其次是权利。最后是规则，人的权利之规则。法律既保护人们的正当权利，同时也惩治人们的不正当行为。

三、现代法律的含义

在现代汉语中，"法律"一词有广义和狭义两种用法。

广义的法律是从抽象意义上而言的，指法的整体，包括由国家制定的宪法、法律、法规、条例、决议、指示、规章等规范性文件和国家认可的判例、习惯等。就我国现在的法律来说，主要是指作为根本法的宪法、全国人民代表大会及其常务委员会制定的法律、国务院制定的行政法规、地方各级国家权力机关制定的地方性法规等。

狭义的法律是从特定或具体意义上而言的，专指拥有立法权的国家机关依照立法程序制定的规范性文件。在我国，狭义的法律仅指全国人民代表大会制定的基本法律和全国人民代表大会常务委员会制定的除基本法律以外的其他法律。

为了避免上述两种意义混淆，我国多数学者习惯于把广义的法律称为法，而把狭义的法律仍称为法律。

近年来，我国有的学者提出，应从划分"应然法"与"实然法"的角度来区分法和法律这两个概念。法是指应然法，即事物的客观规律和人类普遍的理性要求；而法律是指实在法，即国家制定的具体的法律规则。从这种意义上说，法律只是法的表现形式。这种观点明显受到了西方自然法思想的影响。

 案例分析 ▷ ···

　　古希腊剧作家索福克勒斯在悲剧《安提戈涅》中讲述了这样一个故事：安提戈涅的兄弟浦雷尼克因为背叛城邦而被克里奥国王处死，克里奥国王还禁止人们为浦雷尼克举行葬礼。安提戈涅冒着生命危险，按照希腊宗教所规定的仪式安葬了她的兄弟，于是，克里奥国王要对安提戈涅进行惩罚。对此，安提戈涅辩论说，在埋葬她的兄弟时，她所违反的只是克里奥的法律，但是，这样做却符合更高的神的意志。在安提戈涅看来，国王的命令并不当然具有法律效力，它还必须符合神的意志，否则就是无效的。[①]

　　问题：试从"应然法"与"实然法"的角度分析安提戈涅的观点。

四、非马克思主义的法的定义

非马克思主义的法的定义，可分为三类：第一类是从法的意志性的角度理解法律的观点；第二类是从法自身理解法律的观点；第三类是从法的功能的角度理解法律的观点。

从法的意志性的角度理解法律的观点，主要包括以下两个流派：

（1）神意论，认为法的本质是神的意志。作为历史上出现最早的观点，其代表人物有中世纪著名的神学思想家奥古斯丁和托马斯·阿奎那。托马斯·阿奎那是欧洲中世纪的一位著名的学者，他强调法的本源是神，这是一种法的二元论，是神人二元论。

（2）意志论，认为法是公众意志的体现，法的本质是人的意志、理性。其代表人物有哲理法学派的康德、黑格尔等人。

从法自身理解法律的观点，主要包括以下的分支：

（1）规则说，认为法即规则。在西方，这种理论主要是由分析实证法学家所提出的。他们认为法律是一种规则，由国家创制的规则。例如，英国法学家哈特认为，法律是主要规则和次要规则的结合。主要规则设定义务，即要求人们从事或不从事某种行为，而不管他们愿意与否；次要规则授予权力和权利，包括改变规则、审判规则和承认规则。

（2）命令说，认为法是国家的命令，或者主权者的命令。这一理论也主要由分析实证法

---

① E.博登海默.法理学：法律哲学与法律方法.邓正来，译.北京：中国政法大学出版社，1999：4.

学家所主张。例如，霍布斯认为，法律是一种命令而不是一种建议，国法是国家对臣民的命令；边沁认为，法律是主权者自己的命令或为主权者采纳的命令的总和，是主权者行使权力处罚犯罪的威吓性命令；奥斯丁认为，法律是掌握主权的人向下面的人发出的命令，如果不服从，就要给予制裁。

（3）判决说，认为法即判决。这一理论是由社会学法学家、现实主义法学家所主张的。他们认为，法律是法官的判决。判决说比较注重法律的具体运作，重视活法。例如，美国法学家格雷认为，法规、判例、专家意见、习惯和道德只是法的渊源，只有当法院做出判决时，真正的法才被创造出来，所以，法不过是指法院在其判决中所规定的东西。

（4）预测说，认为法律是对法院将做什么判决的预测。美国大法官霍姆斯最先提出这个观点，他认为，法律就是指从坏人的视角出发，对法官将做什么进行预测，以斟酌自身行为的后果，这种看法常被戏称为"坏人眼中的法律"。这个思想后来在美国现实主义法学的代表人物弗兰克、卢埃林等人那里得到发展。预测说突出法律的可预测性，从成本收益的角度考虑行为结果。

从法的功能的角度理解法律的观点，主要包括以下理论：

（1）正义论，认为法是实现正义的工具。历史上许多思想家，如柏拉图、亚里士多德、西塞罗等就认为，法律是正义的化身、体现。正义论着眼于法律的道德性，强调法律的合法性在于维护社会正义和社会公平。例如，亚里士多德就曾认为，要使事物合于正义，须有毫无偏私的权衡，法恰恰是这样一个中道的权衡。

（2）社会利益说，认为法律是社会利益的体现和表达。许多社会学法学家，如耶林、庞德等，是社会利益说的代表。社会利益说突出的是法律与人的利益，特别是与社会整体利益的关系，强调法律是实现社会利益的工具。

（3）事业说，是美国新自然法学派的代表人物富勒给法下的定义，其概括表述为：法是"使人类行为服从规则治理的事业"。

（4）社会控制说，认为法律是社会控制的工具、手段。这种学说主要来自社会学法学家，如美国法学家庞德认为，法律是一种社会工程或社会控制工具，他说："我把法理解为发达的政治上组织起来的社会高度专门化的社会控制形式——一种通过有系统、有秩序的适用社会强力的社会控制。在这种意义上，它是一种统治方式，我称之为法秩序的统治方式。"美国社会学法学家布莱克也认为，法律是政府的社会控制手段。社会控制说强调的是法律在社会中的角色、功能、效应。从法与其他社会现象之间的关系来理解法的观点，主要代表是19世纪末20世纪初出现的法律社会学派。

五、马克思主义的法的定义

结合马克思辩证唯物主义和历史唯物主义的基本理论，在马克思看来，法是由一定社会物质生活条件决定的掌握国家政权的阶级共同利益和意志的体现，它是由国家制定或认可并由国家强制力保证实施的行为规范体系及其实施所形成的法律关系和法律秩序，其目的在于维护和发展有利于统治阶级的社会关系和社会秩序。可以说这是迄今为止人类历史上对法的界定最为科学的表达方式，因为该定义不但揭示了法的物质制约性、国家意志性、形成方式的独特性，还概括出了法的强制性和目的性。我们会在法的现象与本质里面进一步详细论述马克思主义的法观点。

第二节　法的现象与本质

现象与本质是表示事物的里表及其相互关系，反映人们对事物认识的水平和深度的一对哲学范畴。世界上的任何事物都是现象和本质的对立统一，透过现象把握其本质是科学的基本任务之一。法的现象与法的本质既是法的概念的两个不可分割的组成部分，又是两个相对独立的范畴。它们具有不同的研究领域、研究思路和研究意义。

法的现象是指凭经验的、直观的方式可以认识的法的外部联系的总和，是直观的感性对象——法本身；法的本质则是深藏于法的现象之后以至凭借直观的方式无从把握的法的内在联系，是人们对可感知的法的外部联系的真实本源的一种主观把握和理性抽象。所以，法的现象与法的本质作为独立的范畴之间存在有机联系。科学的法的定义既要能够反映法的现象的最一般的内容与特征，又要能够透过现象的表面关系揭示其深层次的本质。离开了现象，法的本体认知就无所谓意义；离开了本质，法的本体认知就无所谓价值。两者相互制约，构成统一的法的本体认知的两层次。同时，法的现象与法的本质又是两个相互独立、认识上不宜合而为一的范畴。马克思曾经指出："如果事物的表现形式和事物的本质会直接合而为一，一切科学就都成为多余的了。"法律现象研究既可以用于科学地阐述法的本质，又有自己直接的现实的功利目的；揭示法的本质或许有助于深刻认识法律现象，然而却不能代替对法律现象本身的研究。如果将这两种不同性质的研究混为一谈，其结果只能是或者将本质视为现象，或者将现象视为本质，从而导致认识上的混乱与错误。因此，法的现象有相对独立的研究领域。

一、法的现象

所谓法的现象，也叫作法的特征，是指法的外部联系，可以直接凭借人的感官直接感知的法的外部特征。法的现象不等于法律现象。法律现象这一概念在单独使用时，含义比较广泛，它可以指法的本质和法的外部表现形态的统一体，相当于法的概念，它也可以指具有法律性质的有关事物、行为等。而这里所讲的法的现象则是指同法的本质相对称的现象，是一个比较狭义的概念。

可以从很多角度概括法律现象，所以法律现象具有多样性。相对于法律的一般特征，法的基本特征是法本身所固有的、确定的东西，是使法成为法并区别于其他社会现象的深层规定性。法的基本特征可以归纳为以下五个方面。

（一）法是调整人们行为的社会规范

社会规范是调整人与人之间、人与社会之间社会关系的准则。其以一定的社会关系为内容，以一定的原则、规则、原理为形式，目的是维护一定的社会秩序。社会规范种类繁多，形式多样，主要包括风俗习惯、宗教规范、道德规范、法律规范、经济规范、社会组织规范、政治规范等。在社会中，这些规范的目的、功效、功能各不相同，但是它们有着相同的目标，那就是共同促进社会的和平与稳定。法是一种社会规范（社会控制手段），更是一种具有独特性质的社会规范。它通过法律方式对人的行为进行调控，进而调控人的社会关系，因而区别于思想意识、政治实体、道德规范、技术规范。

法律的调整对象是人的行为和社会关系。它通过对人的行为的调控，进而调整人的社会关系，最终实现社会控制和调整的目的。在法律上，人的行为是极为重要的，是法律存在和发挥功效的前提。对于法律来说，不通过行为控制就无法调整和控制社会关系。法律是针对行为而设立的，因而它首先对行为起作用，首先调整人的行为。法律不是通过对人们思想的调整来调整社会关系的，这是法律区别于其他社会规范的重要特征之一。其他社会规范，如道德规范、宗教规范是通过思想控制来调整和控制社会关系的，政治规范是通过组织控制或舆论控制来完成社会调整的。这些规范共同促进了社会秩序的形成。由此可见，法是一种具有独特性质的社会规范，它完全不同于通过思想来调控社会的道德规范和宗教教义。

1. 法律只调整人的行为，不调整人的思想

在法律上，人的行为是极为重要的，是法律存在和发挥功效的前提。法律是针对行为而设定的，因而它首先是对行为起作用，首先调整人的行为。除了人的行为，法律不调整其他东西，如思想。思想是自由的，现代法治社会强调思想自由，任何人不因思想受处罚。如日本宪法第 19 条规定：思想及良心的自由，不得侵犯。法律是行为规范，而不是思想规范，它不禁止思想，用法律来控制思想是徒劳无益的。更为重要的是，在现实生活中，如果用法律来控制思想，必然导致法律没有适用标准，这不仅玷污了法律的尊严，会使法律丧失自身的特性，而且会导致公民的各种自由、权利、利益受到严重侵犯、伤害和剥夺。因此，用法律来控制思想、处罚思想，实际上就是允许恣意处罚任何人，这本身就是非法的、非正义的。在历史上的专制制度下，人的思想受到法律的控制，出现许多思想罪。如希特勒时期的《国社党刑法之觉书》，废弃罪刑法定主义，用"意思刑法"代替"结果刑法"，即为恶法的典例。

在我国古代历史上，亦有法律调整人的思想的现象。从秦朝开始出现的"诽谤"罪名，是典型的言论罪。它是维护思想专制的利器，也是冤狱丛生的根源。而"诽谤"之罪，特指对于君主的恶意批评，至于某一批评是善意的进谏，还是恶意的诽谤，判断全在君主的一念之间。汉初的思想家就认为"忠谏者谓之诽谤，深计者谓之妖言"（《汉书·贾谊传》），是秦朝速亡的原因之一。为国家筹划长远大计的人，敢于对朝廷决策失误挺身进谏的人，均被裁定为"诽谤"，智者只好三缄其口，坐视国家覆亡了。汉文帝明令废止"诽谤"法，这与"去肉刑"一道，成为汉文帝实行仁政的主要标志。但在汉武帝时期，"诽谤"之法不仅得以复活，而且较之秦始皇时代更为变本加厉，其标志就是"腹诽"之罪的出现。

在现代各个法治国家中，一个共同的理念是，法律是行为规范，而不是思想规范，法律不能干涉人们的思想自由。这是由于，一方面，思想属于人的内部精神活动，法律难以直接对其产生约束力；另一方面，如果用法律来规范思想，就会超越法律的调控范围，导致法律没有适用标准，严重损害公民的自由和权利。在中国传统社会的君主专制下，出现了许多限制和打击思想自由的罪名，如腹诽罪。在我们建设法治国家的进程中，应该抛弃这些历史糟粕，使法律调整的范围仅限于人们的外部行为。

 案例分析 ⟩ ··

申克诉美国案

案情：

1919 年第一次世界大战期间，美国与德国正陷于交战状态。美国社会主义党反对战争和征兵。申克是美国社会主义党的秘书长，参加了向等待应征入伍的人散发传单的活动，传单的标题为"维护你的权利"，号召人们"加入到社会主义党废除征兵法的运动中来""在向国会要求废除征兵法的请愿书上签名，帮助我们清除掉宪法上的污渍！"申克和另一位社会主义党官员因为准备并散发这些传单而受到三项指控。初审法院认定申克有罪，申克被判六个月监禁。

初审法院认定申克犯罪的理由是：第一，违反《反间谍法》，图谋煽动军队中的"反抗"情绪和"阻碍"征募士兵的工作；第二，以实施违法活动、邮递《反间谍法》禁止邮递的邮件的方式来对抗美国；第三，非法使用邮件来散发传单。申克以《反间谍法》违反第一条宪法修正案为由提起上诉，最高法院一致维持了一审的有罪判决。

问题：申克是因为思想犯罪而获罪的吗？

2. 法律只调整人的行为，不调整动物的行为

随着动物保护主义的兴起，特别是国外动物福利立法思潮的传入，有的学者认为，应当改变动物的客体地位，赋予动物一部分人所享有的权利，确立动物的法律关系主体地位，使其人格化、主体化。保护动物，无可厚非，但是把本应当属于人享有的权利，赋予动物，并不合适。在某种意义上，任何把动物人格化或者主体化的行为，都是对人的尊严和价值的践踏。动物不可能成为人类道德和法律的主体，动物在法律上仍然是特殊的物，属于法律关系客体的范畴。同时，根据我国现有的法律规定，动物也不具备相应的权利能力和行为能力。所以，动物不能成为法律关系的主体，法律也不能调整动物的行为。

（二）法由国家制定、认可和解释

国家创制法律主要体现为制定、认可、解释三种方式。（1）法的制定是指国家机关通过立法活动产生新规范，即拥有立法创制权的国家机关根据法定权限，依照法定程序制定法的活动。法律创制的结果是规范性法律文件。法的制定是成文法国家法形成的主要方式。（2）法的认可是指国家赋予事先存在的习惯、经验、道德、宗教、习俗、礼仪等社会规范以法律效力或者以承认或签订国际条约的方式赋予国际法规范以国内法的效力。（3）法律解释是指对

法律条文的含义所作的说明。法律解释具有广义和狭义之分。广义的法律解释是指一切主体在适用、学习或遵守法律的过程中对规范性法律文件进行的阐释和说明。狭义的法律解释仅指专门国家机关在法定的权限范围内，按照法定的程序对规范性法律文件进行的阐释和说明。狭义的法律解释又称为正式解释或者有权解释。目前我国的正式法律解释主要包括立法解释、行政解释和司法解释。其中司法解释又包括审判解释、检察解释和审判与检察联合解释。

由国家创制的法律具有国家意志性、国家范围的有效性和国家强制力等特点，这些特点是法律区别于其他社会规范的重要特征。首先，只有经过国家制定或认可的统治阶级意志才是国家意志。法律的内容从本质上说是统治阶级意志，从形式上说是国家意志。法律尽管是统治阶级意志的体现，但它还必须上升为国家意志，必须以国家的名义制定出来。其次，法律需要在全国范围内实施。法律的适用范围是以国家主权为界域的，这是法律区别于以血缘关系为范围的原始习惯的重要特征。法律是一种凌驾于社会之上的力量，要求以国家名义来制定和颁布。这说明法律对全体社会成员、全体公民具有普遍约束力。在特定的地域范围内，任何一个公民，甚至外国人、无国籍人士都受该国法律的约束，都可以得到该国法律的保护。最后，法律的实施是以国家强制力为保证的。法律的强制力是法律权威性的重要来源之一，国家强制力直接保证了法律可执行的效力。

（三）法是以权利和义务为调整机制的社会规范

作为一种特殊的社会规范，法是以规定人们的权利和义务为主要内容的。法律通过规定人们的权利和义务来分配利益，影响人们的动机和行为，进而影响社会关系。法律调控人们的社会关系，就是通过人们在一定关系中的权利和义务的配置而实现的。没有合理的权利和义务的配置，没有正当的权利和义务的运作机制，人们不可能真正获得和平、和谐、安宁、幸福。通过义务对行为和社会关系进行调整的规范很早以前就出现了，如传统的道德规范和宗教教义，但它们往往不承认人们追求利益的正当性，只提倡个人对社会的责任和义务。在现代社会的众多社会规范中，只有法律是通过授予权利和设定义务的双向规定来影响人们的意识并调节人们有意识的活动，达到维护社会秩序的目的。

法律上的权利和义务是相对应的范畴。一个表征利益，另一个表征负担；一个是主动的，另一个是被动的。它们是两个互相排斥的对立面。如果把权利看成正数，那么义务便是负数；义务是权利的范围和界限，权利是义务的范围和界限。权利和义务以其特有的利益导向或惩罚机制作用于人的行为，并且权利和义务可以诱使利己动机转化为合法行为并产生有利于社会的后果。一般来说，凡是法律规定人们可以如此行为的，就是授予人们进行某种行为的权利；凡是法律规定人们应该做的或禁止做的行为，就是人们应该承担的法律上的义务。权利和义务在结构、功能、数量等方面具有内在的关联性。在社会生活中，法律上的权利和义务存在着对应的关系，有什么样的权利，就有什么样的义务；有什么样的义务就有什么样的权利。没有无义务的权利，也没有无权利的义务。

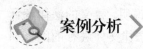 **案例分析** ＞ ···

教师误伤学生案

2016 年，被告王某上数学课时，检查学生背诵乘法口诀，因学生陈某不能背诵，且东张西望，被告王某便用教鞭拍击陈的课桌以示警告。但在拍击时，不料有一粒比牙签还细小的竹屑飞插入陈某的同桌即原告左眼眉下的眼皮中，原告即拔出，当时出血，并感觉疼痛。开始一两天家长认为问题不大，觉得是小伤口未引起重视。后原告觉得眼睛很疼且睁不开，病情恶化，后到县人民医院住院治疗。原告向法院提起诉讼，要求被告赔偿医药费、误工费及生活补助费。

问题：作为教师的王某应该对学生陈某做出赔偿吗？

（四）法是由国家强制力保障实施的社会规范

国家强制力是指国家暴力、暴力工具，主要包括监狱、警察、军队、法庭等。在一定的社会历史阶段，国家强制力对于维护国家与社会的安定秩序以及促进国家与社会的健康发展都具有重要作用。对于法律来说，法律的实施需要国家强制力作为保证。如果没有国家强制力做后盾，那么法律在许多方面就变得毫无意义。合法的权益得不到保障，违反法律的行为得不到惩罚，法律所体现的意志也就得不到贯彻和保障。因此，一个国家、一个社会没有强制力作为保证，是无法真正形成良好的社会秩序的，法律条文就会变成一纸空文。法律作为一种社会规范，一种社会控制方式，必须以国家强制力为支撑。正是国家强制力保证了法律在社会中的功能和作用。法律存在的必备条件是，国家主权者可以合法地使用国家强制力。国家强制力是法律与其他社会规范的重要区别，如道德规范就不具有国家强制的性能。

当然，在看待法律与国家强制力的关系问题上，还应该看到，国家强制力在实现法律目标上是受到限制的。首先，国家强制力不等于纯粹的暴力，而是以"法定"的强制措施和制裁措施为依据的。其次，国家强制力具有潜在性和间接性。这种强制性只在人们违反法律时才会降临到行为人身上，是法律发挥威力和功效的最后一道防线。所以，只有在其他力量和方式贯彻法律都已经失效的情况下，才能考虑动用国家强制力。再次，国家强制力并不意味着法律实施过程的任何时刻都需要直接运用强制手段。当人们自觉遵守法律时，法律的强制力并不显露出来。这时，国家强制力只是间接地起作用。最后，国家强制力并不是保证法律实现实施的唯一力量和手段，它只是法律实施实现的必要条件之一。法律的实施还需依靠诸如道德、纪律、经济、文化、舆论等方面的因素。并且，在现代社会，法律还出现强制力日益弱化的趋势。

另外，国家强制力虽然是法律的重要特征之一，但是应当避免把法律与强权、法律与赤裸裸的暴力等同起来的错误认识。首先，不可脱离法律正义性去强调国家强制力。如果一个国家的法律远远偏离了正义，仅仅把维护社会秩序的期望寄托在暴力之上，那么，在这个国家中，由于缺乏人们的内心认同，法律会失去正当性。这样的法律其实已经死亡。国家权力则变成了恐怖的根源。其次，并非所有法律都具有强制性，授权性法律规范就不具强制性，强制性是从法律的整体上来看的。再次，虽然法律的实施离不开国家强制力这个后盾，但是，实现法律的要素是多元的，如道德、功利、舆论、信仰等，强制力只是重要的条件之一。最后，在现代法治国家中，对于大多数人所从事的大多数社会行为而言，强制力并不实际出现，强制力只是在背后作为一种威慑力而存在。只有对那些实际上违反了法律规范的人，强制力才可能出现。

（五）法是由程序保障实施的社会规范

所谓程序，是指实施法律行为或做出某种决定的过程、方式和关系：过程是时间概念，方式是空间概念，关系是与主体相关的概念。法律是通过合法主体在法定时间与法定空间上依据法定步骤和方式而实施的，这就是法律的程序性特征。法律的实施虽然是以国家强制力为保证的，但它是由专门的机关依照法定程序执行的。法律的强制如果等于简单的暴力，那么统治阶级也就不需要采用法律的形式来进行治理，只要有刑场和行刑队这种暴力工具就行了。

纵观法律史，法律的强制实施都或多或少是通过程序进行的。古代法也十分重视程序以保证法律的实施，只不过这种程序的出发点、程序的正当标准与现代法的程序有区别罢了。近现代法律只是对法的程序标准加以正当化，使法律实施的方式更科学、更富有理性和公正性。近现代法的程序具有最低限度的价值标准。符合这种价值标准的程序称为正当程序，一般认为它源自英国 1215 年的《大宪章》。《大宪章》规定，对人身或者财产权利的限制或者剥夺必须依据法定程序进行。这一规定源自英国"自然公正"的思想：一是"任何人不能成为自己案件的法官"，二是任何一方的意见都应当被听取。1354 年英国国会迫使英王爱德华三世接受了约束其言行的法律文件，即爱德华三世第 28 号法令第 3 章，其中规定："不依正当法律程序，不得对任何人（无论其财产或社会地位如何）加以驱逐出国境或者住宅，不得逮捕、监禁、流放或者处以死刑。"后来的法国人权宣言、美国宪法均有类似的规定。所有这些规定均着眼于个人的人身或者财产等权利的保障。在现代法治国家中，当国家对个人或组织做出法律决定时，无论是民事性、刑事性还是行政性决定，都必须满足法律的程序性规定，否则这些决定本身就是非法的。

二、法的本质

法的本质问题是法理学领域一个最为根本性的问题，也是被各个时代、各个阶级的思想家们弄得最为混乱不堪的一个问题。他们总是站在本阶级的立场上对这个问题做出有利于本阶级利益的回答。从历史上看，剥削阶级思想家对法的本质的认识，就方法而言，大体上可以分为两类：一类是把法的本质归结为某种精神力量，把法说成是"神的意志""民族精神""人类理性""社会公意"等；另一类是把法视为单纯的规则体系，把法说成是"主权者的命令""纯粹的规范"等。这些见解尽管是在唯心主义和形而上学哲学观的指导下而得出的结论，但其中也包含着某些"真理的微粒"，有不少值得我们借鉴的内容。

马克思主义法理学以辩证唯物主义和历史唯物主义为指导，第一次科学地揭示了法的真正本质。在《德意志意识形态》中，马克思和恩格斯创造性地提出了历史唯物主义的基本路线：生产力决定"交往形式"，"市民社会"决定上层建筑。他们又把唯物史观的这一基本原理运用到法律领域，指出不以个人意志为转移的生产方式和交往形式是国家与法的现实基础。因此，绝不能把法律看作是统治者个人意志的一时灵感，相反地，在现实经济关系中占统治地位的个人"除了必须以国家的形式组织自己的力量外，他们还必须给予他们自己的由这些特定关系所决定的意志以国家意志即法律的一般表现形式"。这段话是马克思主义法理学关于法的本质的最初表述，它全面地、多层次地剖析了法的本质：首先，法律是一种国家意志；其次，表现为法律的国家意志实际上是统治阶级的意志；最后，统治阶级的意志不是凭空产生的，而是根源于现实的经济关系。可见，马克思和恩格斯关于法的本质的论断根本不同于剥削阶级思想家的观点。他们不是把法的本质归结为某种精神力量或者单纯的规则体系，而是把法律和国家政权、阶级统治紧密联系在一起，特别是把法律和现实的经济关系即统治阶级的物质生活条件紧密联系在一起。这充分体现了马克思主义法理学在法的本质问题上的唯物主义立场。

在《共产党宣言》中，马克思和恩格斯深刻地揭露了资本主义法的本质。针对资产阶级的偏私观念，马克思和恩格斯指出："你们的观念本身是资产阶级的生产关系和所有制关系的产物，正像你们的法不过是被奉为法律的你们这个阶级的意志一样，而这些意志的内容是由你们这个阶级的物质生活条件来决定的。"马克思和恩格斯的这段话虽然是针对资本主义法的本质而说的，但它同样揭示了法的多层次本质属性，和《德意志意识形态》中关于法的本质的一般论断是完全一致的。因此，这段话也是马克思主义关于法的本质问题的经典论述之一。

马克思主义经典作家关于法的本质的论述有两个显著的特点。首先，他们是从国家与社会关系的二元结构中来揭示法的本质的。唯物史观认为，国家是从社会中分化出来的力量，是社会的表现形式。"有一定的市民社会，就会有不过是市民社会的正式表现的一定的政治国家。"在国家与社会的关系问题上，"绝不是国家决定和制约市民社会，而是市民社会决定和制约国家"。用恩格斯的话说，这是马克思主义唯物史观的"基本原理"。因此，剖析法的本质，就必须要深入到市民社会中，深入到社会的物质生活条件中。法固然是国家意志的体现，但国家意志本身并不是随心所欲地形成的，它始终受到社会的物质生活条件的制约。这就触及了法的最深层的本质。而这一点，恰恰是以往的思想家所共同忽略的。其次，他们是从多个层次来剖析法的本质的。唯物辩证法认为，任何事物的本质都不是某种单一的属性，而是由多层次属性所构成的一个有机整体。列宁曾指出："人的思想由现象到本质，由所谓初级本质到二级本质，不断深化，以至无穷。"就是说，事物的本质是有层次的。马克思和恩格斯在论述法的本质时，就是从法与国家政权的关系、法与统治阶级意志的关系以及法与社会物质生活条件的关系这三个层次来进行的。

以马克思主义经典作家关于法的本质的论断为指导，可以把法的本质概括为三个层次的属性，即国家意志性、阶级意志性和物质制约性。

（一）从初级本质来看，法具有国家意志性，即法是国家意志的体现

剖析法的本质，必须从认识法的现象入手。如前所述，在现象上，法具有国家创制性、特殊规范性、普遍适用性和国家强制性四个特征。概而言之，法在现象上是来源于国家的一种特殊行为规范，是由国家制定或认可的社会规范。法与国家政权密切相连，没有国家政权做依托，法就无从产生，无从实施。这一点，是人们通过感官就可以感知的。但是，认识到这一点，人的思维仍停留在法的现象层面而没有触及法的本质。透过法的现象性特征，人们自然会思考这样一个问题：国家为什么会对法律如此青睐？就是说，国家为什么要制定并颁布实施法律？借助科学的抽象思维，人们不难寻找到答案：因为法律是国家意志的凝结，它维护了以国家为代表的公共利益。这样，我们就找到了法的初级本质——国家意志性。

"法是国家意志的体现"这一命题是马克思主义经典作家在法的本质问题上的重要论断之一。他们认为，在阶级社会中，始终存在着特殊的私人利益与公共利益的矛盾。"这些特殊利益始终在真正地反对共同利益和虚幻的共同利益，这些特殊利益的实际斗争使得通过以国家姿态出现的虚幻的'普遍'利益来对特殊利益进行实际的干涉和约束成为必要。"这就是说，为了反对特殊的私人利益，作为公共利益代表的国家就必须出面对私人利益进行干涉和约束，其实际措施就是把掌握国家政权的利益装扮成"共同利益"，把掌握国家政权的阶级的意志美化为"社会公意"，并且给予这种意志"以国家意志即法律的一般表现形式"。统治阶级一旦把本阶级的意志宣布为国家意志，就可以名正言顺地以国家的名义制定法律来推行这种意志，并运用国家强制力迫使人们服从它。

（二）从二级本质来看，法具有阶级意志性，即法是统治阶级意志的体现

法在初级本质上是国家意志的体现，那么，国家意志来源于何处？意志是指人们为了达到某种目的而产生的心理状态和心理过程，是一种精神活动。国家作为一种抽象的政治组织，是没有生命的，也就不可能有心理学层面的意志。而且，国家意志也不是一国范围内所有社会成员个人意志的简单相加，不能把它看成是全体社会成员的共同意志。马克思主义要求人们牢牢记住这样一个基本的历史事实：即自从人类进入文明时代以来，始终分化为不同的阶级。不同的阶级，其意志和利益是不同的，甚至是根本对立的。因此，所谓的"公共意志"，从来就是虚幻的、不存在的。从表面上看，国家是凌驾于社会之上的力量。它扮演着"调停人"的角色，力求把各阶级之间的利益冲突保持在"秩序"的范围之内。但实际上它并不是"中立"的。"它照例是最强大的、在经济上占统治地位的阶级的国家，这个阶级借助于国家而在政治上也成为占统治地位的阶级，因而获得了镇压和剥削被压迫阶级的新手段。"因此，所谓的国家意志实际上只能是统治阶级的意志，统治阶级凭借自己在经济上和政治上的统治地位，硬把本阶级的意志上升为国家意志并"奉为法律"。列宁曾明确指出："法律就是取得胜利并掌握国家政权的阶级的意志的表现。"可见，只要人们的思维越过国家意志这一层次，就会发现隐藏在其背后的正是统治阶级的意志。所以说，法的二级本质是阶级意志性。而且无论是国家意志还是阶级意志都不可能是一个抽象物，都离不开人的意志。

法所体现的统治阶级意志，并不是个别统治者的个人意志，也不是统治阶级内部每个成

员的意志之和，而是统治阶级作为一个整体在根本利益一致基础上所形成的共同意志，是统治阶级内部各个成员的意志相互作用而产生的"合力意志"。正如恩格斯在分析历史的发展进程时曾指出的，历史是这样创造的：最终的结果总是从许多单个的意志的相互冲突中产生出来的，而其中每一个意志，又是由于许多特殊的生活条件，才成为它所成为的那样。这样就有无数互相交错的力量，有无数个力的平行四边形，因此就产生出一个合力，即历史结果……虽然都达不到自己的愿望，而是融合为一个总的平均数，一个总的合力，然而从这一事实中绝不应做出结论说，这些意志等于零。相反地，每个意志都对合力有所贡献，因而是包括在这个合力里面的。法所反映的统治阶级意志就是统治阶级各个成员的意志相互融合而形成的"一个总的合力"，它对每个成员的意志都有所吸收又有所舍弃。

 案例分析 ⟩ ···

杨白劳与黄世仁债务纠纷

《白毛女》是一个众所周知的故事，故事的形式无论是歌剧、电影还是芭蕾舞剧都已成为中国文艺创作的经典。下面仅分析其中一部分内容折射出的有关法律性质的道理。以卖豆腐为生的杨白劳借了财主黄世仁的钱，因家境困难，无法偿还，只得外出躲债。大年三十回到家里，本以为这笔债务今年就躲过去了，想过一个安稳年。没想到大年三十的晚上，黄世仁还是派了管家穆仁智上门讨债。在杨白劳无法偿还的情况下，强迫杨白劳同意以其女儿喜儿抵债，并强行将喜儿带走。杨白劳走投无路，喝卤水自尽。喜儿在黄家受尽欺辱，逃进深山，头发变白，成为白毛女。

🔖 **问题**：从表面上看，这是一个简单的债权债务纠纷案件，杨白劳是债务人，黄世仁是债权人。杨白劳欠债，理应偿还。虽然近年来也确有不少人以这样的观点来解读这个故事，但是更多的是这个故事激起了人们对黄世仁及那个社会极大的愤恨。为什么欠债还钱这样一个似乎是天经地义的事却会激起人们对欠债人的同情和对放债人的痛恨？这需要通过债权债务关系的表象，探究债权债务关系所依存的法律制度的本质。

在理解法的阶级意志性时，需要特别注意以下三个问题。

第一，法律反映统治阶级的意志，并不意味着法律对统治阶级内部的违法犯罪就不加管束。实际上，任何一个社会的法律在把打击的锋芒指向被统治阶级的违法犯罪行为的同时，也会对来自统治阶级内部的违法犯罪行为予以惩处。这和法的阶级意志性并不矛盾。因为，如前所述，法的阶级意志性表明法反映统治阶级的共同意志。统治阶级的内部成员做出违法犯罪行为，说明他企图把自己的个人利益和个人意志凌驾于整个阶级的共同利益和共同意志之上。如果对这种行为听之任之，最终必将从根本上危及统治阶级的共同利益。所以，法律惩罚统治阶级内部的违法犯罪行为，恰恰说明法有阶级意志性，是统治阶级共同意志的体现。当然，法律对统治阶级内部的违法犯罪行为的惩罚往往是不彻底的，但这样做，是为了维护统治阶级内部的团结及不同利益集团之间的势力均衡，这同样是统治阶级的共同利益所在。

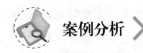 **案例分析** ·····················

柬埔寨乡村发展部官员贪污案

据柬埔寨《和平岛报》2006年7月21日报道，柬埔寨乡村发展部一名官员因涉嫌贪污世界银行的援助款于19日被警方拘押。这是柬埔寨第一次逮捕涉嫌经济犯罪的政府官员。报道说，柬埔寨乡村发展部负责世行援助项目的副局长莫某19日被警方拘押，正等待接受法庭调查。柬首都金边市法庭检察官指控莫某涉嫌贪污世界银行向柬政府提供的84万美元项目援助款。报道援引金边市法庭一位检察官的话说，根据联合国驻柬埔寨临时机构有关法律，一旦贪污罪名成立，莫某将被判处3年以上10年以下有期徒刑，如有其他涉案人员，他们也将被依法查处。此前，世界银行指责柬埔寨一些政府部门官员在处理世行援助项目中存在严重贪污腐败问题。柬埔寨首相洪森对此反应强烈，要求世界银行拿出确凿证据，并表示，一旦调查发现任何政府官员犯贪污罪，将依法严惩。

第二，法律反映统治阶级的意志，并不意味着法律就完全不顾及被统治阶级的愿望和要求。例如，在资本主义社会中，有些法律就规定了一些保护工人阶级和广大劳动人民利益的条款，诸如限制劳动时间、规定最低工资等。这说明，法律所体现的意志并不是"纯而又纯"的统治阶级意志。这种情况的存在和法的阶级意志性并不矛盾。因为法律之所以会在一定程度上照顾被统治阶级的利益，往往是被统治阶级进行反抗斗争的结果。统治阶级出于缓和阶级矛盾的考虑，在不得已的情况下才做出了一定的让步。而且，这种让步只能是非根本利益上的让步，目的是保全统治阶级更大的、更为根本的利益。由此可见，统治阶级的统治职能具有两面性：他们一方面要扮演刽子手的角色，另一方面又要扮演牧师的角色。当然，牧师的角色只在较少的场合才发挥作用。所以，不能因为统治阶级在法律上会对被统治阶级做出一定的让步，就否认法是统治阶级意志的体现。

 案例分析 ·····················

资本主义福利国家的本质

第二次世界大战后，西方发达资本主义国家的"社会福利制度"有了很大的发展，被称为"从摇篮到坟墓""从胎儿到天堂"的完善的社会保障制度。西方资产阶级学者们宣称国家主要资本主义已经发生了质的变化，"贫困已不再是资本主义社会问题，而是一个正在消失的回忆"，即所谓实现了充分就业，实现了公平合理的收入和财富的分配。资本主义的一切弊端都可以在"福利国家"中得到解决。不可否认这一政策对改善人民生活，缓和社会矛盾，保持战后资本主义社会的长期稳定，起到了一定的作用。

发达资本主义国家普遍推行了高工资、高福利政策，工人生活状况有了明显变化。工人的实际工资有所增长，1970 年和 1949 年比较，美、日、联邦德国、法、英等国制造业工资分别提高了 48.8%、289.7%、242.4%、120.4%、46.1%。随着工资的增长，劳动群众购买力有所提高，电视机、电冰箱、小汽车等耐用消费品基本上已经普及。工人居住条件有明显好转。医疗、卫生、教育事业得到相应发展。随着劳动生产率的提高，工人劳动时间有所缩短，由战前的每周 47 小时缩短到 40 小时。

在全球工人阶级受到全球资产阶级剥削的程度越来越高的条件下，某些国家实行的福利政策改变不了资本主义全球剥削和掠夺的本质，这一切并没有改变资本主义的本质，无产阶级也没有摆脱被剥削被奴役的阶级地位。正如马克思所说："消费资料的任何一种分配都不过是生产条件本身分配的结果。"资本主义的福利制度就像是从工人身上掠夺一只羊后再分给工人一条腿作为奖励，以激励他们生产出更多的羊。所以，资本主义国家推行福利政策的本质是为了缓和社会矛盾，维护其统治地位。

第三，法律反映统治阶级的意志，并不意味着法律就不保护社会公共利益。任何一个社会，都有一些法律致力于保护公共利益，诸如维护一般的社会安全和社会秩序、促进经济发展、保护自然环境等。这些法律的制定和实施，客观上对所有社会成员包括被统治阶级的成员都有利，至少对所有社会成员都无害，但并不能因此而否认法的阶级意志性。因为统治阶级如果不保护一般的社会公共利益，其阶级统治就一天都无法维持下去。统治阶级之所以运用法律保护社会公共利益，其出发点始终在于维护本阶级在政治上、经济上和思想上的统治地位。而且，法的阶级意志性是就法的整体而言的，要分析那些保护社会公共利益的法律的性质，不能孤立地进行，而必须把它们放到一国庞大的法律体系中予以考察。实际上，它们是作为整台法律机器的零部件在发挥作用，其性质要取决于整台法律机器（法律体系）在总体上的阶级倾向。所以，法的阶级意志性并不排斥某些法律在客观上保护社会公共利益。

（三）法的终极本质——物质制约性

从终极本质上看，法具有物质制约性，即法所体现的统治阶级意志的内容是由社会的物质生活条件所决定的。

分析法的终极本质，必须从法的二级本质入手。在二级本质上，法是统治阶级意志的体现。那么，统治阶级的意志从何而来？马克思主义认为，反映在法律中的统治阶级意志绝不是凭空产生的，也不是统治者个人随心所欲的结果，而是由社会的物质生活条件所决定的。

社会物质生活条件的含义比较广泛。概而言之，包括地理环境、人口和社会生产方式等诸方面。其中有决定意义的是生产方式（生产方式是生产力与生产关系的有机统一），尤其是同生产力的一定发展阶段相适应的生产关系，即社会的经济基础。法的物质制约性才是法的最深层的本质所在。

把法的终极本质归结为物质制约性，是马克思主义在法学理论上的突出贡献之一。以往的剥削阶级思想家、法学家总是有意无意地割裂或颠倒法与经济基础之间的相互关系，特别是不承认经济基础对法的决定作用。马克思主义从"市民社会决定和制约国家"这一唯物史观的基本原理出发，认为法律作为国家意志的体现，并不是决定或创立社会的力量，也不可能摆脱社会的制约而孤立地存在。事实上，法律的内容总是由社会的物质生产方式所决定的。马克思就曾指出："社会不是以法律为基础的，那是法学家们的幻想。相反，法律应该以社会为基础。法律应该是社会共同的，由一定物质生产方式所产生的利益和需要的表现，而不是单个的个人恣意横行。"

马克思主义关于法的物质制约性的理论，最终划清了与以往各种唯心主义法本质论的界限，使法的本质原理第一次建立在彻底的唯物史观的基础之上。从这种意义上说，它集中体现了马克思主义法律观的精髓。

法的国家意志性和阶级意志性，表明法反映了人的主观意志，具有主观性。如果对法的本质的认识仅仅停留在此，那么，就会陷入唯心主义的唯意志论。马克思主义在法所体现的主观意志的背后，找到了社会物质生活条件这一决定性力量，这就把法的主观性和客观性结合起来了，并且使法的客观性成为法的主观性的基础。法的客观性要求统治阶级在制定法律时，必须从客观经济条件出发，而不能臆造它、违反它。对此，马克思曾精辟地指出："只有毫无历史知识的人才不知道：君主们在任何时候都不得不服从经济条件，并且从来不能向经济条件发号施令。无论是政治的立法或市民的立法，都只是表明和记载经济关系的要求而已。"

在理解法的物质制约性时，需要特别注意以下三个问题。

法有物质制约性并不意味着法总是符合客观经济条件和经济规律的要求。法应该符合客观经济条件和经济规律的要求，这是一个"应然"的命题，而法是否符合客观经济条件和经济规律的要求，则是一个"实然"的命题。"应然"与"实然"之间总是有差距的，谁不承认这一点，谁就不是一个真正的马克思主义者。客观地说，在任何一个社会中，包括社会主义社会中，立法不符合客观经济条件、违背客观经济规律的情况都时有发生。因为经济条件和经济规律的发展要求是一回事，人们能否认识到这种发展要求并把它反映到法律中来则是另一回事。这里面有一个从客观到主观、从社会存在到社会意识的飞跃问题。恩格斯在以民法准则为例阐述经济关系对法的决定作用时曾说过："如果说民法准则只是以法律形式表现了社会的经济生活条件，那么这种准则就可以依情况的不同而把这些条件有时表现得好，有时表现得坏。"可见，无视法与客观经济规律之间的联系，单纯地把法看成是主观意志的产物，固然是不对的；但无视法的主观意志性，而把法与客观经济规律混为一谈，也同样是错误的。

法有物质制约性并不意味着社会物质生活条件以外的因素对法就没有影响。法的物质制约性表明，法的内容及其发展变化受物质生活条件的制约，特别是受经济基础的制约。但不能因此就认为法律不受其他因素的影响，或者与其他社会现象无关。恩格斯在其晚年阐述唯物史观的基本原理时曾指出："政治、法律、哲学、宗教、文学、艺术等的发展是以经济发展为基础的。但是，它们又都互相影响并对经济基础发生影响。并不是只有经济状况才是原因，才是积极的，而其余一切都不过是消极的结果。"可见，政治、哲学、宗教等经济以外的因素同样对法律有影响。看不到这一点，就无法解释实际生活中的许多法律现象。例如，在欧洲中世纪的法律中，就一定有火刑；而在中国的封建制法律中，就一定有笞杖。显然，这一差别绝非经济基础上的差异所致。实际上，前者与欧洲中世纪的宗教观念有关，后者则与中国封建社会的伦理和政治观念有关。

值得注意的是，恩格斯在其晚年分析社会历史的进程时，还曾提出，虽然经济因素是社会历史发展中的决定性因素，但它不是唯一的决定性因素。他写道："根据唯物史观，历史过程中的决定性因素归根到底是现实生活的生产和再生产。无论马克思或我都从来没有肯定过比这更多的东西。如果有人在这里加以歪曲，说经济因素是唯一决定性因素，那么他就把这个命题变成毫无内容的、抽象的、荒诞无稽的空话。"恩格斯认为，在复杂的历史过程中，经济状况是基础，但政治、法律、哲学等上层建筑诸因素也会对历史发展的进程发生影响，并在许多情况下，决定着历史斗争的形式。从恩格斯的论述中可以推导出这样的结论：对于法律来说，经济基础并非唯一的决定性因素，上层建筑领域中的诸多因素有时也对法律的发展起着某种决定性的作用。当然，从归根到底的意义上说，上层建筑诸因素对法律的作用还是要通过经济基础的发展所开辟的必然性来展开。

法有物质制约性并不意味着法就没有自己的相对独立性。法的物质制约性说明法的内容及其发展变化是由社会的物质生活条件所决定的。但是，法也有自己的相对独立性，它并不随经济基础的发展而亦步亦趋，而是有一定的"惯性"，具体表现为法的历史继承性和其自身发展的规律性。法的相对独立性与法的物质制约性并不矛盾，具体原因如下。

第一，法之所以有相对独立性，正是由于不同社会的物质生活条件之间有一定的历史连续性。任何一个新的社会，在其经济基础中总会保留旧有经济的某些遗留成分和因素，这就决定了新旧社会的法之间必然会有一定的继承性。从这一角度看，法的相对独立性恰恰是法的物质制约性的重要表现之一。

第二，法之所以有相对独立性，是由于法除了受经济基础的制约外，还要受上层建筑诸因素的影响。但是，当这些因素对法的影响和经济基础对法的作用方向不一致时，最终还是要让位于经济基础的发展要求。而且，这些因素自身的发展归根到底也是由经济基础所决定的。从这一角度看，法的相对独立性只能存在于经济基础的发展要求所能允许的范围之内。

法体现的统治阶级意志的内容是由其物质生活条件所决定的，但并不意味着法是由物质生活条件的需要自发产生的。相反，法是由政治上、经济上占统治地位的阶级根据本阶级的意志制定的，只不过这种意志要受经济条件的制约罢了。法对经济基础的服务促进作用也不是自发实现的，而是通过人的有意识的活动实现的。

三、法的本质与法的现象的关系

本质和现象属于哲学中的辩证法的范畴。任何事物都有本质和现象两个方面，它们是对立统一的关系。法的本质与法的现象也具有这样的关系。法是一种调整人们行为的规范，是由国家制定或认可的，是一种具有国家强制性的规则，它规定了权利、义务和权力，这些都属于法的现象，因为它们体现了法的外部联系，是人们通过感官就可以了解到的。阶级社会的法主要反映掌握政权的阶级的意志，这些意志的内容最终是由这一阶级的物质生活条件所决定的，这些才是法的本质问题，因为它们体现了法的内部联系，较深刻、稳定，人们只有通过抽象思维才能把握。

案例分析 ···

　　1895—1910 年美国南部 7 个州制定了祖父条款，旨在剥夺美国黑人的选举权。条款规定，凡在 1866 年或 1867 年以前享有选举权者及其直系后裔，其选举权可不受教育、财产或纳税等要求的限制。当时很多州都对选民的财产和文化状况做出了一定的限制。黑人往往财产状况较差，文化水平较低，就被这样的规定剥夺了选举权。但同时也剥夺了贫穷或者文化水平较低的白人的选举权。为了避免这部分白人被排除在选民之外，这些州制定了祖父条款。这些白人的先辈或其本人往往在南北战争之前是拥有选举权的，因此可以适用祖父条款而不受教育、财产或纳税等要求的限制。但是由于黑人在 1870 年通过宪法第十五条修正案以前无选举权，黑人仍然要适用当时的规定，受到教育、财产或纳税等要求的限制。

　　请用法的现象与本质的观点来评论此案例。

第三节　法　的　分　类

　　法的分类，就是从不同角度，按照不同的标准，将法律规范划分为若干不同的种类。对法进行分类的首要目的是更全面、准确地理解法律的概念。法的分类的目的在于将各有关类别的法相互之间的界限廓清。法的种类是相当多的，了解这些不同种类的法各自有怎样的个性，不仅有助于从不同侧面了解法，而且对于从整体上、大局上把握一般的法的概念有积极意义。

　　法的分类的范围虽然相当广泛，但不是漫无边际的。首先，法的分类远不止目前一些法学作品所说的对法律规则（规范）的分类。对法律规则、法的渊源、法的形式的分类，对法的体系中的部门法的分类，对法的历史类型的分类，以及其他一些分类，都属于法的分类范畴。国内法理学著述所说的法的分类虽然没有这样广泛的范围，但显然也不是仅仅对法律规则或法律规范所做的分类。其次，法理学上的法的分类也不是对各种类别的法所做的穷尽一切的分类。

　　根据法的发展的历史线索，以社会形态为标准，可以将法分为奴隶制法、封建制法、资本主义法、社会主义法，或者划分为义务本位的法和权利本位的法，等等。目前中国法理学上的法的分类范围，大体上是从形式的或技术的角度涉及两方面问题：一是法的一般分类，二是法的特殊分类。

一、法的一般分类

　　法的一般分类，指的是适合于世界各国和地区的法的分类，或者说是对各国和地区具有普适性的法的分类。通常可从以下五个角度划分。

（一）成文法和不成文法

这主要是以法的创制方式和表现形式为标准对法所做的分类。

成文法是指有立法权或立法性职权的国家机关制定或认可的以规范化的成文形式出现的，以不同等级的规范性法律文件形式表现出来的法律，又称为制定法。

不成文法是指由国家权力机关认可的、不具有文字形式或虽有文字形式但却不具有规范化成文形式的法，一般指习惯法。理解不成文法的表现形式应注意：这里所谓的不成文法只具有相对意义，即相对于规范化成文形式而言。不成文法不仅包括习惯法，也包括判例法、不成文宪法等。判例法属于不成文法的范畴，但判例法是有文字表现形式的，它是法院通过判决所创制的法；英国宪法也被称为不成文宪法，但英国宪法也有文字表现形式，如自由大宪章、人身保护法等。法学上的成文法与不成文法的区分，不完全看法是否有文字表现形式，而要看是否有规范化的成文形式。判例法有文字形式（判决）而被列为不成文法范畴，原因在于它没有一般成文法的规范化成文形式；英国宪法被列为不成文宪法，原因也在于它不是以规范化的即集中的成文宪法典的形式表现出来的。

（二）实体法和程序法

这是以法所规定的内容为标准对法所做的分类。

实体法一般指以规定主体的权利、义务关系或职权、职责关系为主要内容的法，如民法、刑法、行政法等。

程序法通常指以保证主体的权利和义务得以实现或保证主体的职权和职责得以履行所需要的程序或手续为主要内容的法，如民事诉讼法、刑事诉讼法、行政诉讼法等。

实体法与程序法这种分类是基于它们的主要内容而成立的。这种分类并不意味着两者互不涉及对方的内容。事实上，实体法中也有某些程序方面的内容，程序法方面更有权利和义务或职权和职责的内容。如果简单地认为实体法是规定权利和义务的法，程序法是规定实现权利和义务的程序的法，就误解了实体法与程序法的分类。

（三）根本法和普通法

这是以法的地位、效力、内容和制定程序为标准对法所做的分类，这种分类主要适用于成文宪法制国家。

根本法指的是在整个法的形式体系中居于最高地位的一种规范性法律文件。在中国这样的单一制国家，根本法就是宪法的别称。在中央和地方都有立宪权的联邦制国家，根本法是宪法的一种，即联邦宪法。无论何种国家，作为宪法典的宪法，都是国家的总章程。它由国家最高立法机关经由特殊严格程序制定和修改，综合地规定国家、社会和公民生活的根本问题，是具有最高法的效力的一种法的形式。

普通法是宪法以外的所有法的统称。普通法中所包括的法的种类是繁多的，它们各自的地位、效力、内容和程序亦有差别。但无论何种普通法，一般来说，其地位和效力都是低于宪法的，其内容涉及的是某类社会关系而不是多种社会关系，其制定程序也不及根本法那样严格和复杂。普通法的内容一般只涉及社会生活的某一方面，如民法、行政法、刑法等，其法律效力低于宪法。需注意的是，在大陆法系国家，作为与根本法对称的普通法，不同于英美法系国家与衡平法对称的普通法。

（四）一般法和特别法

这是按照法的适用范围的不同对法所做的分类。

一般法指在效力范围上具有普遍性的法律，即针对一般的人或事，在较长时期内，在全国范围普遍有效的法律，如民法、经济法、行政法、刑法。

特别法指对特定主体、事项，或在特定地域、特定时间有效的法律，如战争时期的法。

一般法与特别法的分类，其相对性比其他法的分类更为明显。有些法，无论从对人、对事、对时间、对空间哪个角度看，都属于一般法，如刑法、民法、刑事诉讼法、民事诉讼法；或是都属于特别法，如戒严法。更多的法则兼有一般法与特别法两重性，在这种意义上属于一般法，在那种意义上又属于特别法。例如，高等教育法对教育法而言是特别法，对具体规定高等教育领域各有关方面或有关具体问题的法律、法规、规章而言，又是一般法；特区基本法对宪法是特别法，对特区其他法律、法规又是一般法。

（五）国内法和国际法

根据法律的制定主体及其适用范围的不同，可以将法律分为国内法和国际法。国内法指在主权国家内，由特定国家法律创制机关创制的并在本国主权所及范围内适用的法律。国内法法律关系主体主要是个人和组织，国家仅在诸如国有财产所有权这样的少量法律关系中成为主体。国际法是由国际法律关系的主体通过谈判达成共识而制定或认可、以条约和协定等形式表现出来的法律文件，以及由历史形成的为国际社会所普遍公认的国际惯例共同构成的法律。我国传统观点主张国际法法律关系的主体主要是国家，但也有观点认为某些特定地区、国际组织甚至个人都可能成为国际法法律关系的主体。

二、法的特殊分类

法的特殊分类是相对于法的一般分类的一种分类方法。法的一般分类是对世界上所有国家的法律都基本适用的一种分类方法，而法的特殊分类则是仅适用于某一类和某一些国家法律的一种分类方法。

（一）公法和私法

公法和私法的划分主要存在于民法法系（大陆法系），是民法法系划分部门法的基础。普通法法系国家过去没有划分公法、私法的传统，但后来这些国家的法学著述也开始认同公法、私法的划分。

公法与私法的划分源于罗马法学家乌尔比安关于公法与私法的学说，划分标准在于法所保护的利益是国家公益还是私人利益。凡保护国家公益的法为公法，保护私人利益的法为私法。乌尔比安的这一划分标准在民法法系被作为传统继承下来。当然也有人不同意这种划分标准，主张以别的标准来划分公法与私法。有人认为应以法律关系的主体为标准来划分，凡规定国家之间、国家机关之间或国家机关与私人之间关系的法为公法，规定私人之间关系的法为私法。还有人认为应以法所调整的社会关系为标准来划分，凡规定国家与个体之间权力与服从关系的法为公法，规定个体相互之间权利和义务关系的法为私法。

19 世纪以法国为代表的大陆法系国家建立了完备的法律体系。其中，公法包括宪法、行政法、刑法和诉讼法，私法包括民法和商法。现代西方法学家对公法和私法的划分标准做了新的研究，但在全球范围内划分公法与私法的标准并不统一，主要有以下几种学说：第一，利益标准说或目的标准说。该标准首先是由乌尔比安提出来的，但在当今也为很多人所赞同。他们认为，公法是以保护公共利益为目的的法律；私法则是以保护私人利益为目的的法律。第二，主体标准说。有一些学者认为，公法、私法划分的标准应是法律调整的社会关系的主体，凡是法律所调整的社会关系的主体双方均为私人或私人团体的，这类法就是私法；凡是法律所调整的社会关系的主体一方或双方为国家或公共团体者，这类法就是公法。第三，权力与权利标准说。这种学说认为凡规定国家与公民之间服从关系的法是公法，而规定公民之间权利对等关系的法是私法。私法的特点是没有权力成分的渗透。第四，公权关系与私权关系说。这种学说认为凡规定国家机关之间、国家与公民之间政治生活关系即公权关系的法为公法，而规定公民之间、国家与公民之间民事生活关系即私权关系的法为私法。

公法一般包括宪法、行政法、刑法、程序法。私法在民法法系国家一般划分为民法、商法两大类。在民法法系国家，婚姻家庭方面的法也属于民法。这种划分法，在西方法学中称为"民商分立"，后来又出现"民商合一"的趋向。在普通法法系国家，由于私法是在普通法的基础上发展起来的，而这种普通法又与法院诉讼的分类相联系，因而在私法中没有被称为民法的一个独立的部门法。在普通法法系国家，调整私人财产关系的部门法有财产法、契约法、侵权行为法、继承法、家庭法、婚姻法等。

公法与私法的划分有着悠久的历史传统，迄今采用这种划分法的国家和地区的范围，或受这种划分法影响的国家和地区的范围，仍非常广泛。当然，这种划分法无论是过去或现在都有明显的局限性，或至少需要以其他的划分法作为补充。在当代中国，有一些学者也主张应借鉴公法、私法划分的分类来划分当代中国法律体系，并且把公法与私法的区分作为建立社会主义市场经济法律体系的前提。目前中国学界主张公法与私法划分的学者比过去增多，这一方面是因为中国与民法法系传统颇有相通之处，另一方面也是因为近些年来经济发展以及与之相伴随的整个社会发展的需求所致。

19 世纪末 20 世纪初，出现了所谓法的社会化运动，又有学者（主要是社会法学派的学者）提出公法、私法之外的另一种法——社会法。他们认为社会法调整的是一种公共利益、混合利益，既有国家利益，也有私人、私人组织利益成分，主要表现如下。

（1）私法公法化，即公法对私法的侵入。由于国家干预经济社会生活加强，私法的传统概念、原则与调整方式产生了重大变化。例如，商品买卖关系本身是纯粹的私法关系，但由于 20 世纪消费者运动的影响，消费者保护法在各国陆续出现。

（2）公法私法化。国家干预亦使传统的公法关系趋向于私法关系。传统私法的调整方式开始涉入公法领域。比较明显的是我国劳动立法（另还有土地法、经济法等）从总体上说经历了一个"公法私法化"的过程：在过去长期的计划经济年代，作为劳动关系主体的劳动者和用人单位，一方没有择业的自主权，另一方没有用人的自主权，由国家劳动行政部门根据需要对社会劳动力实行计划调配，即劳动力与生产资料两大生产要素的结合和分离均是通过行政手段实现的，劳动关系反映了国家对劳动力管理的要求，与之相对应所形成的劳动法律法规就其性质而言属于公法的范畴；而在市场经济的体制下，劳动力与生产资料的配置是由劳动者和用人单位通过平等自愿、协商一致后订立劳动合同来实现的，是劳动关系主体双方自主的行为，即劳动关系的建立和消灭主要取决于劳动者和用人单位的意志，与之相对应的劳动法律和法规，其性质属于私法的范畴。究其原因，法律作为上层建筑要受经济基础的制约，劳动法律和法规的公法私法化的进程也要与我国经济体制转变过程相适应。实际上，劳动法律法规中含有的计划经济内容正是随着我国经济体制改革的深入而逐渐消退的。

（3）出现不同于公私法的第三法域，即劳动法、农业法、劳动与社会保障法等新型调整领域的所谓混合法或经济法。尽管如此，公法与私法之划分仍被认为是一种基本的分类。

在公法与私法之外，出现的一些新的法律部门，如经济法、劳动与社会保障法、自然资源与环境保护法等，既不属于公法也不属于私法。因此，当代法学界认为，民法法系的法律应该分为公法、私法和社会法这三个基本门类。

我国自改革开放以来，尤其是 20 世纪 90 年代以来，法学界对原来传统的理论观点不断进行反思，对于社会主义法能否划分公法和私法的问题展开了讨论。讨论中主要有两种不同意见。一种意见认为，社会主义市场经济的法律体系应划分为公法和私法；另一种意见认为，发展市场经济不一定必须划分公法和私法。

在当代中国法治建设的过程中，既要坚持正确地理解马克思列宁主义的基本原理和基本观点，又要大胆地吸收和借鉴西方国家政治法律制度中先进的因素。当然，吸收和借鉴的前提是这些因素有利于发展社会主义市场经济，有利于四个现代化的实现。因此，我们应该采取实事求是的态度来对待公法、私法的划分问题。

就我国学者提出的在公法、私法的发展上应采取"私法优先"的态度而言，本书认为这是针对我国法治的现状所提出的一个比较中肯的建议。我国法律制度在传统上就是重刑轻民，古代法律甚至是民刑不分，以刑法调整民事行为；现代中国法中，由于受计划经济的影响，也表现为刑事法律制度比较发达，民商法制度有待完善。而在民商法的司法实践中，也是问题很多，常常是一个案件，不同的法官会有完全不同的判决，这对保护公民和法人的民事、商事权利是极为不利的。存在这些问题的根本原因，除了我国的商品经济、市场经济还不发达之外，另外一个重要的方面就是人们的民商法观念即私法观念不健全。而私法观念是由一系列的私法原则、私法制度和严格、公正、规范的私法实施来保证的。因此，只要坚持市场经济，坚持实行社会主义法治，就离不开发达的私法观念、私法理论和私法制度。

此外，公法和私法的划分与法治的密切关系还可以通过市场经济的特性来说明。

市场经济是一个需要自由、平等竞争的经济，这就需要有浓厚的平等、自由观念的私法来调整和规范。公私法的划分，可以使调整市场经济中私人、私人组织利益的法律凸显出来，使私法观念更深入人心。

市场经济是一个开放的经济，它需要与国际接轨。调整市场经济的法律当然也需要与国际接轨。而国际上成文法调整已成一个基本趋势，即使在英美法系国家，其成文法产生的速度和数量也是非常惊人的，其国会或议会每年的立法数量都很大。大陆法系国家更不用说，它们以制定法典为重要特色，而且具有同化部分英美法国家的趋势。中国是一个有成文法传统的国家，现在也以制定成文法典作为法成熟的标志。因此，在法的发展道路上，借鉴、吸收大陆法系国家的传统比较多。大陆法系国家关于公法、私法划分的传统，对中国而言，是没有理由拒绝的。除此之外，强调要注重公私法的划分，还有以下现实原因：第一，随着改革开放的深入，私人利益日益受重视，市场经济主体的经济活动和经济关系不再具有"公"的性质，而属于"私"的性质了。私人企业、个体企业又不断发展壮大，就必须要求私法的有效保护。第二，两者的调整对象和范围不同，采取的原则不同，将两者区别，有利于避免把公法领域的强制性原则和方法运用于平等互利的私法领域。第三，有利于明确私权的独立地位，以及私权的不可侵犯性，以便有效地保护公民和法人在经济生活中的权利。因此，在公私法的划分方面，只要在社会主义法的本质上把握好根本方向，就能很好地利用它来为建设社会主义法治国家服务。

（二）普通法和衡平法

普通法与衡平法的划分存在于普通法法系国家。

这里所说的普通法不是法的一般分类中与根本法相对应的普通法，而是指 11 世纪诺曼底人入侵英国后所逐步形成的普遍适用于英格兰的一种判例法，这是产生于司法判决、由法官所创造的法。在 11 世纪前，英国通行盎格鲁–撒克逊人的日耳曼习惯法，教会法和罗马法在当时也有一定影响。1066 年诺曼底人入侵英国，建立了中央政权。在王权得到加强的情况下，国王派员到全国各地巡回审理案件，并逐渐建立了一批王室法院（后来通称普通法法院）。这些官员和法院根据英王敕令、诺曼底人习惯，并参照当地习惯进行判决。在此基础上逐步形成了一套全国适用的判例法。由于它是全国普遍适用的，故称普通法。

衡平法是英国法传统中与普通法相对称的一种法。它是 14 世纪后在英国产生和发展起来的，作为对普通法的修正和补充形式而存在并与普通法平行发展的一种判例法。14 世纪后，由于资本主义经济的萌芽和发展，出现了许多前所未有的案件。这样，原来那些判例法即普通法以及普通法法院的程序，已不能处理这些新案件。在这种情况下，根据英国封建传统，案件在没有先例遵循、得不到普通法法院公平处理时，可以向国王提出申诉，由王室顾问和大法官根据公平原则加以处理。这种根据公平原则判决的案件所形成的判例法，逐渐发展为一种与普通法并行的衡平法。在衡平法发展起来的同时，也逐渐建立了与普通法法院并行的衡平法院——大法官法院。

（三）联邦法和联邦成员法

这是实行联邦制国家的一种法的分类，单一制国家没有这一分类。联邦法是指由联邦中央制定的法律，而联邦成员法是指由联邦成员国的立法机关制定的仅在该成员国实施的法律，如成员国宪法、成员国民法、成员国刑法等。由于各联邦制国家的内部结构、法律关系各不相同，因此，有关联邦法和联邦成员法的法律地位、适用范围、效力等均由各联邦制国家宪法和法律规定，没有一种统一的模式。

（四）固有法和继受法

这是按照法律的渊源关系所做的分类。有的学者认为，各国法律中有些是沿袭历史上早已存在的旧法，有些是仿效外国法制定的。凡按照本国固有文化和法的历史传统而制定的法律称为固有法；凡模仿外国法制定的法律称为继受法。被仿照的外国法通常被称为"母法"，继受而成的法律被称为"子法"。如《德国民法典》仿效罗马法制定，前者为子法，后者为母法。

（五）基本法和基本法以外的其他法律

这是我国根据法律制定的主体不同而进行的分类。基本法指的是全国人民代表大会制定的规范性的法律文件，如《中华人民共和国宪法》《中华人民共和国刑法》等。基本法之外的其他法律是指全国人民代表大会常务委员会所制定的规范性的法律文件，如《中华人民共和国行政许可法》《中华人民共和国政府采购法》《中华人民共和国治安管理处罚法》等。

 本章复习题

一、选择题

1. 马克思说："在民主的国家里，法律就是国王；在专制的国家里，国王就是法律。"关于马克思这段话的理解，下列选项错误的是（　　）。

A. 从性质上看，有民主的法律，也有专制的法律

B. 在实行民主的国家，君主或者国王不可以参与立法

C. 在实行专制的国家，国王的意志可以上升为法律

D. 实行民主的国家，也是实行法律至上原则的国家

2. 《摩奴法典》是古印度的法典，《法典》第五卷第一百五十八条规定："妇女要终生耐心、忍让、热心善业、贞操，淡泊如学生，遵守关于妇女从一而终的卓越规定。"第一百六十四条规定："不忠于丈夫的妇女生前遭诟辱，死后投生在豺狼腹内，或为象皮病和肺痨所苦。"第八卷第四百一十七条规定："婆罗门贫困时，可完全问心无愧地将其奴隶首陀罗的财产据为己有，而国王不应加以处罚。"第十一卷第八十一条规定："坚持苦行，纯洁如学生，凝神静思，凡十二年，可以偿赎杀害一个婆罗门的罪恶。"结合材料，下列说法错误的是（　　）。

A.《摩奴法典》的规定表明，人类早期的法律与道德、宗教等其他规范是浑然一体的

B.《摩奴法典》规定苦修可以免于处罚，说明《摩奴法典》缺乏强制性

C.《摩奴法典》公开维护人和人之间的不平等

D.《摩奴法典》带有浓厚的神秘色彩，与现代法律精神不相符

3. 西方法律格言说："法律不强人所难。"关于这句格言含义的阐释，下列选项正确的是（　　）。

A. 凡是人能够做到的，都是法律所要求的

B. 对人所不知晓的事项，法律不得规定为义务

C. 根据法律规定，人对不能预见的事项，不承担过错责任

D. 天灾是人所不能控制的，也不是法律加以调整的事项

4. 马克思曾说："社会不是以法律为基础的，那是法学家的幻想。相反，法律应该以社会为基础。法律应该是社会共同的，由一定的物质生产方式所产生的利益需要的表现，而不是单个人的恣意横行。"根据这段话所表达的马克思主义法学原理，下列选项正确的是（　　）。

A. 强调法律以社会为基础，这是马克思主义法学与其他派别法学的根本区别

B. 法律在本质上是社会共同体意志的体现

C. 在任何社会，利益需要实际上都是法律内容的决定性因素

D. 特定时空下的特定国家的法律都是由一定的社会物质生活条件所决定的

5. 根据马克思主义法学的基本观点，下列表述正确的是（　　）。

A. 法在本质上是社会成员公共意志的体现

B. 法既执行政治职能，又执行社会公共职能

C. 法最终决定于历史传统、风俗习惯、国家结构、国际环境等条件

D. 法不受客观规律的影响

6. 关于"法""律""法律"，以下选项中错误的说法是（　　）。

A. 秦汉时，"法"与"律"二字已同义，都有常规、均布、划一的意思

B. 李悝改"法"为"律"

C. 我国封建社会各代刑典，大都称为"律"

D. "法律"作为独立的合成词被广泛使用始自清末

7. 下列各句中的"法律"一词，属于狭义用法的是（　　）。

A. 法律面前，人人平等

B. 在法治国家，法律是最主要的社会调控手段，但这并不意味着道德等其他调控手段不重要

C. 在我国，宪法以及全国人民代表大会、全国人民代表大会常务委员会、国务院、地方国家权力机关等制定的具有不同效力等级的规范性文件，可以统称为法律

D. 全国人民代表大会及其常务委员会制定的规范性文件，称为法律

8. 在探讨决定法的内容的物质生活条件时涉及一些因素：① 地理环境，② 人口因素，③ 生产力，④ 生产关系，⑤ 生产力与生产关系的对立统一，即物质资料的生产方式。以下各种组合中，对物质生活条件完整准确的表达是（　　）。

A. ①②③　　　　B. ①②③④　　　C. ③④　　　　D. ①②⑤

9. 法律惩罚侮辱国旗的行为，但无法强迫人们热爱祖国；法律惩罚不尽赡养义务甚至虐待父母的行为，但无法强迫人们尊敬父母；法律惩罚破坏社会主义市场经济的行为，但并不禁止人们从内心赞同市场经济……这说明（　　）。

A. 法调整人的行为而不调整社会关系

B. 法的调整对象是社会关系而不是人的行为

C. 法调整和约束人的外在行为，对人的思想和观念不产生影响

D. 法以人的行为为直接调整对象，并通过调整行为实现对社会关系的调整

10. 法是出自国家即由国家制定或认可的社会规范，由法的这一基本特征还可以引申出"法具有高度统一性和普遍适用性"这两个派生特征。根据这一法理学知识，下列命题成立的是（　　）。

A.《监狱法》是通过"认可"的方式而创立的

B.《监狱法》对全体社会成员和所有社会现象都会产生直接的、具体的法律约束力

C. 所有从事监狱管理的国家机关及其工作人员、所有在监狱服刑的罪犯，都应当遵守《监狱法》

D.《监狱法》除了不得与《宪法》相抵触以外，与其他法律没有任何联系

11. 关于衡平法，正确的说法是（　　）。

A. 衡平法是英国大法官或衡平法院按照法律良心、自然正义或道德戒律通过判例形成起来的

B. 衡平法是为了克服或弥补普通法的不足而形成的

C. 衡平法形成于 13 世纪

D. 衡平法与普通法存在无法调和的矛盾

12. 民间故事《铡美案》中，驸马陈世美被依法处决。这一法律现象表明（　　）。

A. 法律是公共意志的反映，具有超阶级性

B. 法律有时候也是被统治阶级将意志上升为国家意志的结果

C. 法律是统治阶级整体意志、共同意志的体现

D. 我国封建社会的法律也贯彻公民在法律面前人人平等的原则

二、简答题

1. 如何理解马克思主义法的概念。

2. 法区别于其他社会规范的基本特征有哪些？

3. 马克思主义法的本质包括哪些？

三、材料分析题

1. [材料一]"我们不承认任何'私人'性质的东西。在我们看来，经济领域的一切都属于公法范畴，而不是什么私人性质的东西……因此必须：对'私法'关系更广泛地运用国家干预；扩大国家废除'私人'契约的权力。"

——选自《列宁全集》第 42 卷

[材料二]"在大陆法系中，法律主要分为公法与私法。这种划分在大多数大陆法系法学家看来是基本的和必要的，从法律制度的整体来看也是明确的。法学家的论文、专著以及法学院学生们的习作，一般都涉及这种二分法的讨论，而且学者和学生们往往是采用过去讨论中出现的权威性见解作为论述的可靠依据。欧洲和拉丁美洲的学生们一跨进学院，就碰到公法和私法的分类，并且往往不加批判地加以接受，从而很快地在此基础上形成他们的法律观点。许多普通法系法学家对把法律划分为公法和私法的做法进行攻击。他们认为，这种划分

（英国法学家 T.E 霍兰德称之为'巨大的分裂'，the mighty cleavage）既不准确，也无必要，而且令人茫然。然而，大陆法系法学家对这种划分基本上是持赞同态度的。他们认为，公法和私法在本质上有所不同。当这种划分未被完全采用时，他们就积极批评现存的法律制度没有准确地理解和认识现实社会生活的根本性质。值得庆幸的是，这个问题正由法学家继续不断地进行研究，法学家们深信，最终可以通过法学将公、私法划分清楚。"

——选自 ［美］梅利曼的《大陆法系》（第 2 版）

根据以上材料，讨论在我国社会主义条件下是否需要进行公法和私法的划分。

2. 2002 年四川成都有一位 96 岁的老人去世之前立下令人惊奇的遗嘱：他的财产不留给子孙，而是全部赠给一条 9 岁的狮子狗。这是中国第一例把遗产赠与宠物的新闻。去世的老人叫申庭美，是位早年毕业于著名的朝阳法学院的法学博士，退休多年。申学发是他的小儿子，申学发说，他们叫这条狗"欢欢"。"欢欢"于 1992 年到了申家，老父亲对它极度宠爱，并按申家孙辈为它取名字叫申培欢。

申庭美去世后，申学发在清理家中物品时，分别从枕头、抽屉等处，发现四份内容一样的遗嘱，遗嘱表明要将遗产留给"欢欢"。申学发说，老父亲留下四份亲笔所写、内容一样的遗嘱，而且还特意放置四个地方，说明老人家用心良苦，他害怕只放一处，忙乱中不容易被人发现。申学发说，看了遗嘱，他们兄弟几人非常感动，一致决定要妥善保管遗产，把它存进银行。他们按照遗嘱，计划把老人名下的 5 000 元钱划在"欢欢"的账户上。申学发兄弟几人带着宠物"准养证"，以"申培欢"名字去存钱时，银行工作人员惊讶万分，说："国内还没有以动物为储户的先例！"

"遗产赠宠物"不仅存在法律空白，而且还有许多人对此不理解。有人就议论说："申庭美真是古怪老人，哪有遗产不留给儿孙，而去赠给小狗狗的！"还有人猜测："是不是申庭美老人嫌儿子不孝啊？"

其实，申家三个儿子以及孙子一直都很孝敬老人。申学发说："我父亲是学法律的，懂得人和动物是相互亲密的平等关系。老人家担心自己去世后宠物得不到善待，从而立下遗嘱，正是他尊重动物的生存权、尊重法律的体现。现在中国越来越重视动物的生存权，不久前刚通过禁止猎杀、进食野生动物的有关条令充分说明了这一点，这确实是中国法律的重大进步。"有人认为，随着社会进步，各种宠物日益走进百姓家庭，成为现代社会家庭的成员。主人将遗产赠与宠物，在国外已是极其平常之事，但在国内这却是第一次，看来，中国的相关法律还有待完善。

请结合上述材料及我国《民法典》相关规定，谈谈你对遗产赠与宠物的理解和认识。

第三章

法 的 起 源

☑ **教学目的和要求**

了解法产生的基本原因及其一般性规律，原始社会习惯与法的基本区别。

☑ **教学重点和难点**

1. 掌握原始社会习惯与法的基本区别。
2. 分析原始社会的规范（习惯）是不是法。

第一节　原始社会的社会调控机制

一、原始社会的生产方式与社会组织

原始社会是人类发展史上的早期阶段，生产力水平非常低下，生产工具简陋，在绝大部分的时间段使用石器。采集和渔猎是人类获得生活资料的最主要方式，只是到了原始社会晚期，人类才"学会靠人类的活动来增加天然产物"（《马克思恩格斯选集》，第4卷，第23页），即学会经营畜牧业和农业。在原始社会，一个人的劳动所得在用于消费后没有剩余，剥削他人劳动是不可能的。而且个人的生产能力和生存能力不足以独立应付自然和外族的压力，只有依靠集体，才能谋求生存与发展。因此，共同占有、共同劳动、平均分配的原始共产制就成为唯一可能的经济形态。

与原始社会的生产方式相适应，原始社会没有阶级的划分，也没有与阶级划分相联系的各种政治、经济组织，唯一的社会组织就是原始公社。原始公社在经历了漫长的原始群和血缘家庭阶段后，在后期出现了氏族公社。氏族公社的产生虽然较晚，但它却是原始社会最典型的社会组织形式。氏族公社是原始人以血缘关系为纽带而形成的内部禁止通婚的亲属集团。作为一种社会组织，氏族公社具有下列特点：

第一，氏族公社完全按血缘亲属关系来划分和组织居民，在氏族公社中共同生活的人们同属于一个大家族。这与文明社会按地域来划分和管理居民完全不同。

第二，氏族公社内部实行原始的民主管理。全体氏族公社成员所组成的氏族大会讨论决定氏族公社的一切重大问题，氏族公社首领由选举产生，随时可以撤换，只负责处理内部日常事务和领导对外战争，没有任何特权。而且，首领要和其他氏族公社成员一样平等地参加劳动和分配。因此，氏族公社中没有专门从事管理的，凌驾于社会之上的特殊公共权力，"没有系统地采用暴力和强迫人们服从暴力的特殊机构"（《列宁选集》第4卷，第44页）。

第三，在氏族公社存在的绝大部分历史时期内，氏族公社都是一个建立在原始共产制和群婚制之上的生产单位、消费单位和社会单位。

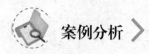 **案例分析** 〉 ···

原始社会的氏族组织和习惯的描述

"凡在氏族制度流行而政治社会尚未建立的地方，一切民族都处在氏族社会中，无一超越此范围者。国家是不存在的。他们的政府基本上是民主的，因为氏族、胞族和部落都是按民主集中制组织起来的。"

"在易洛魁人中，每个氏族所有的成员在人身方面都是自由的，都有相互保护自由的义务；在个人权力方面平等，首领和酋帅都不能要求任何优越权；他们是靠血缘关系结合起来的同胞。自由、平等和博爱，虽然从来没有明确规定，却是氏族的根本原则。"

——［美］摩尔根《古代社会》

"神农之世，男耕而食，妇织而衣，刑政不用而治，甲兵不起而王。"

——《商君书·画策》

"这种十分单纯质朴的氏族制度是一种多么美妙的制度啊！没有军队、宪兵和警察，没有贵族、国王、总督、地方官和法官，没有监狱，没有诉讼，而一切都是有条有理的。一切争端和纠纷，都由当事人的全体即氏族或部落来解决，或者由各个氏族相互解决；血亲复仇仅仅当作一种极端的、很少应用的威胁手段；我们今日的死刑，只是这种复仇的文明形式，而带有文明的一切好处与弊害。一切问题，都由当事人自己解决，在大多数情况下，历来的习俗就把一切都调整好了。"

——恩格斯《家庭、私有制和国家的起源》

二、原始人的社会规范形式

一般认为，整个原始社会大体分为原始群和氏族公社两个时期，而后者又包括母系氏族公社和父系氏族公社两个阶段。

有学者把原始人的社会规范称为"原始规范"或"第一次社会生活规范"。这种社会规范是经过漫长的历史演化，由低级到高级、由简单到相对复杂逐步形成和发展的。

（一）禁忌

1. 禁忌的地位

规范的产生，最初来源于初民（原始人）对"超自然的神秘力量"的认识和崇拜。与此相适应，最早出现的原始人的社会规范多带有禁止性的特点，而原始的禁忌就成为人类后世社会一切规范（包括道德、宗教、法律）的总源头。

2. 禁忌的产生

原始人在征服自然和他们相互交际的过程中发现，某些特定的事物、现象或人本身，被以自然的、直接的方式或以间接的、传染的方式附着一种神秘的"灵力"（mana，曼那），而成为"似魔鬼的""不洁的"或"神圣的""不可接触的"对象。这种原始的观念就形成了原始人心目中的禁忌物，并由此而产生人类历史上最早的禁忌。

3. 禁忌的表现形式

在原始人的生活中，禁忌（制）的表现形式多样，大体包括普通禁忌和特别禁忌，永久禁忌和临时禁忌，人之禁忌、行为禁忌和物之禁忌，保护禁忌和扑灭禁忌等。其中，有关食物和性的禁忌，被看作是人类社会最早的禁止性规范。

4. 禁忌的性质

禁忌是"人类的童年时代"（蒙昧时代）存在的准宗教现象，是原始人群体生活中的唯一约束力，它通过制止和抑制的方式对人们的行为和心理产生影响，从而实际体现某种社会凝聚力，起着社会控制、调整和整合的作用。

（二）图腾崇拜

1. 图腾崇拜的定义

图腾就是标志或象征某一群体或个人的一种动物、植物或其他物件。而所谓图腾崇拜，是指相信人与某一图腾有亲缘关系或相信一个群体、个人与某一图腾有神秘关系的信仰。

2. 图腾崇拜出现的时间

图腾崇拜是随着氏族社会的出现而同时产生的，学术界认为，图腾产生在 20 万～25 万年前，处于旧石器的初期向旧石器中期过渡的时期。

3. 图腾崇拜的特征

图腾崇拜的特征表现为：第一，崇拜者视图腾为伴侣、亲人、保护者、祖先或帮手，人们尊敬、崇拜图腾，但也畏惧图腾；第二，用特殊的名称或徽号代表图腾；第三，崇拜者在一定程度上与图腾合而为一，或用象征的方法表示与图腾同化；第四，氏族规定不得屠宰、食用或接触图腾；第五，举行图腾崇拜的特殊仪式。

4. 图腾崇拜的规范

图腾崇拜的规范主要体现为原始人对图腾的行为、食用、称谓（语言）及婚姻的禁忌规则。图腾禁忌规则在原始氏族生产和生活中具有惩戒和协调作用，一旦有人触犯氏族的图腾禁忌，则可能被处以忏悔、献祭或驱逐出氏族等惩罚。这种伴随人类惩罚（而不是仅依赖自然惩罚）的禁止性规范，是后世一切惩罚性规范（包括惩罚性习惯和法律）的胚胎和萌芽。

（三）复仇

复仇，是指被害人或其亲属对加害人所采取的报复行为。复仇是氏族社会形成和发展过程中的一个最为重要的习惯，具有广泛性和普遍性。复仇习惯的演变历史大体反映了氏族习惯由低级到高级、由简单到复杂、由非理性到相对有理性的发展过程。

复仇是人的自卫本能的体现，因此最初只是人基于动物本能自发抵抗侵害的个人行为。随着氏族社会的逐渐形成，复仇变成了受害者的整个家庭或整个氏族的集体行动，成为整个家庭或整个氏族的共同义务。这种集体行动后来演化为氏族社会的一种习惯，经历了血族复仇、血亲复仇和同态复仇三个阶段。

（1）血族复仇。这是在氏族社会早期形成的复仇习惯，是指一个氏族的成员被另一氏族的成员加害时，被害者的整个氏族向加害者氏族进行报复。

（2）血亲复仇。这是在氏族社会中期形成的一种复仇习惯，是指被害者近亲属向加害者近亲属实施报复。

（3）同态复仇。这是指以大体相当的程度、方式和数量对加害行为所实施的报复。这一复仇习惯是氏族习惯的一个重要发展，它体现了原始人类为避免血族（或血亲）复仇的毁灭性后果而做出的自然选择，也是人类从蒙昧、野蛮走向半开化-文明的标志。

（四）其他的社会规范

进入母系氏族社会晚期以后，原始人的生产工具（石器）的制造和使用、经济基础、社会组织及职能、婚姻关系、心智认知能力、语言交际水平等均已发生变化，社会规范也开始变得多样化，但在形态上，它们往往又与原始社会的道德、宗教、禁忌、图腾-祖先崇拜、祭祀等混为一谈。

三、原始社会的氏族习惯

原始社会是一个无政府而又有秩序的社会。氏族组织和氏族习惯构成了调整社会关系、建立社会秩序的两种基本力量。

氏族习惯是在氏族成员长期的共同生活中自发形成的，经过世代相袭，便成为全社会公认的神圣不可侵犯的传统。美国人类学家摩尔根曾长期在美洲易洛魁人的氏族中生活，他运用人类学特有的田野调查方法，对氏族习惯进行了深入的研究。根据摩尔根的名著《古代社会》一书的介绍，易洛魁人的氏族习惯包含着十分广泛的内容。

（一）关于共同劳动、平均分配的习惯

在生产力水平低下的条件下，氏族成员把共同劳动、分工协作和平均分配食物看作极其自然的事情。每个有劳动能力的人都自觉地参加劳动，懒惰被视为非常可耻的行为。

（二）关于婚姻、家庭和亲属制度的习惯

在氏族中，内部成员禁止通婚。婚姻家庭形式从最初的群婚家庭发展到对偶婚家庭。在婚姻家庭制度的基础上，也形成了相应的亲属制度，对亲属关系的亲疏远近是通过不同的称谓来标明的。

（三）关于处理公共事务的习惯

氏族内部没有阶级和等级之分，重大事务由氏族成员的全体大会讨论表决。氏族首领由选举产生，可随时被撤换。任何人都必须服从集体的决定。这一切在氏族社会全体成员看来，都是天经地义的。

（四）关于财产继承的习惯

氏族成员的个人财产一般仅限于个人制造和使用的工具及少量的生活用品。按照易洛魁人的习惯，死者的财产必须由同氏族人继承。由于当时正处在母系氏族时期，男子均与外氏族女子结婚并生活在妻子的氏族，故夫妻不得彼此继承财产，子女也不能继承父亲的财产。

（五）关于解决纠纷的习惯

氏族内的纠纷绝大多数由当事人自行和解或由氏族首领出面调解。如果有人严重违反氏族习惯，最重的制裁是驱逐出本氏族，而这往往意味着死亡。如果在不同的氏族部落间发生冲突，则用战争来解决。当本氏族成员被外氏族人杀害时，全氏族成员都必须为其复仇，即"血族复仇"的习惯。

（六）关于维护共同利益的习惯

维护氏族和部落的共同利益，是氏族社会最基本的道德原则，对此，每个氏族成员都自觉遵行。在他们心目中，"部落、氏族及其制度，都是神圣而不可侵犯的，都是自然所赋予的最高权力，个人在感情、思想和行动上始终是无条件服从的"（《马克思恩格斯选集》第4卷，第94页）。

（七）关于宗教方面的习惯

原始的图腾崇拜、大量的禁忌和神秘的宗教仪式对氏族成员具有极大的约束力，而且这种宗教性质的习惯规范与其他方面的习惯又有着千丝万缕的联系，彼此交织在一起，从而大大地增强了氏族习惯的力量。

在父系氏族社会形成以前，氏族社会完全是以原始共产制和群婚制为基础而形成的家庭

式社会。由于个人利益与集体利益高度地融合在一起，氏族社会内部没有普遍的利益差别和利益冲突，自发形成的氏族习惯代表着全社会成员的共同要求和共同利益。习惯规范的实施，依靠氏族首领的道德感召力和威望，依靠每个人的自觉，依靠社会共同的道德信念和宗教观念，依靠强有力的舆论力量。正如列宁指出的那样："公共联系、社会本身、纪律以及劳动规则全靠习惯和传统的力量来维持，全靠族长或妇女享有的威信或尊敬（当时妇女不仅与男子处于平等地位，而且往往占有更高地位）来维持，没有专门从事管理的人的特殊等级。"（《列宁选集》第4卷，第45页）恩格斯也曾对氏族社会的调控机制发出感叹："这种十分单纯质朴的氏族制度是一种多么美妙的制度啊！没有军队、宪兵和警察，没有贵族、国王、总督、地方官和法官，没有监狱，没有诉讼，而一切都是有条有理的。一切争端和纠纷，都由当事人的全体即氏族或部落来解决，或者由各个氏族相互解决；……一切问题，都由当事人自己解决，在大多数情况下，历来的习俗就把一切都调整好了。"（《马克思恩格斯选集》第4卷，第92—93页）但是，有一点应当注意，原始社会的这种调控机制是以当时的生产方式为基础而发挥作用的，随着生产力水平的提高，它必然被历史的发展所淘汰。

第二节　法 的 起 源

法的起源是指法在人类历史上最初是怎样产生的。在人类社会历史上，法和国家一样，不是从来就有的，也不是永恒存在的，而是人类社会发展到一定历史阶段上才出现的社会现象。

一、法的起源的各种学说

从古到今，许多思想家、法学家对法的起源问题进行了探讨，提出了关于法的起源的各种学说，主要的学说如下。

（一）神创说

这一学说认为法是人格化的超人类力量的创造物，各种各样的神为人类创造法。在西塞罗看来，作为最高理性的自然法来源于"上帝的一贯的意志"；人定法是自然法在世俗社会中的体现；法律是从自然产生的，自然法来自神的理性，人定法源于自然法。中世纪神学政治的鼻祖奥古斯丁提出：秩序和安排来源于上帝的永远的正义和永恒的法律，即神法；人定法服从神法，是从神法派生出来的。中国古代也有类似的认识。

（二）暴力说

这一学说认为法是暴力斗争的结果，是暴力统治或战争的产物。中国先秦时期法家的代表人物韩非子认为，"人民众而财货寡，事力劳而供养薄，故民争"（《韩非子·五蠹》）。有斗争、有暴力就需要解决冲突的规则，法律由此而产生。

（三）契约说

人类在进入政治社会之前处于自然状态。后来为了安全，为了生产发展，为了社会安定和社会发展等原因，人们相互缔结契约。通过缔结契约人们放弃、让与部分自然权利，组成国家或政府，这最初的契约就是法律。17世纪、18世纪的古典自然法学者，如霍布斯、洛克、卢梭、康德等，大部分都持此学说。

（四）发展说

发展说具体包括两种。

（1）人的能力发展说。随着社会的进步，人的能力有了发展，如火的使用，弓箭的发明等，财富有了增加，社会关系开始变得复杂，因而需要法。

（2）精神发展说。例如，黑格尔就认为绝对精神在自然界产生之前就已经存在，绝对精神发展到自然界阶段才有了人类，人类精神的发展产生法。民族精神论者提出法来自民族的精神或历史传统。

（五）合理管理说

许多法社会学者认同此学说。例如，美国当代法社会学家塞尔茨尼认为，一个群体的法律秩序，是基于合理性管理的需要而发展起来的。

（六）马克思主义学说

马克思主义认为，法作为一种行为规范是一个历史范畴。法是随着生产力的发展、社会经济的发展，以及私有制和阶级的产生、国家的出现而产生的。

二、法的起源的社会背景

在法学发展史上，虽然先后曾出现过许多关于法的起源的理论，但是法的起源问题得到正确的解答是在马克思主义产生以后。马克思主义认为，法不是从来就有的，也不是永恒存在的，而是人类社会发展到一定历史阶段才出现的社会现象，它的产生经历了一个长期渐进的过程。

（一）原始社会调控机制的崩溃

1. 原始社会末期三次社会大分工及其社会后果

在原始社会末期，由于生产力水平的提高，引起了三次社会大分工，每次社会大分工都大幅度地促进了生产力的发展，提高了劳动生产率。由此导致原始社会的秩序全面崩溃，并使人类进入文明社会，国家与法律也应运而生。

第一次社会大分工是畜牧业和农业的分工。大约在公元前50世纪，金属工具开始出现，随之而来的是在一些大河流域的冲积平原上出现了农业。由于犁耕技术和灌溉技术的使用，使农业产品丰富起来，形成了农业部落和畜牧业部落并存的格局。第一次社会大分工导致的社会变化包括：第一，出现了剩余产品和产品交换，在产品交换的过程中，动产的私有化开始在一定范围内出现；第二，劳动生产率达到一个人的劳动所得除了养活自己还略有剩余的程度，战俘不再被吃掉或杀掉，转而成为家庭奴隶。

第二次社会大分工是手工业和农业的分工。在生产力发展的过程中，制陶、制革、冶金、工具制作等技术达到了专业化程度，手工业形成，从而使劳动生产率进一步大幅度提高。与此相适应，人口也大大增加。第二次社会大分工导致的社会变化包括：第一，奴役他人劳动成为有利可图的事情，奴隶制开始形成；第二，为掠夺人口和财富，战争频繁，氏族军事首领的权力增加；第三，个体家庭开始出现并日渐代替氏族公社而成为基本经济单位，私有制正在形成。

第三次社会大分工是商业的出现。随着劳动生产率的提高和产品交换规模的扩大，以贸易为职业的商人阶级开始形成，金属货币、高利贷出现，部落间的贸易甚至海上贸易也成为社会经济生活的重要组成部分。第三次社会大分工使财富的聚集速度加快，贫富分化加剧，私有制、奴隶制和阶级分裂最终形成。

2. 氏族制度的解体

正如恩格斯指出的那样，质朴的氏族制度在没有职业化的管理人员和暴力机构，没有法律的情况下，靠氏族组织和氏族习惯来维持社会秩序。在三次社会大分工所造成的深刻变化面前，氏族制度的解体就成为必然。

首先，私有制的确立摧毁了氏族制度赖以存在的经济条件。氏族制度的经济基础是原始共产制，它所奉行的原则是在生产过程中对生产资料共同占有，在消费过程中对消费资料平均分配。而私有制的确立，使原有的经济关系及其原则受到彻底破坏，与私有制相伴而生的一夫一妻制家庭使氏族分裂为一个个独立的经济单位和利益主体。个人利益与集体利益高度融合的状态被彻底打破。

其次，氏族内部的阶级分裂代替了氏族制度中的平等关系。在第一次社会大分工刚刚开始时，奴隶的来源是从外族俘获的战俘，随着私有制的日渐成熟和贫富分化加剧，许多贫穷的氏族成员开始沦为债务奴隶，成为任人宰割的"会说话的财产"。原始的民主管理逐步被少数奴隶主阶级的统治所取代。

再次，分工和交换关系的发展消灭了氏族制度赖以存在的地理条件。分工和交换的发展，使氏族成员为谋生和职业的需要而分散居住在不同的地域。原有的同一氏族成员聚居一地的状态日益被普遍的杂居所取代。氏族成员之间已经不可能像原来那样经常地举行宗教仪式和集会了。而宗教仪式恰恰是维系氏族生存，强化氏族成员归属感的最重要的方式之一。

最后，普遍的利益差别和利益冲突破坏了氏族制度中共同的行为标准，使什么是共同利益、什么是正当的个人利益很难再有一个完全一致的答案。原有的氏族习惯靠氏族成员达成的共识而维系，现在，原有的习惯哪些应予保留，哪些应予改变，哪些应予废弃，已经不可能形成共识。

由于上述因素的存在，只靠当事人自觉、舆论压力、酋长的威望和没有暴力手段的氏族大会来维持社会秩序的原始调控机制已陷于瘫痪状态。正如恩格斯所说："氏族制度已经过时了。它被分工及其后果即社会之分裂为阶级所炸毁。它被国家代替了。"（《马克思恩格斯选集》第 4 卷，第 165 页）

（二）国家的形成与法的产生

原始社会调控机制的崩溃与国家和法的出现，是同一个历史过程，也具有同样的社会根源，它们都是三次社会大分工及其社会后果在社会调控方式上引起的连锁反应。秩序是任何社会得以存在的最基本需要，当氏族组织和氏族习惯无力实现维持秩序的需要时，国家组织和法律规范便成为唯一可能的替代物。

三次社会大分工的历史过程，构成了法律起源的宏观社会背景，而与法律相伴产生的国家及其机构，则构成了了解法律起源的重要参照系。法律作为由国家制定认可并以国家强制力保障实施的社会规范体系，与国家组织机构体系是相辅相成、不可分离的，两者的有机结合，才能在原有社会调控机制全面崩溃的状态中实现秩序的重建。

国家与法一样，是在氏族社会的后期逐渐形成的。具体来说，是在父系氏族公社中孕育，并最终在氏族制度的废墟上形成的。

氏族公社最初的、也是最典型的形态是母系氏族公社。母系氏族公社是以女性氏族成员间的血缘关系为纽带而形成的社会，其最突出的特点是实行群婚制和原始共产制。在这样一个社会中，国家机构与法律既是不必要的，也不可能存在。随着社会生产力的发展，在第一次社会大分工的过程中，父系氏族公社开始代替母系氏族公社（约公元前 50 世纪）。父系氏族公社的产生意味着氏族制度开始走向解体，这是因为父系氏族公社是以私有制和个体家庭为基础而建立起来的，包括奴隶在内的家长制家庭成为具有独立利益的社会经济基本单位。在父系氏族公社中，为了掠夺奴隶和财富，军事民主制及其组织机构发展起来，氏族长老逐渐演变为氏族贵族，军事首领也从选举逐渐演变为世袭，常设武装即军队和法庭、监狱也随之出现。随着私有制和奴隶制日益成为社会结构中的主导因素，军事民主制机构最终演变为一种凌驾于社会之上的，由职业官吏所组成的，以有组织的暴力为基础的特殊公共权力，这就是国家机构。

国家组织体系的形成过程，也是一个公共权力逐渐与社会相脱离、逐渐被少数人所垄断的过程。在这一过程中，那些处于形成过程之中的国家机构或已经完全形成的国家机构，以全社会代表的名义对原有氏族习惯加以取舍，认可那些与现行社会结构相一致的习惯规范，取消那些与现行社会结构不一致的习惯规范，并创制一些新的规范来调整新的社会关系。同时，用有组织的暴力保障这些社会规范得以实施。就这样，氏族社会中所没有的法律规范体系便逐渐成长起来。最终的结果是国家组织体系和法律规范体系完全取代了氏族组织和氏族习惯，成为建立和维持秩序的手段。

国家组织与法律规范所建立和维持的社会秩序，与原有的社会秩序有根本的区别。这是一种以保护私有制和阶级统治关系为宗旨的秩序，为了压抑和惩罚破坏秩序的行为，国家强制力便成为确保法律规范得以实施的重要力量。

三、法的起源的原因

法是社会发展到一定阶段的产物。它是随着社会经济的发展，私有制和阶级的出现，在氏族制度瓦解的基础上，经历了一个长期的渐进过程，同国家一道产生的。正如恩格斯指出的："在社会发展某个很早的阶段，产生了这样的一种需要：把每天重复着的生产、分配和交换产品的行为用一个共同规则概括起来，设法使个人服从生产和交换的一般条件。这个规则首先表现为习惯，后来便成为法律。随着法律的产生，就必然产生出以维护法律为职责的机关——公共权力，即国家。"可见，法的产生有着深刻的经济根源和政治根源。

（一）法产生的经济根源

任何社会规范的存在都是以一定的社会经济条件为基础的：氏族习惯以原始的氏族公社公有制为存在基础，而法则是在有了私有制和经济体制之后才产生的。由于新的经济关系的出现和私有制的产生，原始的氏族习惯已经不能充分执行其作为社会调整手段的职能，而法作为新的社会调整手段就应运而生。

法作为一种社会规范，归根结底起源于社会的经济生活条件。任何社会为了维护正常的生产秩序，都要有一定的规则对生产关系进行调整，否则社会的生产、分配、交换就无法正常进行。这种规则在原始社会首先是表现为一种习惯。后来，随着私有制和阶级的产生，原始社会解体，新确立起来的奴隶制生产关系的基础是奴隶主占有生产资料和奴隶，奴隶主可以像对待牲畜或物品一样随便买卖、处置，甚至杀害奴隶。奴隶主阶级为了维护其剥削奴隶的经济关系，保护自己的经济利益，必然要求以一种特定的行为规则来迫使奴隶服从奴隶制生产关系的一般条件。于是，原来在原始社会制度下就已自发形成了的规则和习惯，开始逐渐渗入了阶级内容，发生了质变。例如，血族复仇的习惯，变为根据被告人的不同社会地位而缴纳罚金制度等。这样，原来的习惯演变成为维护统治阶级利益的法律。所以，从根本上说，法起源于奴隶主占有生产资料和完全占有奴隶的经济关系，是经济关系发展的必然结果。这就是法产生的经济根源。

（二）法产生的政治根源

政治组织、政治关系和政治活动是文明时代存在的社会现象，然而其渊源可以追溯至原始社会末期的社会结构的变化。氏族制度已经过时，它被阶级之间的冲突摧毁。调整社会关系的职能由新的公共权力和新的社会规范来担任，这就是国家和法律。

法的产生是以阶级的形成为前提的，它是阶级矛盾不可调和的产物，是阶级统治需要的必然结果。当社会分裂为两个相互对立的阶级时，人们之间的关系就由原来的友好合作、平等互助的关系，变成了彼此利益水火不容的阶级对立关系。人们对一切事物的观念、思想感情，都带有了明显的阶级色彩，在对善与恶、正义与非正义的看法上，也产生了根本的分歧。在这种新的社会条件下，原来的氏族习惯就失去了人们自愿遵守的习惯性质，而成为少数剥削者利益和意志的代表。显然，为了使这种新的社会规范得到遵守，依靠社会上的习惯和舆论的力量已经无济于事，于是产生了靠国家强制力保证执行，反映在经济上和政治上都占统治地位的那个阶级意志的法。与此同时，作为对违法行为实行惩罚的程序和手段，由原始社会的血亲复仇和处置俘虏，发展成为通过审判处以刑罚，同时也逐步产生了罚金和民事赔偿制度，并且日趋完备，最后终于通过确定不同人们的法定权利义务把一个阶级对另一个阶级的统治固定下来，这也就是人类历史上最早产生的法——奴隶制国家的法。可见，法的产生不仅有深刻的经济根源，而且还有着深刻的阶级根源，它是阶级矛盾不可调和的产物。

（三）法产生的社会根源

社会的发展是法产生的社会根源。社会的发展，文明的进步，需要新的社会规范来解决社会资源有限与人的需求无限之间的矛盾，解决社会冲突，分配社会资源，维持社会秩序。适应这种社会结构和社会需要，国家和法这一新的社会组织和社会规范就出现了。

因此，法不是从来就有的，而是人类社会发展到一定历史阶段上的产物，是阶级社会特有的社会现象。法的产生也不是偶然的，而是随着生产力的发展，私有制、阶级和国家的形成而出现的。

（四）法产生的社会文化根源

法的起源，除了经济和政治原因以外，还取决于社会文化因素的成长。这些因素包括两方面。

第一，人类智力水平的提高和理性认知能力的增强，使人们不再自发适应传统的习惯力量，而是在认识自然法则的基础上主动选择或创造社会规范。

第二，艺术、文学、科学和哲学的产生和发展，丰富了人的精神世界，也同时强化了人的自主意识。

四、法的起源的形式

（一）希腊雅典法的产生

希腊雅典法的产生有两大特点。

第一，希腊雅典的氏族习惯向法的转变，是在没有外来力量的干预下进行的，是在希腊雅典氏族社会内部发展起来的阶级冲突和斗争的推动下完成的。

第二，希腊雅典的氏族习惯向法的转变，是历史上发生的一系列政治改革（提修斯改革、德拉古改革、梭伦改革、克利斯提尼改革）的结果。

希腊雅典法的产生反映了各国法的产生过程的某些共同特征，因而是具有普遍意义的。

（二）罗马法的产生

罗马法被恩格斯誉为"纯粹私有制占统治的社会的生活条件和冲突的十分经典性的法律

表现"。罗马"王政时代"第六代王塞尔维·图里阿在公元前 576 年左右所进行的改革，意味着罗马国家和法律的形成。而公元前 450 年所颁布的《十二铜表法》则是罗马进入成文的习惯法时代的标志。罗马法的起源有自己的特点，即罗马氏族习惯向法的转变，不是直接由氏族内部发展起来的阶级冲突和矛盾完成的，而是由氏族外面的外来人（平民）集团反对该氏族贵族集团的斗争以及这一斗争的胜利完成的。换言之，外力在罗马法的产生过程中起到了极其重要的作用。

（三）日耳曼法的产生

日耳曼法是公元 5 世纪以后西欧早期封建制时期适用于日耳曼人的法律的统称。日耳曼法"是作为征服外国广大领土的直接结果而产生的"。这种法的产生同样具有普遍意义，它表明：一切落后民族均可以在自己社会内部基本矛盾运动的基础上，学习、借鉴和吸收先进民族的经验，迅速完成本民族社会制度的变革，从一种社会形态进入另一种社会形态，甚至可以跨越某一历史阶段，进入更高一级的社会形态，建立起新的政治制度和法律制度。

五、法的起源的过程

法的起源作为一个历史过程，是包括若干时间阶段的。根据恩格斯、摩尔根及其他学者的研究，法的起源过程可分为以下三个时期。

（一）法的萌芽期

法的萌芽期相当于野蛮时期的中级阶段，是母系氏族社会向父系氏族社会的过渡时期。一些反映这一时期社会经济结构变化（私有制和阶级的胚胎状态）的新的氏族习惯得以产生，这些新的氏族习惯多少带有法的胚芽性质。

（二）法的雏形产生期

在这一时期，原始社会已进入父系氏族阶段。氏族习惯进一步发展，其中有些习惯已具有法的雏形。

（三）法的形成期

这一时期处在父系氏族社会向奴隶社会（或野蛮时代的高级阶段向文明时代）过渡的过程之中，发生了第三次社会大分工（商业与农业的分离），它使社会成员分裂为自由民和奴隶、富人和穷人，私有制得以确立，政治国家趋于成熟。具有法的雏形的习惯被国家所认可，成为习惯法。

六、法形成的标志

法形成的标志有以下几个方面。

（一）国家的产生

国家的产生彻底改变了社会规范的特征。在原始社会中，人们在长期的共同生活中自然地形成了各种习惯规范，这种习惯规范存在于传统之中，是人们在共同生产和生活中自然形成的，既不是由某个专门从事管理的机构制定或认可的，也不是靠有组织的暴力来保障实施，而是凭借氏族成员内心的信念、自幼养成的行为惯性以及氏族首领的威信来保证实施的。而法律调控则意味着：第一，有一个专门机构以全社会代表的名义认可或制定权威性的行为规范；第二，有一批被组织起来的官吏负责执行这些规范；第三，为了保证这些规范不被蔑视，违反规范者会受到有组织暴力施加的制裁。而这些，正是国家机构所具有的特点，没有此种特殊公共权力的存在，法律既不可能被创制出来，也不可能被有效地实施。

（二）诉讼与审判程序，以及专门的裁判机关（法院）的出现

在原始社会中，没有诉讼与审判。氏族内部的纠纷由当事人自行解决，部落（由氏族或胞族组成）之间的纠纷则往往诉诸武力，以战争来解决。而法律对社会关系和行为的调控，意味着当事人的"私力救济"被限制和"公力救济"的出现，否则，任由当事人对侵犯权利的行为自行处置，便难以在利益冲突普遍化的状态下保持必要的秩序。这就要求由一个特定的机构来行使审判权，并通过一定的诉讼程序来处理纠纷。诉讼和审判的出现，标志着公力救济代替了私力救济，文明的诉讼程序取代了野蛮的暴力复仇，这使得人们之间发生的争端可以通过非暴力方式解决，从而避免或极大地减少了给人类造成巨大灾难的恶性循环的暴力复仇现象，社会的发展得以建立在理性的基础之上。

（三）权利与义务的分离

氏族习惯是每一位社会成员都能自觉遵行的行为标准。依习惯而行事，在一般情况下无所谓是行使权利还是履行义务。正如恩格斯在《家庭、私有制和国家的起源》一书中所指出："在氏族制度内部，权利和义务之间还没有任何差别；参加公共事务，实行血亲复仇或为此接受赎罪，究竟是权利还是义务这种问题，对印第安人来说是不存在的；在印第安人看来，这种问题正如吃饭、睡觉、打猎究竟是权利还是义务一样荒谬。"而法律对行为的调控，须以权利和义务的分离为条件，这意味着：第一，法律规范要对各种行为加以明确区分，规定出什么行为可以做，什么行为不可以做和什么行为必须做；第二，在各种法律关系中把相应的权利义务分别明确地分配给不同的法律关系主体。如果没有这种区分，法律就不能实现对各种行为的调控职能。

（四）法律概念的产生

法律观念和概念，如法、权利、义务、人格、债、契约是文明时代的产物。它们是随着社会事物的复杂化和人类认知能力的增强而必然产生的。专门法律概念的存在摆脱了原始人模糊的、浑然一体的观念，可以看作社会规范发展的一个进步。

（五）刑罚体系的发达和以刑罚为主要内容的法律规范的出现

刑罚及其种类的多样化是阶级社会矛盾和冲突的反映和必然要求。无论是中国早期的奴隶社会，还是西方的古希腊时期，刑罚内容是当时法律规范的主要组成部分。刑罚性几乎成为早期法律的一个本质特征，所以早期的法律主要内容为刑罚法律规范。

（六）监狱的建立

监狱和监狱管理制度的渊源，虽然最早可以追溯到古老的原始社会，但是就其本质而言，监狱还是国家暴力机器的重要组成部分，是国家重要的暴力机关。所以，监狱和监狱管理制度的出现，也是法律形成的一个重要标志。

七、法与氏族习惯的区别

法的起源的过程完成之后，一种与国家组织体系相匹配的法律规范体系便形成了。这种新型的社会规范体系与原有的氏族习惯有着根本的不同。

（一）反映的意志不同

法体现统治阶级的意志，反映统治阶级的利益，确认和维护有利于统治阶级的社会关系和社会秩序，具有鲜明的阶级性。在阶级社会里，统治阶级和被统治阶级之间存在根本的利害冲突，一般只有统治阶级的意志才能成为法律。而原始社会的氏族习惯则反映氏族全体成员的意志和利益，反映原始社会公有制的生产关系和氏族全体成员的平等关系，不具有阶级性。

（二）形成的方式不同

法是由国家制定或认可的，它的创制是个自觉的过程，是统治阶级基于自己的阶级利益并出于维护和发展这种利益的目的而有意识地创制的。而原始社会的氏族习惯则是全体氏族成员在长期的共同劳动和共同生活中逐渐地、自发地形成并世代相传和发展的，它的形成和发展不经由特殊的权力机关，而是一个自发的过程。

（三）实施的方式不同

法是以国家的强制力来保证实施的。为了保证法律的实施，统治阶级除了运用意识的、精神的力量外，始终把以军队、法庭等国家机器为代表的物质力量，作为国家强制力的保证，对违法者进行法律制裁。而原始社会的氏族习惯则是靠全体氏族成员的自觉遵守，是通过社会的舆论、氏族首领的威信、传统的力量、人们的信念等因素来保证实施的。

（四）适用的范围不同

法一般是以"属地主义"为基础，即一般适用于一定地域中的所有居民，而不论他们属于哪一个民族部落。也就是说，法在国家权力所及的范围内具有普遍的法律效力，只要是在国家领土范围内的一切居民，都必须无例外地遵守。而原始社会的氏族习惯则以"属人主义"为基础，即它仅适用于同一血缘的所有成员，而不管他们在哪一地区。

（五）存在的基础不同

法是建立在阶级社会的经济基础之上的，刚刚形成的法是以奴隶主占有生产资料和奴隶为经济基础。而原始社会的氏族习惯则是建立在没有阶级的原始共产主义的经济基础之上的，也就是在生产资料的氏族公有制经济基础上形成和存在的。

（六）调整的目的不同

法调整社会关系的目的在于建立和发展有利于统治阶级的社会关系和社会秩序，实现其阶级统治；而原始社会的氏族习惯调整社会关系的目的在于维护原始社会人们之间相互团结、平等互助的社会关系和社会秩序。

由此可见，法和原始氏族习惯有着本质的区别，它们各有其质的规定性。从外部形态上看，原始氏族习惯尽管与法有相类似之处，甚至某些规则还直接延续过来成为法，但它们毕竟是两种性质不同的社会规范，绝不能将法混同于原始社会的氏族习惯。

八、法的起源的一般规律

法从无到有、从萌芽初现到最终形成一种基本制度，在不同的民族和社会中经历了不同的具体过程。然而，在纷繁复杂、差别明显的表象背后，却可以发现一个一般的共同的规律。尽管世界各国的历史条件不同，但法的产生都有一般规律可循。概括起来，法产生的一般规律有以下几个方面。

（一）法的产生是社会基本矛盾发展的必然结果

原始社会末期，由于生产工具的改进，以及人们生产经验的积累和劳动技能的提高，使社会生产力得到发展，社会分工开始出现。先是畜牧业从农业中分离出来，后来手工业又和农业分离。冶铜业出现之后，开始有了金属工具。社会分工促进了产品交换的发展，从而也促进了私有制的产生和发展。随着私有制的不断发展，氏族内部贫富分化日趋明显。氏族首领在掠夺战争中把战俘变为奴隶，强迫他们劳动，贫苦的氏族成员也逐渐沦为奴隶，而氏族首领就成了奴隶主。从此，社会上便形成了奴隶和奴隶主两个互相对立的阶级。在社会发展的这一阶段，人与人之间原来那种平等互助的关系，就被剥削与被剥削、压迫与被压迫、统治与被统治的阶级关系所代替了。生产关系的变革，必然带来上层建筑的变更；人们社会关系性质的变化，必然带来调整人们相互关系的行为规范的变化。也就是说，生产力的发展带来了生产关系的根本变化，即私有制代替了原始社会公有制。生产关系的变化决定了其他一系列社会关系的根本变化，与此同时一系列新的过去从未有过的社会关系也应运而生了。这些新的社会关系竭力使旧的社会制度适应新的条件，直到两者不相容，最后导致一个彻底的变革为止。法正是适应经济发展和阶级斗争的需要而产生的，它在人类社会历史上的出现是不以人们的主观意志为转移的，而是具有客观的历史必然性。法的产生归根结底是社会基本矛盾发展的必然结果。

（二）法是在一定社会背景下发展和形成的

法并不是与人类社会同步出现的，它的孕育、萌芽和最终形成需要特定的社会条件，只有在共同利益分化为众多的个体利益并导致普遍的利益冲突，仅靠道德、传统和舆论不足以有效维持社会存在与发展所必需的基本秩序时，法的产生才成为必要和可能。而社会生产力发展所导致的私有制关系、阶级分裂和原始社会调制机制的崩溃，恰恰创造了法形成的社会条件。同时，法的形成过程也受到了国家形成过程的促进，反过来，它也确认和助长了国家组织对氏族组织的取代。

（三）法的形成是一个行为的调整方式从个别调整发展为一般调整的过程

法的萌芽之初，对行为的调整是针对个别行为的。例如，最初的产品交换只是偶然的个别现象，对这种关系的调整也表现为个别调整。个别调整方式和具体情况直接联系，针对性强，但带有较大的不确定性和不可预见性。我国古代文献上所说的"议事以制，不为刑辟"，就是这种情况。在法调整的实践中，随着偶尔的个别行为演变成比较常见的行为，个别调整所临时确定的规范便逐渐发展成为经常的、反复适用的，不只是针对个别行为而是针对同一类行为的共同规范。共同规范的形成把对行为的调整类型化、制度化为一般调整，即规范调整。规范调整的出现是法最终形成过程的关键性一环。这种规范调整形成了针对某一类行为和社会关系的稳定的调整机制，从而给处于该类行为领域和社会关系中的人们提供了明确的行为模式，这就使人们相对地摆脱了偶然性和任意性的左右，有利于社会秩序的形成和巩固。当然，由于受规范调整的具体情况是千差万别的，所以在以规范调整为基础的前提下，个别调整仍然发挥着填补缝隙的作用。不过，法的最终形成，主要是通过规范调整的普遍化而表现出来的。

（四）法的形成经历了由习惯演变为习惯法再发展成为成文法的长期过程

最初法的规范大都是由习惯演变而来的，在法形成的过程中，统治阶级所控制的国家按照现行社会秩序的需要对原有习惯规范进行甄别取舍，继承一部分习惯规范，如关于宗教祭祀的习惯、关于婚姻制度的习惯；在可供选择的同类习惯中取缔某些习惯并保留另一些习惯，如有意识地禁止习惯所允许的血族复仇和同态复仇，而保留赎罪的习惯和根据当事人身份来确定赎罪金数额的习惯；严厉取缔那些与现行秩序直接冲突的习惯，如共同占有的习惯。在经过国家有选择的认可之后，习惯就演变成习惯法。在社会生活变化幅度较大，习惯法不足以调整社会关系时，由国家机构有针对性地制定新的规范就成为必要，成文法由此而生。这样，一个与现存社会生活条件相适应的法律制度便最终确立起来。

（五）法、道德和宗教等社会规范从混沌一体逐渐分化为各自相对独立的规范系统

原始社会中的习惯，本身就是集各种社会规范于一体的，兼有风俗、道德和宗教等社会规范的多重属性。在国家与法的萌芽之初，法与道德和宗教等社会规范并无明显界限。随着社会管理经验的积累和文明的进化，对相近或不同行为影响社会的性质和程度有了区分的必要和可能，法与道德规范和宗教规范及其调整的行为类型开始从混沌走向分化。这种分化在不同的社会所经历的过程不完全相同，但是，使法调整与道德调整和宗教调整相对区分开来，却是一个共同的趋势。

 本章复习题

一、选择题

1. 按照我国目前法理学学说，原始社会的氏族习惯之所以不能称为"法"，原因在于（　　）。

A. 它与宗教规范、道德规范浑然一体

B. 它不是由国家制定或认可的

C. 它不是用语言或文字表达的

D. 它不是依靠法院、警察、监狱等机关来保证实施的

2. 关于原始社会的社会调控，下列说法正确的是（　　）。

A. 没有作为法的组成部分的习惯法

B. 没有调整社会关系的行为规则

C. 存在调控社会的社会组织

D. 在解决纠纷的规则方面，先后有集体复仇、血亲复仇、同态复仇，后又出现实物赔偿

3. 马克思主义认为，法律不是从来就有的，也不是永恒存在的，而是人类社会发展到一定历史阶段才出现的社会现象。下列（　　）为马克思主义关于法的起源规律的观点。

A. 法的起源是一个长期的、渐进的发展过程

B. 法的起源是一个从自发到自觉、由个别到一般的发展过程

C. 法的起源与国家的起源密不可分地联系在一起

D. 法的起源过程是社会调整从多种手段的浑然一体到它们相对独立的过程

4. 下列关于法的起源的理解，正确的是（　　）。

A. 法是自然永恒理性的体现，法的起源与所有制、阶级、国家无关

B. 法的起源过程受到道德和宗教的深刻影响

C. 法的起源的根本原因在于社会生产力的发展导致私有制和阶级的出现

D. 世界上最早产生的法几乎都是习惯法

5. 下列选项中，一般认为是法的产生标志的是（　　）。

A. 法律观念和法律概念的产生　　　B. 权利和义务观念的形成

C. 刑罚体系的发达和刑罚规则的出现　D. 法院、监狱和诉讼的出现

6. 法与原始习惯具有的共同点包括（　　　）。

A. 两者都有规范性　　　　　　　　B. 两者都有强制性

C. 两者都有阶级性　　　　　　　　D. 两者都是社会规范

7. 下列选项中，属于法与原始习惯的主要区别的是（　　　）。

A. 两者产生的方式、体现的本质不同　B. 两者实施的方式不同

C. 两者的历史使命不同　　　　　　D. 两者适用的范围和调整的内容不同

8. 关于法与原始习惯的主要区别，下列说法中正确的是（　　　）。

A. 原始习惯是自发形成的，法的产生则是对原始习惯有意识地选择、确认和自觉创制的过程

B. 原始习惯体现氏族全体成员的共同意志，法则反映社会统治集团的意志

C. 原始习惯的适用范围遵循"属地主义"原则，法的适用范围则遵循"属人主义"原则

D. 原始习惯中无所谓权利和义务，法对行为的调整以权利和义务的分离为条件

E. 原始习惯通过舆论、首领威信、传统力量、人们的自觉和内心驱使等因素保证实施，法则通过国家暴力机关保证实施

9. 按照摩尔根和恩格斯的研究，下列有关法的产生的表述中不正确的是（　　　）。

A. 法的产生意味着在社会成员之间财产关系中出现了"我的""你的"之类的观念

B. 最早出现的法是以文字记录的习惯法

C. 法的产生经历了从个别调整到规范性调整的过程

D. 法的产生标志着公力救济代替了私力救济

10. 下列选项中，不符合马克思主义关于法的起源一般规律学说的观点是（　　　）。

A. 国家的出现是法的起源的根本原因

B. 国家与法都是社会矛盾不可调和的产物，二者是在一个同步进化的过程中产生的

C. 最初产生的法是由原始习惯演变和发展而来的

D. 最初产生的法带有浓厚的宗教色彩和道德痕迹

11. "在社会发展某个很早的阶段，产生了这样一种需要，把每天重复着的生产、分配和交换产品的行为用一个共同规则概括起来，设法使个人服从生产和交换的一般条件。这个规则首先表现为习惯，后来便成了法律。随着法律的产生，就必须产生出以维护法律为职责的机关——公共权力，即国家。"这是（　　　）的论述。

A. 马克思　　　　B. 恩格斯　　　　C. 列宁　　　　　　　D. 毛泽东

二、简答题

1. 原始人的社会规范形式主要包括哪些？

2. 如何理解原始氏族习惯与法的关系？

3. 法的起源的背景和原因有哪些？

4. 法的形成的标志是什么？

5. 如何理解法的起源的规律？

三、材料分析题

一种观点认为，法是从来就有的，是与人类社会共始终的社会现象。博登海默说："我们是通过荷马的史诗和海希奥德的诗歌了解古希腊人的法律思想的。当时，法律被认为是由神颁布的，而人则是通过神意的启示才得知法律的。"在古希腊奴隶制形成和巩固时期，法律观的基本特点就是把法视为一种神意，神法先于人类存在。西塞罗则认为，自然法先于人定法、高于人定法，人定法体现自然法、源于自然法，"法律是最高的理性，从自然生出来的"。这种理性"起源于宇宙的天性，它驱使人们从错误的行为转向正当的行为，所以这种理性尚未写成文字时，尚未成为法，它先于法而存在，并与神的理智同时并存"。这种"最高法律（自然法）是万世永存的发生于成文法未制定，国家未成立以前。"在孟德斯鸠看来，最广义的法适用于一切存在物，是由事物产生出来的必然关系。"上帝有他的法；物质世界有它的法；高于人类的'智者们'有他们的法；兽类有它们的法；人类有他们的法。"社会法学派的代表狄骥认为，社会与社会规范是不可分离的事实，社会必然存在的社会连带关系产生了三种社会规范，即经济规范、道德规范、法律规范。总之，"无社会便无法律产生，无法律之社会亦不成其为社会"。当然，这个"法律"不是人们制定、认可的，而是指"自然法""神法"或客观规律。

另一种观点是马克思、恩格斯的法的起源学说。马克思主义法学认为，原始社会没有法，法和国家密不可分，法的产生和国家的产生是同一历史发展进程中相互联系的两个方面。19世纪40年代，随着马克思、恩格斯科学世界观的创立，一个在法的起源研究领域将引起巨大变革的崭新思想，即"私法和私有制是从自然形成的共同体形成的解体过程中同时发展起来的"学说已经形成。马克思、恩格斯历来认为法律和国家是相伴而生的，无论是从《德意志意识形态》到《论住宅问题》，还是从《摩尔根〈古代社会〉一书摘要》到《家庭、私有制和国家的起源》，都论证了法律和国家相伴而生的必然性：是在私有制和阶级对抗过程中共同孕育而生的，产生于"经济利益互相冲突的阶级，不致在无谓的斗争中把自己和社会消灭，需要有一个表面凌驾于社会之上的力量"这一经济和政治的动因。"官吏既然掌握着公共权与征税权，他们就作为社会机关而凌驾于社会之上……他们作为日益同社会脱离的权力的代表，一定要用特别的法律来取得尊敬"。所以，原始社会没有监狱、诉讼和法律，文明社会的法律是在有了经济强制之后才产生的，法和国家是同步产生的，而且是个渐进的过程。马克思主义法学思想是我国法学研究的理论基础，因此，其关于法的起源学说在我国法律起源理论中居于主导地位。

请结合上述两则观点，谈谈你对法的起源的认识。

第四章

法的历史类型

✔ **教学目的和要求**

1. 了解法的历史类型的概念。
2. 了解法的历史发展的概况及基本历史类型。
3. 区分资本主义的两大法系。
4. 掌握并领会当代中国法的本质和特征。

✔ **教学重点和难点**

区分资本主义的两大法系。

第一节　法的历史类型释义

　　法的历史类型是指依照法所依赖的经济基础的性质和反映的阶级本质的不同而对古今中外的法所做的基本分类。凡经济基础和阶级本质相同的法就属于同一历史类型。法不是永恒不变的，它总是不断进步的。法的发展变化也呈现量变与质变两种形式。法的量变是指法的性质在保持相对稳定的前提下所发生的渐进的、连续的、非根本性的变化。法的质变是随着社会生产方式、社会形态的更迭而发生的变化，即通常所说的法的历史类型的更替。

　　按照划分法的历史类型的标准，法的发展史上曾先后产生过四种类型的法律制度，即奴隶制法律制度、封建制法律制度、资本主义法律制度和社会主义法律制度。

　　奴隶制法律制度、封建制法律制度和资本主义法律制度，分别建立在不同的私有制经济关系之上，所体现的国家意志分别来自奴隶主阶级、封建地主阶级和资产阶级，这三种法律制度都属于剥削阶级类型的法。社会主义法律制度建立在社会主义公有制经济关系之上，它所体现的国家意志来自工人阶级及其领导下的广大人民，因而与体现少数剥削者意志和利益的法律制度有着根本的差别，是最高历史类型的法。

在人类社会的文明史中，法的历史类型呈现出一个从低级到高级的更替趋势。法的历史类型的更替是由于何种原因并以何种方式实现的？对这一问题的解答，就涉及法的历史类型更替的一般规律，这种规律表现在两个方面。

首先，从法的历史类型发生更替的根本原因来看，任何历史类型的法的出现或消失，都是社会基本矛盾运动的结果。在社会基本矛盾运动的过程中，生产关系必须适应生产力的水平和性质，这是历史的客观规律。"社会的物质生产力发展到一定阶段，便同它们一直在其中运动的现存生产关系或财产关系发生矛盾。于是这些关系便由生产力的发展形式变成生产力的桎梏。那时社会革命的时代就到来了。随着经济基础的变更，全部庞大的上层建筑也或慢或快地发生变革。"因此，当生产关系被生产力的发展所否定时，原有法的消失和新的历史类型的法的产生就不可避免。

其次，从法的历史类型发生更替的方式上来看，新的历史类型的法取代旧的历史类型的法都是在社会革命的过程中实现的。先进的生产关系取代落后的生产关系以及与之相伴随的先进的法律制度取代落后的法律制度，都不可能自发地和毫无阻力地实现，而必须借助于社会革命。社会革命的典型形式是自下而上的大规模暴力革命。在近代史上，法国大革命、俄国十月革命就是最著名的实例。作为革命的直接结果，就是旧的法律制度被废除，新的法律制度得以确立。此外，一些国家由于受当时具体历史条件的影响，也可能以渐进式的社会革命达到社会转型的目的，这种渐进式的革命以英国资产阶级革命和日本明治维新为代表，它较多地采取了自上而下的改革方式。

第二节　古代法律制度

奴隶制法律制度和封建制法律制度都是古代的法律制度，两者的区别与联系如下：一方面，它们各自赖以存在的经济基础及其体现的国家意志的性质有深刻区别；另一方面，多数国家的奴隶制法律制度和封建制法律制度又都是建立在自然经济和专制政治基础之上的，因而，在许多方面也有重要的共同之处。换言之，两者所确认的生产关系不同，所反映的国家意志的阶级属性不同，但是，在体现自然经济关系和专制政治关系的一般规律方面，却是相同的。

一、奴隶制法律制度

（一）奴隶制法概述

奴隶制法是人类历史上最早出现的剥削阶级类型的法，是随着私有制、阶级和国家的出现，在氏族制度的废墟上建立起来的。世界上最早产生的奴隶制法是古代东方的埃及法、巴比伦法和中国法。古埃及约在公元前 30 世纪形成了中央集权的君主专制国家，法老（君主）

的命令是主要的法律渊源，并对古希腊法和古罗马法有一定影响。古代巴比伦国王汉谟拉比在公元前 18 世纪制定的《汉谟拉比法典》是世界上迄今为止基本上完整地保留下来的最早的成文法典，也是美索不达米亚地区楔形文字法中最有代表性的一部法典。中国奴隶制法产生于公元前 21 世纪，据史籍记载，"夏有乱政，而作禹刑"，"商有乱政，而作汤刑"，周代有《吕刑》，很遗憾的是这些法典的原文均已失传。古代西方奴隶制法是在生产力发展较高的水平上产生的，比古代东方奴隶制法要晚很多世纪，最具代表性的是古希腊法和古罗马法。其中，公元前 449 年颁布的《十二铜表法》是古罗马以原始习惯为基础的第一部成文法。公元 6 世纪东罗马皇帝查士丁尼在位时期，进行了大规模的法典编纂，先后有《查士丁尼法典》《查士丁尼学说汇编》《查士丁尼法学总论》以及后来增补的《查士丁尼新敕》，这四部法律文件被后人统称为《查士丁尼民法大全》，它反映了简单商品经济关系，被恩格斯评价为"商品生产者社会的第一个世界性法律"。

无论是在生产力发展较低水平上产生的东方奴隶制法还是在生产力发展较高水平上产生的西方奴隶制法，就其本质而言是相同的，都是由奴隶制经济和阶级结构所决定的。奴隶制社会生产关系的基础，是奴隶主阶级占有生产资料和完全占有奴隶。奴隶没有任何社会地位，仅是奴隶主的私人财产，同工具、牲畜一样可以任意处置，奴隶从事着繁重的劳动，但劳动成果却都归奴隶主占有和支配。这就决定了奴隶主阶级和奴隶阶级是奴隶社会的两个基本阶级。奴隶主和奴隶之间是统治与被统治、剥削与被剥削的关系，这便是奴隶社会的主要矛盾。除此之外，还存在相当数量的自耕农、手工业者和商人等自由民，他们虽有人身自由，但仍处于奴隶主阶级的剥削压迫之下，属被统治者。与奴隶制经济结构和阶级结构相适应，奴隶制法是奴隶制国家制定或认可，体现奴隶主阶级意志的法，是奴隶主实现阶级统治的工具。

（二）奴隶制法的基本特征

由奴隶制法的本质所决定，各国的奴隶制法必然具有某些共同特征，主要表现在以下方面。

1. 否认奴隶的法律人格，公开确认对奴隶的人身占有

由奴隶主对奴隶的人身加以占有，是奴隶制生产方式最突出的特征。在发展到极端的奴隶制法中，奴隶在法律上是没有人格的，即法律完全不承认奴隶是人，而将他们视为纯粹的财产。由于奴隶在任何意义上都被法律归入财产，他们也就不能享有任何权利，而只能成为权利客体，可以像其他财产一样，由主人任意处置，包括出卖或处死。在相对温和一点的奴隶制法中，法律可能要在绝大部分的社会关系中否认奴隶的人格，而在一个有限的范围内承认奴隶有不完全的法律人格，即在某些事项上奴隶被法律当作人来对待，可以享有一定的权利，在其他事项上仍然被视为非人的财产，仍然只是权利的客体。例如，古希腊某一时期曾有过这样的法律规定：一个奴隶如果受到主人极端虐待，可以要求主人把他卖给另一个人；因负债而成为奴隶的人，可以用赎金赎回自由；无正当理由杀死奴隶的人，要被施以惩罚。这些规定，在人身权关系的某些特定事项上，承认了奴隶享有某些有限的人身权。当然，即

使在这种情况下，奴隶主对奴隶的人身占有仍然是受法律保护的。无论如何，以直接占有人身的方式来实现剥削和压迫，这确实是阶级统治最野蛮的形式。

2. 惩罚方式极其残酷，带有任意性

奴隶制社会是刚刚脱离了蒙昧状态的最初的文明社会，这就决定了奴隶制法必然带有野蛮、残酷的特点。例如，在古雅典奴隶制国家最终形成之前，处于正在成长过程之中的法律制度曾规定（德拉古立法）偷窃水果和蔬菜的一律处死，甚至连"懒惰"的也要处死。在奴隶制国家和法律最终形成之后，为了维持有利于奴隶主阶级的社会秩序，更是习惯性地倾向于使用较多的暴力。在中国的夏王朝统治时代，刑罚的种类最多时不下三十余种，而且包含大量以侮辱人格、增加肉体痛苦和精神恐怖为特点的刑罚方法，诸如断足、割鼻、炮烙、镬烹、剖腹和醢（剁为肉泥）等。到了西周时期，被后人尊为"圣人"的周公倡导"德治"，西周的刑罚种类降至五种，即墨、劓、剕、宫、大辟五刑，仍然未尽脱野蛮色彩。而且，按周公所发布的《酒诰》规定，周人"群饮"酗酒者也要处以死刑。类似这种刑罚惨烈、轻罪重罚的现象，在各国家早期的法律中相当普遍。

3. 在自由民内部实行等级划分

奴隶制法不仅通过否认奴隶的法律人格来确认奴隶主与奴隶之间不平等的地位，而且，在自由民之间也实行等级划分。自由民是除奴隶之外的所有具有人身自由的人（在古罗马法中自由民专指被释放的奴隶），既包括无业贫民和个体劳动者，也包括大小奴隶主。自由民之间的法律地位完全不同，等级越高特权越多而义务越少，等级越低则权利越少而义务越多。例如，古印度的《摩奴法典》确立了种姓制度，婆罗门（僧侣贵族）为最高等级；刹帝利（武士贵族）次之；吠舍（农民、手工业者和商人）再次之；首陀罗（奴隶和杂工）为最低种姓，属于"不可接触的"贱民。所有特权都归属于前两个种姓，第三个种姓是没任何特权的平民百姓，第四个种姓则是备受歧视的社会最底层。为了维护等级间的森严界限，不同种族之间严禁通婚，与低种姓通婚者便丧失其原有的等级身份。

4. 明显带有原始习惯的某些残余

奴隶制社会从原始社会脱胎而来，便不可能不带有原始社会的某些痕迹。正如恩格斯所说："在社会发展某个很早的阶段，产生了这样的一种需要：把每天重复着生产、分配和交换产品的行为用一个共同规则概括起来，设法使个人服从生产和交换的一般条件。这个规则首先表现为习惯，不久便成了法律。"因此，文明社会初期的法律大都是由习惯转化而来的。即使在奴隶制法比较成熟之后，也保留了较多的习惯因素。例如，在土地所有制方面，土地归国家所有或村社所有的习惯曾在法律中保留了很长的时期，这在东方几个文明古国的法律中尤为突出；在法律责任和制裁方面，由集体共同承担责任的习惯，用"同态复仇"的方式追究责任的习惯，以及允许私人自行对侵权者予以制裁的习惯，都不同程度、不同形式地出现在奴隶制法中。

二、封建制法律制度

大多数封建制法是在奴隶制崩溃之后建立起来的。由于受特定历史条件影响，也有一些封建制法是由处于氏族社会末期的民族在征服了实行奴隶制的地区之后，为适应所统治地域的社会生活条件而建立起来的。

（一）封建制法概述

封建制法是继奴隶制法之后出现的又一种剥削阶级类型的法，也是历史上存在最悠久的剥削阶级类型的法。世界上大多数国家都经历过自奴隶社会进入封建社会这一历史阶段，但也有一些部落从原始社会瓦解后直接过渡到封建社会。因而，不同国家、不同地区的封建制法有其各自的历史发展。在中国，公开的成文法最早出现在春秋末期的郑国。其后，各诸侯国纷纷效仿，开辟了以成文法为主要渊源的中国封建制法的新纪元。到战国时期，李悝著《法经》六篇，它是中国第一部较系统的封建法典。以后商鞅在秦国变法，奉行《法经》，改法为律，并随着封建制国家的统一形成了全国统一的以律为主要形式的封建制法。其中，在中国封建制时代最具代表性的是《唐律》。它不仅影响唐朝后历朝各代的法律，且对当时邻近中国的越南、日本、朝鲜等国的法律影响很大，形成了独具特色的中华法系。在西欧，当时有多种法律并存，并相互交错渗透，如地方习惯法、罗马法、教会法以及国王的敕令等。在不同时期不同国家，各种法的地位也有所不同，总体上都经历了由分散的地方习惯法向全国统一的成文法的发展过程。

东西方封建制法的发展历程不同，但阶级本质是相同的，都是由封建制的经济基础和阶级结构决定的。封建制的经济基础是封建地主阶级占有生产资料和不完全占有生产者——农民或农奴。封建地主阶级通过占有土地，把农民或农奴束缚在他们的土地上，不仅通过封建地租的形式无偿地占有农民或农奴提供的剩余产品，还通过派遣差役、苛捐杂税等手段，对农民或农奴进行超经济的剥削。与奴隶制相比，封建制生产关系使农民或农奴有自己的小私有经济，并有一定的人身自由，但他们仍然受着封建地主阶级的残酷剥削和压迫，对封建地主阶级有着人身依附关系。与此相联系，封建社会的基本阶级是封建地主与农民或农奴，此外，还有个体农民、手工业者和商人。除了阶级划分外，还有等级划分，人的社会地位根据占有土地的多少形成阶梯似的等级森严的结构，居于最上层的是君主，最底层的接受剥削和压迫的是劳动人民。封建制法就是建立在这一经济基础和阶级结构之上的上层建筑，是封建地主阶级意志的体现，是实现封建地主阶级专政的工具，其任务是维护封建制生产关系、等级特权和封建地主阶级专政的国家政权。

（二）封建制法的特征

由于封建制法建立的经济基础和体现的阶级本质相同，因而具有共同的基本特征，主要表现在以下方面。

1. 确认和维护农民或农奴对封建地主阶级的人身依附关系

这一特征最突出地存在于西欧封建制法中。在典型的意义上，西欧封建制经济是按庄园制和农奴制组织起来的。庄园制通过土地分封制而形成，土地属于国有，各级封建领主占有土地建立庄园，但对土地没有转让、处分的权利。在庄园中劳动的农民大多具有农奴身份，除在经济上受领主剥削之外，其人身也由领主不完全占有，没有独立的法律地位和完全的法律人格。农奴在法律上享有有限的权利，不能像奴隶那样被任意体罚或杀害，但仍属于领主的财产，在人身上没有自由，须受领主支配，也可被当作财产转让、出卖。农奴的法律地位优于奴隶，但低于自由人。

中国封建制经济是按个体家庭组织起来的。在社会正常发展时期，自耕农占农民的相当比例，他们耕种自己私有的土地或国家分配的土地，少地农民则租用地主的土地耕种。在法律上，农民并非地主的财产，具有独立的法律人格和人身自由。正因为如此，中国的农业文明具有很强的活力，曾达到世界领先水平。在中国历史的个别阶段上，也曾有过农奴化的趋势（如汉末的部曲、宋代的庄客），但未深入发展即告中断；也曾有过人身被部分占有的官奴婢、私奴婢，但占人口比例甚小。

2. 公开维护封建等级特权制度

等级特权制度是封建社会政治制度的重要组成部分。封建地主阶级通过等级特权制度，组织本阶级的力量，建立和维护统治秩序。任何封建社会都是一个等级社会，然而，等级化的普遍程度和严格程度在不同的社会也不完全相同，这一点，在各国封建制法中也有表现。公开确认和维护封建等级特权制度是封建制法的一个重要特征。

以西欧和中国为例，前者的等级特权制度更为发达完备。封建制法在设立等级特权制度时，与奴隶制法一样，也按如下方式来分配权利和义务：等级越高特权越多而义务越少，等级越低则权利越少而义务越多。西欧的封建等级特权制度表现为一种普遍化的、等级森严的身份体系，不仅统治阶级中区分出国王、公爵、侯爵、伯爵、子爵、男爵和骑士，被统治阶级中也区分出许多身份，如英国中世纪的法律就把农民分成自由佃农、维兰、边农、小屋农和农奴几种不同的身份。不同的身份意味着不同的法律权利和义务，而且，各种身份几乎完全是封闭式的，法律禁止从低身份向高身份流动。与此相适应，官吏集团只向少数具有高级身份的人开放。

中国封建社会也有等级身份的划分，但是，自战国时期的秦国首先废除"世卿世禄"制度以后，等级制受到了严重打击，一直没有达到西欧等级制度那样完备森严的程度。在中国，法律首先维护皇权的至高无上和皇族的特殊利益，"十恶"大罪首先是为维护帝王和皇室尊严而设立的。同时法律也维护大小贵族及大小官吏、地主的特权，如"恩荫""八议"等制度。虽然在平民中也有良与贱的身份之分，但等级特权主要是按"官本位"原则，而不是按身份（出身）来分配的。这与西欧完全按身份（出身）来划分等级大异其趣。中国封建社会的官吏集团也对平民开放，故有"朝为田舍郎，暮登天子堂"之说。

3. 确认和维护封建地主阶级残暴的统治

从总体上说，封建制法在刑罚方面的严酷程度只是稍次于奴隶制法。侮辱刑、肉体刑和恐怖痛苦的死刑执行方法在各个封建制法律制度中普遍存在。例如，德国 16 世纪的《卡洛林那法典》就设置了割耳、割鼻、割舌、挖眼、断指、断手、斩首、绞首、火焚和五马分尸等许多残忍的刑罚。中国封建制法还规定了族刑和连坐的制度，一人犯罪，满门抄斩，甚至祸及亲朋邻里。在东方文明古国早已禁止私人间暴力行为近千年之后，西欧中世纪还长期存在司法决斗的习惯法，即诉讼双方在法官面前生死相拼，胜者即为胜诉，其野蛮性由此可见一斑。至于出入人罪、轻过重罚和司法专横的现象，在各国封建制法中都不少见。封建社会经济文化的落后性以及封建统治者需要残暴的手段来迫使人民服从其统治，决定了封建制法必然是野蛮的、残酷的。在中国，封建制法虽革除了奴隶制时代的一些肉刑，但仍沿用奴隶社会"五刑"之名，规定为笞刑、杖刑、徒刑、流刑和死刑。其中死刑的方式有斩首、腰斩、枭首示众、车裂、凌迟等。此外，株连是中国封建制法的一大特征。在西欧，封建制刑法也极残酷，如对背叛罪、渎神、神学"异端"等都处以酷刑，也有株连的规定。

4. 维护专制王权

这一特征在东方封建制法中最为典型，西欧封建制法则相对次之。

如前所述，西欧封建社会的等级特权制远比东方封建社会发达，正是由于等级特权制发达，王权便受到强有力的限制。在西欧的等级特权制中，法律分配权利和义务的依据是每个人与生俱来的身份，而不是国王的态度和意志。由此，就形成了一个国王所不能完全控制的强大的贵族阶层。国王与贵族之间的关系根据分封土地时的契约来确定，尽管在原则上国王有权支配贵族，但是，两者间并非主从关系。王权一方面受到等级特权制和教会权力的强有力制约，另一方面也在一定程度上受法律限制，即所谓"国王站在一切人之上，但须站在上帝和法律之下"。因此，西欧封建法直到封建社会后期才确认了专制王权的绝对至上性。

中国的封建制法则不同，它一直确认并全力维护专制王权的绝对至上性。这与等级特权制不发达，不存在一个强有力的贵族阶层有直接关系。在中国封建社会的结构中占据重要地位的不是世袭贵族阶层，而是庞大的官吏集团。但是，官吏的进退荣辱乃至身家性命完全由王权控制，他们与皇帝是奴与主的关系。皇帝借助于官吏集团统治全国，握有绝对至上的权力，且不受法律限制。法律对王权的唯一作用是确认并强化这种专制的政治关系。

（三）中西封建制法的不同特点

各国封建制法除具有上述共同特征外，由于中西方封建制产生的历史条件、自然地理环境、传统习俗等不同，因而在经济形式与国家形式上也存在若干差异。例如，在中国封建经济制度下形成了土地国有制、地主所有制和农民个体所有制三位一体的封建土地所有制体系，地主的私人土地可以买卖，并实行多子继承，再加上宗教在经济上没有势力和商品经济不发达，因而不可能形成与君主相抗衡的封建领主势力、宗教势力和城市市民势力。由此决定了中国封建制国家形式基本上是大一统的君主专制政体，并承袭宗法制度，采取君权与族权紧密结合的政治统治。在西欧，其封建制经济形式主要是把国有土地通过采邑分封而形成封建等级的领主土地占有制形式。由于土地不准买卖和实行嫡长子继承制，再加上教会拥有封建领地以及封建后期商品经济的迅速发展，因而形成了与君主相抗衡的较强的领主势力、宗教势力和城市市民势力。这样西欧封建制国家形式虽也采用君主制，但君主的权力相对弱小。中西封建制经济形式、国家形式的不同特点，使得中西封建制法的发展也具有各自不同的特点，主要表现在以下方面。

（1）在法的指导思想上，中国自汉代以后以儒家思想为指导思想，甚至以儒家经典作为断案的根据。儒家思想重视"德治""礼治"，是以"三纲五常"为主要内容的宗法伦理的思想体系，它与小农经济、集权政治相适应，对中国法的发展产生了深远的影响。在西欧，由于实行"政教合一"的政治制度，法律主要以基督教神学思想为指导，甚至基督教的教义具有法的效力。

（2）在法的内容上，中国封建制法以小农经济、自然经济和高度集权政治为基础。法律直接或间接出自君主的旨意，在经济上主要为自然经济服务（如重农抑商），在政治上主要为保护君权和族权服务。西欧封建制法以一定的商品经济和相对集权专制政治为基础。表现在法的内容上既为自然经济服务，又为一定的商品经济服务；既保护君主，又保护领主权；既保护世俗权，又保护神权。在中国反映商品经济的法律较少，甚至限制和阻碍着资本主义经济关系的产生和发展，因而封建制法基本上没有出现资本主义法的因素。而西欧封建制发展到中后期，由于对商品经济关系的扶植，因而封建制法中也逐渐出现带有资本主义因素的法，在加速资本主义经济发展上起了一定的作用。

（3）在法的形式上，中国封建制法主要表现为统一的成文法典的形式。而且中国的法是一元的，只有世俗法，并采取诸法合体、以刑为主的法律结构。在西欧，地方习惯法是法的主要表现形式。到中世纪中后期，通过罗马法的复兴，成文法才发展起来。而且西欧的法是二元的，既有世俗法又有教会法。相比于中国封建制法，西欧封建制法强调权利本位，重视民法，注重弘扬私法文化精神。

（4）在司法体制与司法程序上，中国司法与行政不分，司法依附于行政。君主集立法、行政、司法等大权于一身，中央设置的专任司法官吏及机关，一般也置于行政官吏的管辖之下，没有独立的法院系统，更没有独立的司法程序。在西方法院组织出现较早，并实行不同性质的案件由不同法院审理的体制。例如，罗马实行民事法院和刑事法院分设的体制，并规定了许多关于诉讼的专门原则和程序，有"公开审判""严格形式主义""不告不理""一事不再理"等特点。

第三节　近现代资本主义法律制度

资本主义法是在封建时代的后期孕育、萌发，通过资产阶级革命而最终确立的。资本主义法律制度以资本主义私有制关系为基础，它所体现的国家意志来自占社会少数的资产阶级。因此，它与古代两种历史类型的法一样，也属于剥削阶级类型的法。不过，由于资本主义法律制度是在资本主义的市场经济和民主政治条件下存在和运行的，所以，它又是近现代法律文明的一种形态，其奉行的许多原则明显不同于古代法律制度。

一、资本主义的法律原则

资本主义法律制度的一个总体特征就是按资本主义市场经济和民主政治的本质要求，建立了资本主义的法治国家，这一特征集中体现在下述原则之中。

（一）私有财产神圣不可侵犯原则

在法律史上，这一原则首次出现在 1789 年法国《人权宣言》中："财产是神圣不可侵犯的权利，除非当合法认定的公共需要所显然必需时，且在公平而预先赔偿的条件下，任何人的财产不得受到剥夺。"后来，各国的资本主义立法都确认了这条原则。

这一条原则是资本主义法律制度首要的原则，因为它准确地反映了"自由地利用资本来剥削劳动"这一资本主义生产方式最本质的要求。在前资本主义社会中，并不存在这样的法律原则。那时，私有财产虽然受法律保护，但并未达到神圣不可侵犯的程度，因为在国家和专制王权面前没有什么神圣不可侵犯的私人权利，国家和专制王权不受法律约束，它们对私人财产的侵犯不会引起任何法律上的责任。

这一原则为交易安全提供了有力的保障，对资本主义市场经济的发展具有重大意义。当然，在任何人的财产权利都神圣不可侵犯这一法律表达的背后，存在着一种明显的事实状态——主要的社会财富垄断在少数资本家手中，他们才是这一原则的真正受益者。

私有财产神圣不可侵犯的原则，在近代资本主义法中具体表现为一种绝对的所有权，它允许所有权人几乎可以完全任意地使用和处分自己的财产，任何人（包括政府）均不得干涉。这种绝对的所有权在后来引发了一系列严重的社会矛盾。到了 20 世纪初，所有权的滥用开始受到限制，这是资本主义法制发展史上现代法制区别于近代法制的重要标志。

（二）契约自由原则

资本主义法律制度首次把契约自由上升为调整社会经济关系的基本原则。它意味着承认一切人都具有独立的法律人格，具有平等的法律地位，可以在法律所界定的广阔领域中自主地处分自己的利益和权利，并在交往各方达成合意的条件下建立或改变彼此间的权利、义务关系。

这一原则是市场经济关系本质要求在法律上的体现。市场经济与自然经济最关键的区别就在于，自然经济条件下的生产是为满足本人消费、交纳地租和赋税而进行的生产，市场经济条件下的生产是为交换而进行的生产。因此，市场经济也就是自由交换的经济，它在法律上就表现为一系列契约订立和履行的总和过程。古代法律制度中的人身占有、人身依附、等级特权和专制王权都是与市场经济的内在规律不相容的，也是与契约自由原则不相容的。可以说，契约自由原则不仅为重新安排和调整经济生活提供了新的准则，也对整个社会生活的重新安排和调整提供了参照，从而使现代文明、现代法制的第一种形态——资本主义文明和法制得以确立。

在资本主义条件下，契约自由原则在形式上给一切人都提供了自由选择的机会，但是对于不占有生产资料的普通劳动者来说，它只意味着决定把劳动力出卖给什么人的自由，在为了生存必须出卖劳动力、必须接受剥削这一点上是没有自由选择余地的。因此，契约自由对于资产阶级才具有完全的意义，对于工人阶级则只有部分意义，它实质上是以契约自由的形式来实现经济强制。

（三）法律面前人人平等原则

体现法国大革命理想的《人权宣言》在第 1 条规定："人们在自由上而且在权利上，生来是平等的。"《人权宣言》第 6 条规定："法律对于所有的人，无论保护或处罚都是一律的。在法律面前，所有的公民都是平等的。"法律面前人人平等原则同前述两条原则一样，也是由资本主义法首先确立下来的。

法律面前人人平等原则包括丰富的内容，其中最基本的含义有三点。第一，所有自然人的法律人格（权利能力）一律平等。这种权利能力生而具有，不以任何特定事实为条件，它实际上就是人权，即任何人都享有的做人的权利和资格。第二，所有公民都具有平等的基本法律地位。"公民"这一法律称呼代表着一种法律地位，它与基本权利和义务相联系。在一国主权管辖范围内，任何人只要具有公民资格，就享有与其他公民平等的基本权利和基本义务。第三，法律平等地对待同样的行为。法律在对行为施加保护和惩罚时，只关注行为的性质和后果，而不关注行为人的身份。这一精神被形象化地表现为西方文化中司法女神的眼睛总是蒙着的。

法律面前人人平等原则的确立，是人类社会从古代法律制度进入现代法律制度最主要的标志，是等级社会和专制国家的死亡宣告，因而具有划时代的意义。但是也应看到，在资本主义的经济和政治结构中，这一原则的法律意义和社会意义是不同的。尽管所有公民在法律上享有平等的基本权利，但法律规范中的权利只是一种可能性，权利的实现离不开必要的社会条件，在经济资源、政治资源和信息资源实际不平等占有的情况下，平等的权利对许多普通劳动者来说，很少具有实际意义。虽然在法律上，一个汽车装配线上的工人也与他的雇主一样有投资办厂的权利，也与他一样有竞选总统和议员的权利，然而这些平等的权利丝毫也不能改变资源的实际不平等占有的阶级差别。

除了上述讨论的三条原则之外，资本主义法律制度还有人民主权、法律至上（或宪法至上）、有限政府、分权制衡、普选代议等许多重要原则。不过，这些原则都是为了保障私有财产不受侵犯，为了保障商品生产与交换在契约形式下进行，为了保障权利、义务的平等分配而被确立下来的。在这些原则的指导下，资产阶级以不同于古代社会的方式实施自己的统治，其整个阶级的共同利益在其"法治国家"的稳定状态下得到了最大化的实现。

二、资本主义法律制度的特征

与以往的奴隶制法律制度和封建制法律制度相比，资本主义法律制度具有以下特征。

（一）确认和维护以剥削雇佣劳动为基础的资本主义私有制

确认和维护资本主义私有制即资产阶级的财产权，是资本主义法律制度的核心内容。在资产阶级夺取政权以后，就以宪法的形式将早在反对封建统治的斗争中提出的"私有财产神圣不可侵犯"的原则加以确认。资本主义宪法对财产权做了原则性规定，其他法律特别是民商法对财产权的保护做了详尽的规定。资本主义民商法的基本制度是民事主体制度、所有权制度及债与合同制度，与这三个基本制度相联系，资本主义法具有主体独立与平等性、权利与利益性以及自治与契约性。

维护资产阶级的财产权是资本主义法的核心内容，但在资本主义发展的不同阶段，其具体内容和表现形式是有所不同的。在自由竞争资本主义阶段，自由竞争占主导地位，与此相适应，法律以权利为本位，扮演的是一个"看守人"的角色，对经济生活采取自由放任不直接干预的政策，坚持的法律原则是私有财产的绝对性、契约无限性以及过失责任原则。其中，代表性的法律是《法国民法典》。这一时期法律的作用主要是保障资产阶级财产权的安全，为资本主义经济生活提供法律准则以及对经济纠纷进行裁决等。在垄断资本主义，特别是一般私人垄断发展为国家垄断资本主义阶段后，垄断占主导地位，国家对经济生活的干预日益加强，法在经济生活的作用也大大扩展。与此相适应，资本主义法在肯定私有财产的同时，出现了所谓的"社会化"趋势，即法不仅应保护个人权利，而且更应着重保护社会利益，强调以权利为基础的社会本位精神，代表性的法典是《德国民法典》。这一时期财产关系的基本原则相应变化为：私有财产权行使的有限性、合同自由的有限性以及无过失也应负损害赔偿的责任。事实上，法律社会化是资本主义进入垄断阶段以后，随着科学技术的迅速发展和国内外矛盾的加剧，客观上要求国家加强对经济生活的干预和扩大对社会公共事务管理的必然反映。

（二）确认资产阶级议会民主制，维护资产阶级的政治统治

确认和维护资产阶级政权的国家制度，是资本主义法律的重要内容。资产阶级夺取政权以后，将其在反封建专制的斗争中提出的民主政治主张和民主成果法律化，成为资本主义国家的基本政治制度，以此维护资产阶级的政治统治。这也是资本主义法区别于前资本主义法的一个重要特征。

与前资本主义社会相比，资本主义是民主政治，又是法治政治。民主政治主要体现在资本主义的议会制、选举制、政党制、三权分立制等内容上。法治政治是以体现资产阶级民主的法律来规制民主政治的结构、运行和演变，因而也是整个资本主义社会生活的法治在政治领域的体现。因此，法治政治与民主政治密不可分，也与资产阶级宪法紧密相关。在某种意义上，宪法就是法治政治的代名词。托马斯·潘恩曾说道："宪法并不是政府的法令，而是人民组成政府的法令，政府如果没有宪法就成了一种无权的权力了。"在资产阶级宪法的规定下，资本主义民主政治有一些基本原则：代议制原则、公民权原则、普选制原则和国家救济原则；

协调和规制法律与权力关系的政府（广义）依法活动原则、政府行使权力受法律限制原则；协调和制约政党与政府关系的政党政治原则；协调和制约国家机关相互关系的分权制衡原则、监督制约原则、司法独立原则等。资产阶级的民主政治和法治政治，在推动社会进步、实现人的发展方面具有积极的进步意义。它有效地限制了个人专制和权力世袭，体现了对国家权力的限制和制约，保护了公民权利，在一定程度上找到了使国家权力合理配置、正常运行和合法演变的机制。但由于资产阶级的私有制和资产阶级专制的局限性，它不可能实现真正的、能体现广大劳动人民意志的民主政治。

（三）确认和维护资产阶级的自由、平等和人权

确认和维护资产阶级的自由、平等和人权，是资本主义法不同于前资本主义法的一个显著特征。17 世纪和 18 世纪资产阶级启蒙思想家针对封建专制、封建特权和神权政治提出了自由、平等、追求幸福等天赋人权的口号和理论，成为当时新兴资产阶级和广大劳动人民反封建革命斗争的思想武器。资产阶级夺取政权后，便将这些政治口号具体化为宪法与法律权利，成为资产阶级民主与法制的重要原则。例如，美国 1776 年《独立宣言》称："我们认为这些真理是不言而喻的：人人生而平等，他们都从他们的造物主那边被赋予了某些不可转让的权利，其中包括生命权、自由权和追求幸福的权利。"1789 年法国《人权宣言》也宣称："人们生来就是而且始终是自由平等的……任何政治结合的目的都在于保存人的自然的和不可动摇的权利。这些权利就是自由、财产、安全和反抗压迫。"

资产阶级的自由、平等和人权都属于资产阶级民主的范畴。对资产阶级民主，应坚持用历史唯物主义和辩证唯物主义的眼光来评价。首先，应该看到它的积极进步意义。资产阶级民主对反对封建人身依附、等级特权、专制独裁，夺取资产阶级革命的胜利，促进新兴资产阶级的成长和发展，起过历史的进步作用。同时也对促进无产阶级的政治觉醒，争取和保卫自己的权利，改善自己的生存条件创造了有利的条件。作为政治、法律文化的一部分，对加强我国的民主法治建设也有一定的借鉴意义。其次，还应该看到它的阶级局限性。资产阶级民主是建立在资本主义私有制基础之上为资产阶级的利益服务的，具有一定的虚假性和实质上的不平等性。当今世界上，某些霸权主义者经常挥舞"人权"大棒，以他们的人权价值观和不可告人的目的，粗暴干涉他国内政，践踏人权，公然违背联合国宪章原则和公认的国际法准则，进一步暴露了资产阶级"人权"的阶级本质。

第四节　当代中国社会主义法律制度

一、当代中国社会主义法律制度的产生与发展

当代中国社会主义法律制度是在中国人民反对帝国主义、封建主义和官僚资本主义反动统治的革命斗争中孕育，在社会主义国家建立之后正式确立，并在社会主义建设的过程中发

展起来的。

（一）当代中国社会主义法律制度的发展阶段

1. 孕育阶段

在新民主主义革命时期，中国共产党领导下的革命根据地政权曾先后颁布过《中华苏维埃共和国宪法大纲》《陕甘宁边区施政纲领》《中国土地法大纲》等法律文件。它们是获得局部解放的中国人民意志的体现，为后来的社会主义法制建设积累了经验，是中国社会主义法律制度的前身。

2. 确立阶段

在中华人民共和国成立前夕制定的《中国人民政治协商会议共同纲领》，预示着一个新的国家政权和法律制度即将形成。中华人民共和国成立后，中国共产党开始领导各族人民有步骤地实现从新民主主义到社会主义的转变。至 1956 年，我国对农业、手工业和资本主义工商业的社会主义改造基本完成，社会主义制度正式确立起来。在此期间，以宪法、婚姻法和其他一些单行法为基本内容的社会主义法律制度也相应地得以确立，但数量有限，内容也比较简略。

3. 初期发展阶段

这一阶段从社会主义制度正式确立到"文化大革命"结束，经历了 21 年的时间。在头十年中，我国制定了一批单行条例、行政法规和地方法规，进一步加强了司法机构建设，社会主义法制建设步伐虽然较慢，但尚未出现大的起伏。"文化大革命"期间，社会主义法制建设受到影响。

4. 新时期发展阶段

党的十一届三中全会纠正了"文化大革命"的错误，恢复了"实事求是"的马克思主义思想路线，从而迎来了中国社会主义法制建设迅速发展的新时期。在党的"一个中心，两个基本点"的基本路线指引下，人民代表大会制度逐步健全和完善，司法组织和司法体制得到重建和充实。至 1995 年年底，全国人民代表大会及其常务委员会共制定了 280 部法律，国务院制定了 700 多部行政性法规，地方权力机关制定了 4 000 多部地方性法规，立法速度倍增式加快，一个以宪法为基础的、具有中国特色的、相对比较完备的社会主义法律体系基本形成，有力地促进了经济建设和改革开放。1996 年，党中央和全国人民代表大会确立了"依法治国，建设社会主义法治国家"的社会主义法制建设战略方针。1997 年党的十五大提出"依法治国，建设社会主义法治国家"。这是中国社会主义法治建设新的里程碑，对我国社会主义法治建设的进一步发展和完善起到了意义深远的推动和指导作用。中国共产党第十八届中央委员会第四次全体会议主要议程是，中央政治局向中央委员会报告工作，研究全面推进依法治国重大问题。2014 年 10 月 20 日，中国共产党十八届四中全会在北京召开，首次以全会的形式专题研究部署全面推进依法治国这一基本治国方略。全面推进依法治国，就要在中国共产党领导下，坚持中国特色社会主义制度，贯彻中国特色社会主义法治理论，形成完备的法律规范体系、高效的法治实施体系、严密的法治监督体系、有力的法治保障体系，形成完善的党内法规体系，坚持依法治国、依法执政、依法行政共同推进，坚持法治国家、法治政府、法治社会一体建设，实现科学立法、严格执法、公正司法、全民守法，促进国家治理体系和治理能力现代化。党的十八大以来，以习近平同志为核心的党中央在领导全面依法治国、建设法治中国的伟大实践中，从历史和现实相贯通、国际和国内关联、理论和实际相结合上，深刻回答了新时代为什么实行全面依法治国、怎样实行全面依法治国等一系列重大问题，提出了一系列全面依法治国新理念、新思想、新战略，创立了习近平法治思想。这在马克思主义法治理论发展史和中国社会主义法治建设史上具有里程碑意义。

（二）当代社会主义法律制度产生的一般规律

1. 无产阶级取得政权是当代社会主义法律制度产生的前提

法是国家意志的体现，其实质是在阶级斗争中取得了胜利并掌握了国家政权的阶级的意志体现。无产阶级只有推翻资产阶级政权建立自己的政权，才能建立社会主义法律制度。这是因为：首先，无产阶级不能用资产阶级政权来创制出社会主义法。资产阶级政权是资本主义经济基础的上层建筑，它以巩固其经济基础，维护其资本统治为根本使命。资本主义生产资料私有制和雇佣劳动制是资产阶级乃至整个资本主义社会赖以生存的根基。只要这个根基还继续存在，资产者与无产者、剥削者与被剥削者就会继续存在。因此，在资产阶级掌握国家政权的条件下，只能将资产阶级的意志上升为法律，并靠国家强制来保证实施，从而达到维护资产阶级统治的目的。无产阶级绝不能把资产阶级政权这种压迫自己的工具当作解放自己的工具来使用，绝不能依靠资本主义国家机器创制社会主义法律制度。其次，无产阶级政权的历史使命也决定了无产阶级夺取政权是社会主义法律制度产生的前提。无产阶级政权是建立在社会主义公有制为主的经济基础之上的上层建筑，它以维护社会主义经济基础、消灭剥削制度、解放全人类为根本使命。这个使命集中体现了工人阶级为首的广大人民的利益。社会主义法律制度正是社会主义国家用来确认、维护这种根本利益的手段，是工人阶级领导的广大人民意志的集中体现，具体化为人们必须遵循的行为准则。最后，只有社会主义国家才能保证社会主义法律制度的确立、认可及实施。

2. 摧毁旧法体系是社会主义法律制度产生的基础

无产阶级夺取政权以后，绝不能像剥削阶级那样去承袭旧法，而应在摧毁旧法体系的基础上创制新法。这是因为：首先，旧法体系是从旧的生产关系中产生出来的，是已被推翻的统治阶级意志的体现，必然同旧的生产关系一起消亡。法律是由一定的社会生产关系产生的利益和需要的表现，是与这种社会生产关系共命运的。如果不顾社会发展的新的需要而保存旧法律，实际上是在维护那些与新时代不相适应的阻碍社会前进的旧势力和旧私人利益，逆流而行，必将失败。资本主义法律制度是以私有制为基础的生产关系的反映，随着无产阶级夺取政权，以公有制为基础的新型生产关系的出现，必然摧毁旧的生产关系，同时也必须摧毁维护已经过时的生产关系的资本主义法律体系；否则，就无异于要维护旧的生产关系，承认已经被推翻的统治阶级意志和利益的合法性。其次，旧法从根本上说是套在劳动人民身上的枷锁，社会主义法律制度与旧法体系是根本对立的。一切剥削阶级类型的法律制度都是建立在私有制经济基础之上的上层建筑，是剥削、压迫广大劳动人民的工具，与以公有制为经济基础的维护广大劳动人民利益的社会主义法律制度是有本质区别的。无产阶级如果不摧毁保护剥削者私利的法律上层建筑，就不能解放自己，成为国家的主人，并创制自己的法律。

3. 批判地继承旧法是社会主义法律制度产生的条件

马克思主义法学认为，摧毁旧法体系是指从本质上、整体上对旧法加以根本否定，不承认其法律效力，并不是说把旧法当作一盆污水全部泼掉，全盘抛弃。而是把旧法当成一种"文化遗产"，进行辩证的"扬弃"，即否定其本质，摧毁其反映剥削阶级意志和利益的完整体系，在此基础上，批判地吸收旧法中某些合理有用的思想资料，使之为创制和完善社会主义法制服务。列宁曾指出："马克思主义这一革命无产阶级的思想体系赢得了世界历史性的意义，是因为它并没有抛弃资产阶级时代最宝贵的成就，相反地却吸收和改造了两千多年来人类思想和文化发展中一切有价值的东西。"马克思主义这种批判继承文化遗产的论断，同样也适用于社会主义法律制度对法律文化遗产的态度。

本质上根本对立的社会主义法与旧法之间之所以会存在批判继承关系，不仅因为在客观上新、旧法所依存的社会物质生活条件之间有一定的历史连续性，而且由于客观的物质内容和要求转化为法和法的观念需要人的思维加工和创造，法的发展具有相对的独立性；同时，新、旧法都要调整人与自然的关系，执行一定的社会公共事务，因而旧法中存在可供新法继承的某些具有历史进步性和科学性的思想资料。

二、当代中国社会主义法律制度的本质

当代中国社会主义法律制度具有与其他法律制度根本不同的本质规定性。这种本质规定性主要体现在以下几个层面。

（1）从阶级属性的层面上看，当代中国社会主义法律制度最重要的本质规定性在于它是工人阶级及其领导下的广大人民意志的体现。在广大人民群众之中，工人阶级作为新的生产方式的代表，在政治上居于领导地位，因此，当代中国社会主义法律制度首先是工人阶级意志的体现。同时，以工农政治联盟为基础，农民阶级同样是国家的主人，是人民的重要组成部分。因此，当代中国法律制度也必然要体现农民群众的基本要求。此外，由于中国新民主主义革命和社会主义革命与建设的特定历史背景，在我国还存在广泛的爱国统一战线，工人阶级和农民阶级之外的拥护祖国统一的爱国者，也是人民的一部分，他们的合理要求和愿望，也应在法律上加以肯定和确认。

（2）从产生方式和存在方式的层面上看，当代中国社会主义法律制度最重要的本质规定性在于它是在民主立法程序中形成并存在于各种法律渊源之中的国家意志。

人民的意志并不能天然地具有法律效力，而且，来自人民群众的各种要求和愿望也不能不加区别地全都成为法律的一部分。人民的意志上升为法律的过程，也就是在民主立法程序中寻求共识，最后形成集中的意志，即统一的国家意志的过程。在这一过程中，少数必须服

从多数，多数也必须尊重少数，任何人都只能按民主立法的程序和原则来行事。还应看到的是，国家意志也不全都以法律的形态而存在。国家意志存在于国家的一切活动中，只有存在于各种法律渊源之中的、以行为规范的形式表现出来的国家意志才是法。也就是说，我国的法律制度是国家意志规范化、制度化的存在形态，因此，任何国家机构及其负责人和工作人员，都不能以言代法和因言废法。只有如此，才能把我国建设成为社会主义的法治国家。

（3）从生产方式的层面上看，当代中国社会主义法律制度最重要的本质规定性在于它的根本使命是为解放生产力和发展生产力服务，为最终消灭剥削，消除两极分化和实现共同富裕服务。

目前，我国还处于社会主义的初级阶段，生产力水平与发达国家相比有一定差距，人口压力大，国民科学文化素质不高，人均资源有限，综合国力亟须增强，人民物质文化生活水平必须进一步提高。所有这一切，决定了我国法律制度的根本使命是为解放生产力和发展生产力服务，为最终消灭剥削、消除两极分化，实现共同富裕服务。而且，这一点也正是当代中国法律制度最重要的本质属性。

（4）从社会作用的层面上看，当代中国法律制度最重要的本质规定性在于它是引导和保障我国社会主义建设各项事业顺利发展的权威性行为准则。

首先，我国法律制度是引导和保障社会主义市场经济建设顺利发展的权威性准则。市场经济关系主要用法律来调整，经济体制改革的成果要用法律来确认，现代企业制度要用法律来建立，商品生产与交换的秩序要用法律来维持，宏观调控机制和社会保障机制要采取法律的形式对各种正当的经济利益和要求进行保障。社会主义市场经济也就是社会主义法治经济，没有法律的引导和保障作用，市场经济就难以存在和发展。

其次，我国法律制度是引导和保障社会主义民主政治建设顺利发展的权威性准则。没有社会主义精神文明，就不会有社会主义的市场经济和民主政治。在社会主义精神文明建设过程中，确立国家的根本指导思想、强化社会公共道德的约束力、打击各种反道德的丑恶现象、促进精神财富和精神产品创造水平的提高，都离不开法律制度的保障。

再次，我国法律制度是引导和保障社会主义精神文明建设的权威性准则。没有社会主义精神文明，就不会有社会主义的市场经济和民主政治。在精神文明建设过程中，确立国家的根本指导思想、强化社会公共道德的约束力、打击各种反道德的丑恶现象、促进精神财富和精神产品创造水平的提高，都离不开法律制度的引导和保障。

最后，我国法律制度还是引导和保障对外开放、维护和促进世界和平与发展的权威性准则。对外开放是我国的基本国策，世界和平与发展是保障国内经济建设所不可缺少的国际环境。在对外开放、国际交流与合作、解决涉外经贸争端和处理国家之间关系等方面，我国的社会主义法律制度也发挥着不可忽视的重要作用。

三、当代中国社会主义法律制度的特征

建立在社会主义经济基础之上，反映工人阶级领导的全国人民共同意志的社会主义法，决定了它具有不同于一切剥削阶级法的基本特征。

（一）阶级性与人民性的统一

我国社会主义法在本质上与其他历史类型的法一样具有阶级性，然而，由我国的经济基础和阶级结构所决定，工人、农民、知识分子和一切热爱社会主义的人都是统治阶级，属于人民的范围。由于国家的一切权力属于人民，社会主义法的阶级性的内容及其与人民性的关系已经发生了质的变化。体现在法中的阶级性与人民性不再是对立关系，而是一致关系。社会主义法的阶级性正是通过对全体人民的共同意志和利益加以确认而表现出来的。其他历史类型的法正好相反，其阶级性和人民性是对立的关系，相互排斥的，充其量也只是在局部范围或形式上具有某种程度有限的人民性。

（二）国家意志性与高度科学性的统一

所谓法的科学性是指法与客观规律的关系，法反映客观规律的程度。任何历史类型的法都是国家意志的表现形式，但它是否始终具有科学性却不能一概而论。一切剥削阶级类型的法只有当该阶级处于上升时期，或该阶级代表的生产关系还未完全变为生产力发展的桎梏时，才能与客观规律在实质上相一致，才具有科学性。此后，受少数人狭隘利益所局限，法便日渐与历史发展规律相背离，逐渐丧失其科学性。我国社会主义法所反映的是用马列主义理论武装起来的工人阶级领导的全国人民的共同利益，而这种共同利益的具体内容随着社会的发展变化也在相应地发展变化，它与历史发展的基本方向和基本规律是一致的。因此，国家意志性和高度的科学性就能够在社会发展过程中保持统一。

（三）权利性和义务性的统一

法是社会权利（职权）和义务（职责）的一种分配和保护。任何历史类型的法都是如此。但一切剥削阶级类型的法往往公开地确立和维护等级特权，或受生产资料私有制的影响，法对人们权利和义务的分配只能是形式上的平等，少部分人更多地享有权利（特权），大多数劳动人民更多的是承担义务，法的权利性和义务性不能实质地统一。只有建立在生产资料公有制基础之上的体现全体人民共同利益的实现人民当家做主的社会主义法才能真正地实现人们权利与义务的统一。在社会主义国家一切权力属于自食其力的劳动者，法律反对任何特权的存在，人们享受权利就要承担义务，没有无权利的义务，也没有无义务的权利，权利与义务是高度统一的。

（四）广泛的社会性与真正的民主性的统一

一般来说，任何类型的法都在一定时空范围和一定程度上具有社会性。但一切剥削阶级类型的法的社会性都有明显的阶级局限性，是以维持剥削阶级的政治统治为目的，以维护剥削阶级权利，巩固其国家政权不受侵犯为极限。因此，受剥削阶级私利的制约，剥削阶级类型的法是一种狭隘的社会性和民主性的结合。而社会主义法以巩固工人阶级为首的全体人民当家做主的政治地位为目的，弘扬社会主义民主，维护人民的国家政权。这种政权正如马克思所说："是社会把国家政权重新收回，把它从统治社会、压制社会的力量变成社会本身的生命力。"因此，作为体现人民意志和社会本身生命力的法，已不再是维护少数剥削者民主的工具，而是维护占社会绝大多数的人民群众广泛而真正民主的手段，并为人类社会民主向更高阶段发展开辟了前进的道路。因此，社会主义法是广泛社会性和真正民主性的统一。

（五）一国与两制的统一

按照"一国两制"统一祖国的方针，我国已成功恢复对香港和澳门行使主权。这样，在社会主义国家主权统一的前提下，两种历史类型的法律制度并存，即形成了以内地社会主义法律制度为主体，在香港实行具有英美法系传统的资本主义法律制度，在澳门实行具有大陆法系传统的资本主义法律制度的格局。在一个统一的国家主权之下，两种历史类型的法律制度和平共处，这是当代中国法律制度的最具独特性的重要特征。这一状况是世界各国法律史上前所未有的，它既对中国法律制度的发展与完善提出了挑战，同时也提供了两种历史类型的法律制度相互借鉴、取长补短的巨大机遇。

（六）国情与公理的统一

在当代世界政治、经济格局中，中国是一个社会主义国家、一个发展中国家、一个人口大国、一个具有悠久历史文明的东方古国，这就是中国的特殊国情。因此，当代中国的法律制度必须反映并适合中国的国情，所谓法律要符合客观规律，首先就体现在这一点上。否则，设计得再完美的法律制度也不能真正发挥作用。同时，中国又是在社会主义制度下实行市场经济和民主政治的国家，而市场经济和民主政治都具有内在的一般规律。例如，任何社会的市场经济都要求依法保障交易安全，任何社会的民主政治都要求政府依法行政，等等。这就决定了当代中国法律制度在发展和完善的过程中必须把反映国情和反映现代法制公理统一起来。

除上述基本特征之外，当代中国法律制度还有一些比较重要的特征，例如，以具有中国特色的方式体现了自由与秩序的统一、公平与效率的统一、个人利益与社会利益的统一、竞争与合作的统一，等等。不过，这些特征都可以被看作前述基本特征在某一方面的具体表现。

第五节　法的未来发展

一、"法的消亡"理论

马克思主义法学认为，法是一个历史的范畴，它不是从来就有的，也不是永恒存在的。它是特定社会的历史现象，始终与阶级和国家的历史命运相联系。法随着阶级和国家的产生而产生，也随着阶级和国家的消失而完结自己的历史命运，逐步走向消亡，这是历史发展的必然结果。不过，需要指出的是，在马克思主义经典作家（如马克思、恩格斯、列宁）的著作中并没有"法的消亡"一语，所谓"法的消亡"理论，不过是马克思主义经典著作中关于"国家消亡"理论的推衍。

二、法的演进所面临的时代问题

"法的消亡"理论是对法的历史演进和发展的根本规律的概括，但它并不完全代替法理学对每个时代所面临的法律演进和发展问题所做的实证研究或价值研究。应当指出，从世界范围看，法经过历史上若干世纪的演进和发展，到了当代，它实际上有着较以往的时代（例如19世纪及其以前）更为复杂的社会经济、政治和文化背景，也面临着更为复杂的时代问题和矛盾。

对于"非西方后发展国家"（如中国）而言，它们的法律发展则可能遭遇更为特殊的多重社会问题和矛盾，具体表现在以下方面。

（1）这些国家既要实现法的现代化，建立"理性化"的法律制度和秩序，又必须要认真对待传统的法律文化的压力和所谓"后现代主义"的法律文化的冲击。

（2）这些国家都不可能摆脱"国际摩擦的法律文化背景"：一方面，世界经济的一体化要求各个国家的国内法与国际惯例接轨；另一方面，法在本质上体现国家性，要保护本国的国家利益。因此它们的法律发展也将面临价值选择的冲突和矛盾，也必然存在一系列悖论，如法的"全球化"（国际化）与"地方化"（本土化）、法的"统一性"与"多样性"、法的"平衡发展"与"非平衡发展"，等等。这些多重矛盾和冲突因素，都将制约和影响未来法的演进和发展。

三、法的未来演进的趋势

（一）法治是世界各国发展的一个目标

（1）从总体上看，随着科技文明的不断进步，市场经济的发展，政治民主的建立和民众权利意识、主体意识的增强，实现法治成为世界各国（尤其是非西方后发展国家）法的发展的一个目标。尽管法治并不是完美无缺的，但法治作为"理性化的制度"，反映了人类制度文明发展的客观必然性。它的原则、制度、精神和价值，已越来越多地被各国政府和人民所认识和接受，成为治理国家的基础。

（2）"法治化"绝不是指法的"一元化"或"一体化"，也不是指世界各国最终将采取同一种法治模式，走完全相同的法治道路。事实上，由于法律发展的起点和社会背景不同，要求一切非西方后发展国家重复西方国家17—18世纪以来的法治演进的轨迹是不可能的。

（二）法的未来演进还将表现为法律体系结构和具体的法律制度及原则的变化

关于法律体系结构的变化，可以肯定的是，随着未来社会经济、政治和文化生活的日益复杂化，一些新的法律子部门将不断产生，而另一些传统的法律部门也将不断膨胀，以至构成整个法律体系的主要部分。

未来社会形势的变更，未来法律精神、价值观念的变化，会使当代一些通行的法律原则、法律制度得以补充、修改或废止。此外，未来的社会也可能会根据时代的具体情况而创造出符合时代要求的法律制度和法律原则，这些法律制度和法律原则既可能是现行法治精神和价值的延续，也可能是现行法治精神、价值和传统的否定。

 本章复习题

选择题

1. 根据法赖以存在的经济基础及其阶级本质，对人类历史上存在过的以及现实生活中存在的法进行的基本分类，是（　　）。

A. 法系　　　　　　　　　　　B. 法律体系

C. 法学体系　　　　　　　　　D. 法的历史类型

2. 法的历史类型更替的根本原因是（　　）。

A. 社会基本矛盾的运动　　　　B. 人类思维的发展

C. 统治阶级意志的变化　　　　D. 国家类型的演变

3. 法的历史类型更替的基本条件是（　　）。

A. 立法水平的提高　　　　　　B. 暴力型或渐进型的社会革命

C. 统治阶级意志的变化　　　　D. 国家类型的演变

4. 法的历史类型也是对法的一种分类，下列选项中属于这种分类标准的是（　　）。

A. 法据以产生和赖以存在的经济基础的性质

B. 法的历史传统

C. 法体现的国家意志的性质即法的阶级本质

D. 法的外部特征

5. 关于法的历史类型，下列选项中不能成立的是（　　）。

A. 一定的法的历史类型是与一定的基本社会形态和国家类型相适应的

B. 法的历史类型更替的根本原因是统治阶级认识水平的不断提高

C. 法的历史类型更替的唯一条件是暴力型社会革命

D. 法的历史类型的更替在世界范围内是同步的

第五章

法 的 要 素

☑ **教学目的和要求**

1. 正确理解法的要素的基本概念。
2. 掌握并理解法律规则、法律原则、法律概念的基本含义。

☑ **教学重点和难点**

1. 区分法律规则与法律原则。
2. 掌握法律规则的基本结构与分类。

第一节 法的要素释义

要想了解法是什么，除要了解法的定义、本质和特征之外，还必须进一步研究法的要素，即法由哪些基本的因素或元素所组成。

按照系统论的观点，可以把法看成一个系统，它与任何系统一样，也是由若干要素按一定的结构组织起来的统一整体。任何发达的法的体系都是由难以计数的众多要素组成的庞大而复杂的系统。如果仅仅了解法的定义及其宏观特征，还难以形成更加清晰和具体的法的概念。而研究法的要素问题，也就是深入法的系统内部，在微观层次上进一步了解和回答"法是什么"这一法学基本问题。

一、法的要素的各种学说

在法理学中，法的要素与法的模式是两个相互关联的问题，而法的模式就是在解释法由何种要素组成时所使用的概念。尽管自法学产生之日起就有许多研究者表达过与法的要素或法的模式相关的个别观点，但是，作为一种较系统的法律学说，法的要素或法的模式理论是

19世纪才出现的。迄今为止，影响较大的有命令模式论、律令–技术–理想模式论、规则模式论和规则–原则–政策模式论。

（一）命令模式论

在法学史上，最先对法进行要素分析并概括出较系统的法的模式理论的法学家，是19世纪英国的学者奥斯丁。奥斯丁认为法是由命令、义务和制裁三位一体的要素所组成的。在奥斯丁看来，法就是无限主权者的命令，这种命令对于权力对象来说就是义务，不履行义务就意味着会受到制裁或面临被制裁的危险。

在奥斯丁的理论中，主权者是指在政治上居于优势地位的最高权力掌握者，他或他们习惯于他人的服从而没有服从他人的习惯；主权者的命令是主权者向其他社会成员所表明的某种希望，要求他们按照此种希望去进行或停止某种行为，即作为和不作为；作为命令所表达的希望与那些一般的请求、要求和愿望最关键的不同之处是，它所表达的有关"作为"或"不作为"的希望对其他人来说是一种义务；而义务则是以实际上和可能发生的制裁为后盾的，那些不履行义务的人在事先就被告知"不服从"将会招致某种不利或痛苦。按照这种理解，奥斯丁认为"严格意义的法"就是主权者发出的以制裁为后盾的各种各样的命令之总和。因此，后人把奥斯丁的理论称之为"命令模式论"。

命令模式论把法所包含的众多要素全部归结为以制裁为后盾的命令，这种做法显然是对法的一种过于简单和片面的概括，因为法的某些特点和法的许多规则是难以用命令来涵盖的。如果把法律制度类比为一套球类比赛规则，非常明显的是，只有那些与犯规行为相关的"罚则"才类似于"以制裁为后盾的命令"。至于其他规则，可能与命令、义务和制裁相去甚远。事实上，任何比赛规则体系都不可能仅仅由"罚则"组成。由于命令模式论不能对法的要素做出令人满意的说明，所以，到了20世纪，西方法理学界又提出了一些新的法的模式论。

（二）律令–技术–理想模式论

律令–技术–理想模式论是由美国的社会法学派代表人物庞德提出的。庞德认为，法是一个有多重含义的词汇，如果把法理解为一批据以做出司法或行政决定的权威性资料、根据和指示，那么，法就是由律令、技术和理想三种要素或成分组成的。

法的"律令"成分本身又包括规则、原则、概念和标准等更具体的成分。其中，规则是对一个具体的事实状态赋予一种确定的后果的律令，原则是用来进行法律推理的权威性出发点，概念是可以容纳某些情况的权威性范畴，标准则是根据每个案件具体情况加以适用的行为尺度。在规则、原则、概念和标准之中，规则构成了律令的主要成分。法的"技术"成分是指解释和适用法的规定、概念的方法和在权威性法的资料中寻找审理特殊案件的根据的方法。法的"理想"成分是指公认的权威性法律理想，它归根结底反映了一定时空条件下的社会秩序的理想图画，也反映了法律秩序和社会控制的目的，因此是解释和适用法律的依据。

总之，庞德认为，在法是一批据以做出决定的权威性资料这一意义上，法是一个很复杂的概念，但人们往往简单地把法归结为权威性律令这一种成分。他曾说道："我们正在讲的这一意义上的法是由律令、技术和理想构成的：一批权威性的律令，并根据权威性的传统理想或以它为背景，以权威性的技术对其加以发展和适用。"

（三）规则模式论

规则模式论是由英国的新分析法学派代表人物哈特提出的。哈特在回答什么是法这一法学基本问题时，在批判奥斯丁的命令模式论基础上建立了自己的规则模式论。

哈特把法视为由第一性规则和第二性规则两类要素结合而形成的规则体系。第一性规则是设定义务的规则，它要求人们为或不为一定行为而不管他们愿意与否。第二性规则是授予权利或权力的规则，它规定人们怎样形成、修改或取消第一性规则，或规定人们如何决定这些规则的作用范围、控制它们的实施。

哈特认为，一个社会如果仅有设定义务的第一性规则，它的社会控制就必然具有不确定性、静态性和用以维护规则的社会压力的无效性三种缺陷。此时，该社会就还处于"前法律世界"，因为法律制度区别于非法律制度（如习惯和道德体系）的特征在于法律制度是由第一性规则和第二性规则结合而形成的。

第二性规则包括确认规则、改变规则和审判规则三种成分。确认规则规定一条规则在符合何种条件下才能取得法律效力，它能够消除单纯第一性规则的不确定性；改变规则授予个人和集团以权利或权力，使他们能够实行新的第一性规则或修改与取消旧的第一性规则，它能够消除单纯第一性规则的静态性；审判规则授权个人或机关就一定情况下某一第一性规则是否已被违反以及应处何种制裁做出权威性决定，它能够消除单纯第一性规则的社会压力无效性。哈特认为，第二性规则的三种成分中，确认规则是最重要的，它构成了法律制度的基础。总之，哈特的规则模式论把法律视为由一系列义务规则、确认规则、改变规则和审判规则所组成的一套制度，并把第一性规则与第二性规则的结合当作理解法的概念的关键。

（四）规则–原则–政策模式论

规则–原则–政策模式论是由具有新自然法学倾向的美国著名法学家德沃金提出来的。德沃金反对哈特把法的要素归结为规则的观点，认为规则模式论过于简单，与法律实践的复杂性和错综性不相符合。德沃金认为，规则模式论忽视了法的非规则成分，而实际上，当法律工作者就法律中的权利和义务进行辩论和推理时，特别是在那些疑难案件中，往往要借用规则以外的其他标准，这些标准主要就是原则和政策。

德沃金认为，原则是有关尊重和保障个人（或由若干人组成的集团）权利的一种政治决定，政策是旨在促进或保护整个社会的某种集体目标的一种政治决定。例如，反对种族歧视，主张少数民族享有平等的权利就是一项原则；而为加强国防而对飞机制造商提供政府补贴就是一项政策。在立法和司法中，政策和原则的作用是不同的，一般来说，在立法中任何复杂的立法法案都需要考虑政策和原则两个因素；在司法中，则更多依靠原则而不是政策。

值得注意的是，德沃金虽然主张原则也是法的一部分，但是他并不认为所有的原则都可以从严格意义上的法律文本中引用或推导出来；相反，有时原则直接来自道德或政治理论。总之，德沃金坚持法律除了规则成分之外，还包括原则和政策的成分，而且在疑难案件的处理过程中，后两种成分往往起着更重要的作用。

上述几种法的模式理论按不同的思路对法进行了要素分析，尽管每一种分析都未能在法学界取得一致同意，但是，它们各有所长，对于深化人们对法的认识和理解是有益的。参照中国法学界近年来的研究通说，可以把法的要素区分为三类，即法律规则、法律原则和法律概念三种基本成分。本章即按此种区分对法进行要素分析。

二、法的要素的定义及其特征

法的要素指法的基本成分，即构成法的基本元素，法的要素具有如下特征。

（1）个别性和局部性。它表现为一个个元素或个体，是组成法的有机体的细胞，所以在认识法的要素的性质和功能时，应当结合法的整体背景来理解。

（2）多样性和差别性。组成法的要素具有多样性，不同的要素具有差别性，这可以从两个层次上来理解：一是法的要素可以分成不同的种类；二是相同种类的法的要素又可以有多种不同的个性。

（3）整体性和不可分割性。虽然每个法的要素都是独立的单位，但是法的要素作为法的组成部分又具有整体性和不可分割性。某一法的要素的改变可能会引起其他要素或整体发生相应的变化，某一要素被违反可能会引起整体或其他要素的反应。每一个要素都与其他的要素相联结，具有不可分割性。例如，"特权原则"向"平等原则"的转变将极大地影响一系列法律规则的理解与解释，"犯罪"这一概念的变化可能会影响整个刑法体系及许多刑事规则。所以在对某一个法的要素做出解释时不能离开它存在的法律背景。

第二节 法 律 规 则

一、法律规则的含义

为了对法进行要素分析以深化对法的理解，有必要先区分法律规则的两种含义。

在从宏观上讨论法律问题时，人们常常把法律界说为某种行为规则或规范的总和或体系。例如，在法学文献中经常可以看到"法律是由国家制定或认可的行为规则体系"，或"法律是由国家强制力保障实施的规则"等类似的表述。在此，可以把法律和法律规则看成是两个大体同等的概念，它们的内涵和外延没有实质的不同。

但是，当在微观层次上对法律进行要素分析时，法律和法律规则就不再是等同的关系而是包含关系了。法律不是仅仅由法律规则这一种要素组成的。除规则之外，法律原则和法律概念也是法律不可缺少的要素。在此，法律规则既不同于法律原则，也不同于法律概念。简要地说，法律规则就是法律的基本要素之一，是法律中赋予一种事实状态以明确法律效果的一般性规定。

所谓赋予一种事实状态以明确法律效果，指的是某些事件或行为发生之后，可能会导致某种权利或义务的产生、变化或消灭，也可能引起某种法律责任的出现。此时，法律要素中的规则成分所发挥的作用，就是将这些事件或行为在法律上的意义明确下来。例如，"杀人者死"，"弃灰于道者黥"，"男年满22周岁，女年满20周岁可以结婚"，"遗嘱经签署后生效"，都是历史或现实中的法律规则。在此，杀人、弃灰于道、达到法定婚龄和遗嘱经签署，就是一种事实状态，而剥夺生命或面部刺字的处罚、取得结婚的权利和遗嘱产生法律效力，则是前述各种事实状态在法律上所引起的效果。

对某种事实状态的法律意义或法律效果做出明确规定，这是规则区别于另外两种法的要素（原则和概念）的显著特征。原则只是法律行为和法律推理的指南，它并不明确地规定一种事实状态及其法律效果，概念则只是对事实状态进行区分和界定，而规则却必须把某种事实状态与某种法律效果明确地联结起来，即必须指明一个具有法律意义的事件或行为一旦出现，它们在法律上意味着什么？什么样的权利、义务和责任将随之产生？什么样的法律关系将随之形成、变更或消灭？

在理解规则的含义时，有一点还必须注意，即法律规则不仅是明确的，而且也是一种一般性的规定。所谓一般性，指的是法律规则针对某一类事实状态做出规定，它适用于某一类人和事，对这一类人和事具有普遍的约束力，只要该规定没有废止，就可以反复适用。是否具有普遍的约束力和是否可以反复适用，是法律规则区别于有法律效力的个别决定或约定的重要因素，其中是否具有普遍约束力是更为实质性的因素。其实，有法律效力的个别决定或约定对于特定的当事人而言也是一种有法律约束力的行为规则。例如，在某一项行政决定、司法决定或合同约定中可能规定："甲方须在三日之内拆除其私自搭建的违章建筑"，或"被告方在十五日之内给付原告方违约金三万元"，或"甲方在收到货款之后应当日将货物交付乙方"，这些决定或约定对于某个特定的当事人来说，当然是一种有法律约束力的行为规则，如果违反这些规则，他们将承担相应的法律责任。但是，这类规则并不具有普遍约束力，也不具有可反复适用性。所以，它们不是法律规则，而是根据法律规则做出的有法律效力的个别决定或约定。与此相对应，"违章建筑行为人须自行拆除其违章建筑物，拒不拆除的，由行政主管部门强制拆除，所发生费用由违章建筑行为人承担"，或"违反合同的一方应向对方合同当事人支付违约金"，或"依法成立的合同对当事人具有法律约束力，当事人应当按照约定履行自己的义务"，就属于有普遍约束力和可反复适用的法律规则。

二、法律规则的逻辑结构

法律规则有严密的逻辑结构，这是它与习惯和道德规范相区别的重要特征之一。法律规则的逻辑结构，指的是一条完整的法律规则是由哪些要素或成分所组成，这些要素或成分是以何种逻辑联结为一个整体的问题。

法律规则的逻辑结构，是深入理解法律所必须研究的问题，也是一个非常复杂的问题。对此，中外法学家至今尚未能取得一致意见。参照国内外学者的研究成果，可以把法律规则的要素区分为假定条件、处理和法律后果三种成分，并由此来考察它们之间的逻辑联系。

（一）假定条件

假定条件是法律规则的必要成分之一，是法律规则中关于适用该规则的条件的规定。因此，有的学者也把假定称为"条件"或"条件假设"。

任何规则，无论是法律规则，还是其他行为规则，都只能在一定的范围内适用。也就是说，只有当一定的情况具备时，该规则才能够对人的行为产生约束力。这里所说的"一定的范围""一定的情况"，就是由法律规则中的假定条件来明确的。例如，"右侧通行"和"夫妻间互有继承遗产的权利"，都是法律规则，但是，在私人庭院中左侧通行自然无妨，在配偶健在时夫或妻自然不能行使继承遗产的权利，因为右侧通行规则的假定条件（适用条件）是"使用公共道路"，夫妻间继承权规则的假定条件是配偶死亡。

值得强调的是，法律规则的假定条件通常是由多项适用条件所组成的。例如，我国刑法规定：以营利为目的，聚众赌博、开设赌场或者以赌博为业的，处三年以下有期徒刑、拘役或管制。这一项刑事法律规则的存在是否意味着任何人在任何条件下从事上述行为，都应无一例外按照这一法律规则追究刑事责任呢？显然不能这样来理解法律规则。因为，这项刑事法律规则的假定条件包括多项适用条件：如果行为人在做出行为的当时尚未能达到刑事责任年龄，或者因患有某种精神疾病而处于不能辨认自己行为的社会意义的状态，或者该行为发生于境外某个法律不禁止赌博的国家和地区，或者行为情节显著轻微，或者行为处于他人的暴力强迫，则不加区分地一律适用前述法律规则，就是绝对不合法、不合理的。总之，一条法律规则究竟在何种条件下才可以适用，通常需要考虑许多因素才能确定，而这些因素，均属于法律规则的假定条件。

（二）处理

处理也是法律规则的必要成分之一，是法律规则中关于行为模式的规定，即法律关于允许做什么、禁止做什么和必须做什么的规定。有些学者因此把处理称为行为模式。由于法律允许做什么就是授予可以为一定行为的权利，法律禁止做什么就是设定不得为一定行为的义务，法律要求必须做什么就是设定必须为一定行为的义务，因而有的学者也使用"权利和义务的规定"来称谓法律规则中"处理"这一成分。

在法律文件中，关于处理的规定常常使用这样一些术语或表达方式：可以、有权、有……的自由、不受……侵犯、应当、必须、不得、禁止等。有关法律规则的处理部分，本书将在讨论权利与义务时再做深入分析。

（三）法律后果

法律后果也是法律规则的必要成分之一，是法律规则中对遵守规则或违反规则的行为予以肯定或否定的规定，有些学者也将其称为"后果归结"或"法律后果归结"。

法律后果分为肯定性后果和否定性后果两种形式。肯定性后果是确认行为以及由此产生的利益和状态具有合法性和有效性，并予以保护甚至奖励。否定性后果是否认行为及由此产生的利益和状态具有合法性和有效性，不予保护甚至对行为人施以制裁。

在过去，我国的法学教科书中曾流行过一种以假定、处理和制裁为法律规则三要素的理论。这种理论把法律后果片面地归结为制裁，既忽视了肯定性法律后果，也排除了否定性法律后果中非惩罚性的因素（如宣布行为无效），因而是不正确的。它只能解释刑事法律和其他法律中的具有惩罚性的规则，而不能对全部法律规则做出合理的解释。可以说，把法律简单地视为一种制裁手段或惩罚工具的观念，是一种过于陈旧的观念，它与现代法治的基本精神是不合拍的。

在理解法律规则的逻辑结构时，必须注意以下三个问题。

（1）任何一条完整意义的法律规则都是由前述三种要素按一定逻辑关系结合而成的。三要素缺一不可，缺少任何一种，不仅意味着该种要素的不存在，而且也意味着该法律规则也是不存在的。例如，一条规则只是规定在任何条件下（假定）不得说谎或杀人（处理），但是，对作伪证或杀人的行为却没有规定相应的法律后果，那只能说，没有一条禁止作伪证或杀人的法律规则，而倒是可能存在一条禁止如此行为的道德规则或风俗习惯。

（2）在立法实践中，有时出于立法技术的考虑，为了防止法律条文过于烦琐，在表述法律规则的内容时，常常对某种要素加以省略。但是，省略并非不存在，被省略的要素存在于法律内在的逻辑联系之中，只是没有被明文表述出来而已。因为立法者相信，通过法律推理，这些未加明文表述的规则要素可以比较容易地被人们发现。例如，"夫妻之间互有继承遗产的权利"这一规定，其假定条件并没有被明文表述出来，但是，该规定只能在配偶已死且留有遗产的条件下（假定）才能适用。对于这种适用条件，可以很容易地按照法律内在的逻辑联系推导出来。不过，必须强调的是，对法律规则要素的省略不能是随意的，只有该要素可以被人们至少被法律专业人员毫无歧见地推导出来时，省略才是可取的。否则，就会为了追求法律的简洁而损害了法律的明确性。另外，还须注意，法律后果部分的省略原则上是不允许的，尤其是其中的制裁性规定绝不可以省略。否则，法律就会丧失可操作性。这样一来，它所发布的禁令与道德宣言就没有任何区别了。

（3）应当把法律规则与法律条文区别开来。法律条文只是法律规则的表述形式，而不是法律规则的同义语。通常情况下，一条规则的全部要素是通过数个条文加以表述的。有时，其中的一个要素（如假定）也可能分别见诸于不同的条文。而且，法律规则的诸要素分散于不同的法律文件之中，甚至跨越两个以上的法律部门的现象也是有的。

三、法律规则的种类

为了深入了解法律规则，就要了解法律规则的种类。按照不同的标准，可以把法律规则区分为不同的类型。在此，仅讨论一些比较重要的分类。

（一）权利规则、义务规则和复合规则

按照法律规则是授予权利还是设定义务，可以把法律规则分以下三种类型，这也是最重要、最常用的分类。

1. 权利规则

权利规则又称授权性规则，是规定人们可以为一定行为或不为一定行为以及可以要求他人为一定行为或不为一定行为的法律规则。在典型的意义上说，权利规则授予人们以某种权利，也就是在法律上确认了某种选择的自由，人们可以通过行使权利来维持或改变自己的法律地位，也可以不去行使权利甚至放弃权利。

2. 义务规则

义务规则是规定人们必须为一定行为或不为一定行为的法律规则。在典型的意义上说，义务规则与权利规则的显著区别在于它具有强制性而没有选择性，义务规则所规定的行为方式是不可以由义务人自行随意变更和选择的。在有些法学著作中，义务规则只用来称谓规定必须为一定行为的规则，而规定不得为一定行为的规则被划分为另一种类型，即禁止性规则。这种划分缺乏逻辑上的严密性，因为禁止性规则（如不得盗窃，不得欺诈等）也是设定义务的，禁止做什么和必须做什么是法律设定义务的两种不同方式，区别仅在于一个设定了必须积极地做出某种行为的义务，另一个设定了必须消极地不做出某种行为的义务。在汉语中，有一种与这两种设定义务的方式直接相关的成语，即"令行禁止"。令，是要求必须为一定行为；禁，是要求不得为一定行为。参照汉语的表达习惯，也可以把义务规则再区分为两种形式，其中，命令式规则是要求积极行为，也就是设定作为义务的规则；禁止式规则是要求消极行为，也就是设定不作为义务的规则。

3. 复合规则

复合规则又称权利义务复合规则，是兼具授予权利和设定义务的双重属性的法律规则。这种规则的特点是，在一定的角度或一定的条件下，它授予当事人某种权利。当事人可以根据此种权利去作为或不作为，其他人不得干涉。而且，也可以根据此种权利要求他人作为或不作为，对于这种要求，他人必须服从；但是，在另一种角度或条件下，又会发现此种权利是不允许当事人选择或放弃的。因此，它又具有义务的属性。例如，授予国家机关以职权的法律规则就是复合性规则。依法享有一定职权，意味着可以做出一定行为或要求处于职权管辖范围内的其他人做出一定行为。然而，行使职权本身又是一种义务，不能适当地行使职权也就是不能适当地履行职责，这在一定条件下会构成违反法定义务的行为并引起法律责任。另外，授予普通公民以某种权利的规则，也可能属于复合规则，如授予监护权的规则，授予受教育权的规则，等等。

（二）强行性规则和任意性规则

按照权利、义务的刚性程度，可以把法律规则区分为强行性规则和任意性规则。

1. 强行性规则

强行性规则又叫强制性规则，是指所规定的权利、义务具有绝对肯定形式，不允许以当事人合意或单方意志予以变更的法律规则。此种规则与前述所讨论的命令式规则、禁止式规则关联度相对较高。换言之，义务规则中包括了某些强行性规则。而且，强行性规则也只存在于义务规则和复合规则之中。刑法、行政法等公法中的义务规则一般都属于强行性规则。例如，不得杀人、不得抢劫、依法纳税等法定义务，都不允许当事人自行协议变更。法定优于约定是强行性规则领域中普遍的原则。

2. 任意性规则

任意性规则，是指所规定的权利、义务具有相对肯定形式，允许以当事人合意或单方意志予以变更的法律规则，前述所讨论的权利规则一般都属于任意性规则。例如，有关取得继承权的规则就具有任意性规则的属性，作为继承人的当事人既可以按照法律规则取得和行使继承权，也可以按照自己的意愿放弃继承权，除非有法律规定的特别情形。

在此，需要特别注意的一个问题是，不能把义务规则和强行性规则、权利规则和任意性规则简单地等同起来。

某些义务规则可能并不具有强行性规则的属性，如物权法、合同法、侵权法、公司法等私法性质的法律也包含许多义务规则，但私法中的义务规则多为任意性规则而非强行性规则。例如，"缔约人有履行合同的义务"和"损坏他人财物者有赔偿财产损失的义务"，这是在各国私法中都可以发现的义务性规则。不过，它们虽为义务规则，但在一定的条件下，法律也允许当事人以协议方式或由权利人对法定义务加以变更。因此，法律虽然规定了"缔约人有履行合同的义务"和"损坏他人财物者有赔偿财产损失的义务"，但是，合同之债或侵权之债的债权人也可以减轻或免除债务人的义务，所谓"约定优于法定"，指的就是这种情形。

与上述情况相类似，某些权利规则在一定场合也可能并不具有任意性规则的属性。例如，现代法制均规定公民享有人身自由权，但是，若某人与他人自愿签订协议出卖自己为奴隶，则该协议并不能取得法律上的效力。

（三）确定性规则、委任性规则和准用性规则

按法律规则的内容是否直接地被明确规定，可以把法律规则区分为确定性规则、委任性规则和准用性规则。

1. 确定性规则

确定性规则是明确地规定了行为规则的内容，无须再援引其他规则来确定本规则内容的法律规则。这是法律规则最常见的形式。

2. 委任性规则

委任性规则是没有明确规定行为规则的内容，而授权某一机构加以具体规定的法律规则。例如，我国《选举法》对选举的某些具体问题未予以明确规定，而是在第 60 条中规定由省、自治区、直辖市的人民代表大会及其常务委员会根据本法制定选举实施细则，许多与选举有关的具体问题，是由实施细则来予以明确的。

3. 准用性规则

准用性规则是没有明确规定行为规则的内容，但明确指出可以援引其他规则来使本规则的内容得以明确的法律规则。对于准用性规则准许援引何种规则来使本规则的内容得以明确，有两种情况。第一种情况是援引其他法律规则。如有些单行法规中关于违法责任的规定，常表述为"依照《治安管理处罚条例》第×条"或"依照《刑法》第×条"处理。第二种情况是援引某种非法律性规则。如我国《刑法》第 134 条第 2 款规定："强令他人违章冒险作业，或者明知存在重大事故隐患而不排除，仍冒险组织作业，因而发生重大伤亡事故或者造成其他严重后果的，处五年以下有期徒刑或者拘役；情节特别恶劣的，处五年以上有期徒刑。"这里的"章"本身并非法律性规则，但本条规则所谓的"违章"行为为何，却要根据事故发生单位的规章制度或行业性规章制度来确定。

（四）调整性规则与构成性规则

按照规则所调整的行为是否可能发生于该规则产生之前，可以把法律规则区分为调整性规则与构成性规则。

1. 调整性规则

调整性规则是对已经存在的各种行为方式进行评价，并通过授予权利或设定义务来调整相关行为的法律规则。其主要特征是，在本规则产生之前，相关的行为方式就已经存在，调整性规则只是按照一定的价值标准予以区分，允许某种行为方式的存在，使之合法化并成为某种权利（如发表言论的自由权），或要求必须按某一行为方式活动，使之成为作为的义务（如父母必须抚养未成年子女），或禁止某一行为方式，使之成为不作为义务（如不得盗窃）。

2. 构成性规则

构成性规则是以本规则的产生为基础而导致某些行为方式的出现，并对其加以调整的法律规则。与调整性规则不同，在构成性规则产生以前，该规则所涉及的行为不可能出现，只有当规则产生以后，才有可能导致相关行为的出现。例如，授予审判权的规则和授予诉讼权的规则都属于构成性规则，在这些规则产生以前，相关的审判活动和诉讼活动不可能出现，更谈不上受到法律的调整。

四、法律规则与法律条文

现代国家的规范性法律文件（如法典）大都是以条文为基本构成单位的。从其表述的内容来看，法律条文可以分为规范性条文和非规范性条文。规范性条文是直接表述法律规范（法律规则和法律原则）的条文，非规范性条文是指不直接规定法律规范，而规定某些法律技术内容（如专门法律术语的界定、公布机关和时间、法律生效日期等）的条文。这些非规范性条文不可能是独立存在的，它们总是附属于规范性法律文件中的规范性法律条文的。由此看出，应当把法律规则和法律条文区别开来。法律规则是法律条文的内容，法律条文是法律规则的表现形式。并不是所有的法律条文都直接规定法律规则，也不是每一项条文都完整地表述一种规则或只表述一种法律规则。

在立法实践中，通常采取两种不同的方式来明示人们的行为界限，分别以不同的条文规定表现出来。具体而言，大致有以下几类情形。

（1）一个完整的法律规则由数项法律条文来表述。

（2）法律规则的内容分别由不同规范性法律文件的法律条文来表述。

（3）一项条文表述不同的法律规则或其要素。

（4）法律条文仅规定法律规则的某个要素或若干要素。

第三节　法　律　原　则

一、法律原则的概念及其种类

与法律规则一样，法律原则也是法律的基本要素之一，是可以作为众多法律规则的基础或本源的综合性、稳定性的原理和准则。

法律原则的特点：它不预先设定任何具体事实状态与特定法律效果的逻辑联系，没有规定何种具体的事件或行为将导致何种具体权利、义务或责任的产生、变更与消灭。因此，与法律规则相比，法律原则的内容在明确化程度上显然低于法律规则。但是，法律原则所覆盖的事实状态远远广于法律规则。因而，法律原则的适用范围也远远广于法律规则。一条法律规则只能对一种类型的行为加以调整，而一条法律原则却可以调整某一个或数个行为领域，甚至可以对全部社会关系进行协调和指引。例如，"酒后不得驾驶机动车"是一条规则，它的内容具有高度的明确性，也正因如此，它只能适用于某个特定类型之中的各个具体行为；而"公平对待"则是一条原则，它的内容显然不像前述规则那样明晰，但是，它能够起作用的行为领域却是极其宽广的。

可以把法律原则分为若干种类，其中比较重要的分类有以下几种。

（1）基本原则与具体原则。基本原则体现了法律的基本精神，是在价值上比其他原则更为重要，在功能上比其他原则的调整范围更广的法律原则。具体原则是以基本原则为基础，并在基本原则指导下适用于某一特定社会关系领域的法律原则。当然，基本原则与具体原则的划分只有相对的意义。例如，相对于"法律面前人人平等"原则而言，"罪刑法定"就是只适用于犯罪与刑罚领域的具体原则。但是，如果把讨论问题的范围限定在刑法领域，则"罪刑法定"就成为刑法的基本原则了。

（2）公理性原则和政策性原则。公理性原则是从社会关系本质中产生出来，得到社会广泛公认并被奉为法律之准则的公理。例如，《民法典》中规定民事活动应当遵循平等、自愿、公平、诚信原则，体现的就是法律的公理性原则。政策性原则是国家在管理社会事务的过程中为实现某种长期、中期或近期目标而做出的政治决策。如我国把"计划生育"确立为基本国策，即为政策性原则。相对而言，公理性原则更具稳定性，往往可以适用于更广大的时间和空间范围；而政策性原则变化较快，它们是特定社会情势的产物，自然会随着社会情势的变更而变更。

（3）实体性原则与程序性原则。实体性原则是直接涉及实体性权利、义务分配状态的法律原则。例如，宪法中的民族平等原则和民法中的契约自由原则都是实体性原则。程序性原则是通过对法律活动程序进行调整而对实体性权利、义务产生间接影响的法律原则。例如，无罪推定原则和民事诉讼当事人地位平等原则都是程序性原则。

二、法律原则与法律规则的区别

法律原则与法律规则的区别如下。

（1）在内容上，法律规则的规定是明确具体的，它着眼于主体行为及各种条件（情况）的共性；其明确具体的目的是削弱或防止法律适用上的"自由裁量"。与此相比，法律原则的着眼点不仅限于行为及条件的共性，而且关注它们的个别性；其要求比较笼统、模糊。它不预先设定明确的、具体的假定条件，更没有设定明确的法律后果。它只对行为或裁判设定一些概括性的要求或标准（即使是有关权利和义务的规定，也是不具体的），但并不直接告诉应当如何去实现或满足这些要求或标准，故在适用时具有较大的余地供法官选择和灵活应用。

（2）在适用范围上，法律规则由于内容具体明确，它们只适用于某一类型的行为。而法律原则对人的行为及其条件有更大的覆盖面和抽象性，它们是对从社会生活或社会关系中概括出来的某一类行为、某一法律部门甚至全部法律体系均通用的价值准则，具有宏观的指导性，其适用范围比法律规则宽广。

（3）在适用方式上，法律规则是以"全有或全无的"方式或涵摄的方式应用于个案当中的：如果某一案件的案件事实满足一条规则所规定的条件，那么这条规则所规定的法律后果就应当适用于该案件，也就是说该案件必须接受该规则所提供的解决办法；如果某一案件的案件事实没有满足该规则规定的条件或者由于与另一个规则相冲突而被排除，那么，该规则对该案件就是无效的，也就是说该规则对该案件的裁决不起任何作用。美国法理学家德沃金在说明这一点时，曾举了这样一个例子：在棒球比赛中，击球手若对投球手所投的球三次都未击中则必须出局。裁判员不能一方面承认三击不中者出局的规则有效，另一方面又不判三击不中者出局。这种矛盾在比赛规则的情况下是不允许的。而法律原则的适用则不同，它不是以"全有或全无的方式"或是以衡量的方式应用于个案当中的，因为不同的法律原则是具有不同的分量的，而且这些不同强度的原则甚至冲突的原则都可能存在于一部法律之中。例如，在民法中，无过错责任原则和公平责任原则，可能与意志自由原则是矛盾的。所以，当两个原则在具体的个案中冲突时，法官必须根据案件的具体情况及有关背景在不同强度的原则间做出权衡。通常，被认为强度较强的原则对该案件的裁决具有指导性的作用，比其他原则的适用更有分量。但另一原则并不因此无效，也并不因此被排除在法律制度之外。因为在另一个案中，这两个原则的强度关系可能会改变。例如，不能根据在某一个案件中采用公平原则，而否定意志自由原则的效力；相反，在另一个案中强调意志自由原则，也并不能否定公平原则的效力。当然，在权衡原则的强度时，有些原则自始就是最强的，如法律平等原则、民法中的诚实信用原则，它们往往被称为"帝王条款"。

三、法律原则的适用条件

为了保障法律的客观性和确定性，必须对法律原则的适用设定严格的条件。具体来说，法律原则的适用必须符合下列条件。

（一）穷尽规则

在通常情况下，法律适用的基本要求是：有规则依规则。"法律发现"的主要任务是法官尽可能全面彻底地寻找个案裁决所应适用的规则。当出现无法律规则可以适用的情况下，法律原则才可以作为弥补"规则漏洞"的手段发生作用。所以，从技术层面来看，若不穷尽规则的适用就不应适用法律原则。这可以表述为法律原则适用的一个条件规则："穷尽法律规则，方得适用法律原则。"

（二）实现个案正义

在通常情况下，适用法律规则不需要进行本身的正确性审查。但假如适用法律规则可能导致个案的极端不公正的后果，那么此时就需要对法律规则的正确性进行实质审查，首先通过立法手段，然后通过法官的"法律续造"的技术和方法选择法律原则作为适用的标准。这样，就可以把这个条件用反面推论的方式确立为如下规则："法律原则不得径行适用，除非旨在实现个案正义。"

（三）更强理由

要判断何种规则在何时及何种情况下极端违背正义，其实难度很大，法律原则必须为适用第二个条件规则提出比适用原法律规则更强的理由，否则第二个条件规则就难以成立。在已存在相应规则的前提下，若通过法律原则改变既存的法律规则或者否定规则的有效性，却提出比适用该规则分量相当甚至更弱的理由，那么适用法律原则就没有逻辑证明力和说服力。据此，可以得出如下的条件规则："若无更强理由，不适用法律原则。"

四、法律原则的作用

在法治实践中，法律原则具有非常重要的和不可替代的作用。

（一）法律制定的角度

从法律制定的角度来看，法律原则的作用主要表现在以下三个方面。

（1）法律原则直接决定了法律制度的基本性质、基本内容和基本价值倾向。法律原则是法律精神最集中的体现，因而构成了整个法律制度的理论基础。可以说，法律原则也就是法律制度的原理和机理，它体现着立法者及其代表的社会群体对社会关系的本质和历史发展规律的基本认识，体现着他们所追求的社会理想的总体图景，体现着他们对各种相互重叠和冲突着的利益要求的基本态度，体现着他们判断是非善恶的根本准则。所有这一切，都以高度浓缩的方式集中在一个法律制度的原则之内。因此，确立了一批什么样的法律原则，也就确立了一种什么样的法律制度。对不同时代、不同社会的法律制度加以比较就可以发现，规则间的众多差别不一定构成实质性的差别，规则间的众多一致也不一定构成实质性的一致。然而，当一批为数不多的基本原则之间存在着重要的差别或一致时，两种法律制度间的深刻差别或一致性就会作为一种不容争议的事实而凸现在人们眼前。

（2）法律原则是法律制度内部协调统一的重要保障。任何一个成熟的法律制度都包含着众多的规则要素，这些众多的规则所涉及的事实状态纷繁复杂，其法律性质、法律效力和具体的立法目的也各有不同。尤其是在现代社会中，法律规则的数量、种类之多，远非古代法律所能比拟，而且，这些规则又分别由各级、各类不同的国家机构出于不同的管理需要所制定，因此如何保障法律自身的协调一致就成为一个突出的问题。近现代立法经验表明，法律原则在防止和消弭法律制度内部矛盾和增强法制统一方面，具有突出作用。在法律的创制过程中，当处于不同效力位阶的各项原则能够被各级、各类立法者刻意遵从时，法制的统一就有了最基本的保障。

（3）法律原则对法制改革具有导向作用。现代社会是变迁节奏越来越快的社会，随着社会的不断发展，新的兴趣、利益、行为方式和权利要求也不断涌现，并且时常与原有的权利、义务分配结构发生冲突，在此种形势下，法制改革或者法律发展就成了现代法制中一种惯常的现象和客观需要。这一点在正处于改革时代的中国社会体现得尤为突出。中国实行改革开放以来，原有的权利、义务结构沿着特定的方向发生了深刻变化，大批的原有规则被废止和修正，大批的新规则被制定出来。在过去，某些行为属于作为义务，不作为者会被惩处，现在却被当成不作为的权利而受到保护；过去，某些行为属于不作为的义务，作为者会被制裁，现在却被当成作为的权利而受到鼓励；与此同时，某些行为在过去属于权利或权力，现在却被取消或禁止。这种涉及人们行为方式和生存方式的深刻变化，正是由于法律原则的变化而直接引发的：某些新的原则取代了原有的原则或某些原有的原则被赋予新的含义，并引导整个法制沿着新的方向发展，即从计划走向市场，从人治走向法治，从封闭走向开放，最终把我国建设成为社会主义法治国家。

（二）法律实施的角度

从法律实施的角度来看，法律原则也具有重要作用。这种作用主要表现在以下三个方面。

（1）指导法律解释和法律推理。法律解释和法律推理是法律实施过程中的两个关键性环节。为了将抽象的普遍性规则适用于具体的事实、关系和行为，就必须对法律进行解释并进行法律推理。在这一过程中，原则构成了正确理解法律的指南，尤其当法律的含义存在做出复数解释的可能时，原则就成为在各种可能的解释中进行取舍的重要依据。同时，原则也构成了法律推理的权威性出发点，从而大大降低了推理结果不符合法律目的的可能性。可以说，如果没有法律原则的指导作用，不合理的法律解释和法律推理就会以较高的频率出现，并使法律的实施受到消极影响。

案例分析 ▷ ∙∙∙

里格斯诉帕尔默案

案情：

一百多年前，美国纽约州法院受理了里格斯诉帕尔默的案子。一位富有的祖父立下遗嘱，将遗产全部留给唯一的孙子帕尔默，一分钱也未留给两个女儿。几年过去了，越活越年轻的祖父打算与一位少妇成亲，帕尔默非常担心祖父婚后会改变原先已立下的遗嘱，便找个机会将祖父毒死。这位小伙子明人不做暗事，完全承认了自己的所作所为。帕尔默在被刑事追诉时，由于纽约州刑法典中没有规定死刑，他的两个姑姑（即死者的两个女儿）将侄子诉至民事法庭，要求法院撤销帕尔默的遗嘱继承权。当时，纽约州遗嘱法没有规定遗嘱继承中指定的继承人杀害被继承人该如何处理，所以在本案庭审中法官之间发生了激烈的争议，原因是缺乏审理案件所需要的明确规则。一些法官坚持认为应当适用普通法中的"遗嘱必须信守的原则"裁决本案，而另外一些法官则从普通法传统中找到了"一个人不能从自己的过错中获益"的原则支持原告。最终，法院裁决撤销帕尔默的继承权，因为法院不允许一个遗嘱继承人——他谋杀了立遗嘱人——享有遗嘱继承权，这样才是法律正义的体现。

问题： 在案件审理过程中，法律原则是如何影响审判结果的？

（2）补充法律漏洞，强化法律的调控能力。由于社会关系的复杂性和变动性，立法者对于应纳入法律调整范围的事项可能一时难以做出细致的规定，也可能因缺乏预见而未做出规定，还可能因思虑不周而导致已有的规定在某些情况下不能合理地适用。上述情形在各国法律实践中均难以完全避免，此时，法律原则就成为补充法律漏洞的一种不可替代的手段，它可以使法律对规则空白地带的事项加以调整，也可以防止现有规则的不合理适用。

 案例分析 ▷ ∙∙∙

泸州遗产案

案情：

蒋某与黄某于 1963 年结婚，收养一子。1990 年蒋某继承父母遗产取得房屋一套，后来该房屋被拆迁，蒋某以个人名义办理了拆迁安置房的房屋产权登记手续。1996 年，黄某与比他小近 30 岁的张某相识后，二人便一直在外租房公开同居生活。2000 年，黄某与蒋某将蒋某继承所得房产以 8 万元的价格出售，并约定房屋交易税费由蒋某负担，售房款中的 3 万元赠与养子。2001 年年初，黄某因肝癌晚期住院治疗，立下书面遗嘱，将总额为 6 万元的财产赠与张某，包括前述售房款的一半即 4 万元，以及住房补贴金、公积金、抚恤金和自己所用的手机一部等。2001 年黄某因病去世，张某不能从蒋某处获得所赠款项，随以蒋某侵害其财产权为由诉讼至泸州市纳溪区人民法院。纳溪区人民法院依照我国《民法通则》第七条的规定（公序良俗原则），驳回原告张某的诉讼请求，张某向四川省泸州市中级人民法院提起上诉，二审维持原判。

本案被学界和媒体称为中国"公序良俗"第一案。在本案审理中，办案法官根据我国《民法通则》第五十八条规定的民事行为违反法律和社会公共利益的无效（公序良俗原则条款），认为由于张某和黄某存在着婚外同居行为，违背了社会公德，所以遗赠人黄某的遗赠行为，应属无效民事行为，赠与行为应予撤销。

不同意该案判决结果的一些学者认为，我国《继承法》第五条规定："继承开始后，按照法定继承办理；有遗嘱的，按照遗嘱继承或者遗赠办理；有遗赠抚养协议的，按照协议办理。"另外，第十六条第三款还规定："公民可以立遗嘱将个人财产赠给国家、集体或者法定继承人以外的人。"因此，按照《继承法》的相关规定，黄某的遗嘱行为及其对财产的处理完全是在法律允许的范围之内。

🔖 问题：在《继承法》对遗赠关系有明确规定的地方，是否可以直接适用《民法通则》中的"公序良俗"原则判案？

（3）限定自由裁量权的合理范围。各国法律实践的经验表明，再详尽的法典也不可能使法律适用变成一种类似于数学运算那样的操作过程。数学运算的最终答案是非选择性的、唯一性的，而法律适用常面临在数种可能的结论中做出选择的问题。例如，量刑幅度、罚款幅度等许多的规定都允许适用法律的机构有一定的自由选择空间。但是，如果对在此空间中的选择不加任何限定，就会使自由裁量权绝对化，这样一来，极易导致职权的滥用，从而对法律秩序构成威胁。如何使自由裁量权保持在合理的范围之内？法律原则就是一种最重要的因素。如能使自由裁量权受制于法律原则，那么，自由裁量权的积极作用就能充分发挥，而其消极作用则得以防止，发生了问题也容易得到纠正。

第四节 法 律 概 念

一、法律概念释义

从哲学上讲，概念是认识事物而形成的思维形式，是认识之网上的纽结。法律概念是有法律意义的概念，是认识法律与表达法律的认识之网上的纽结，即对各种有关法律的事物、状态、行为进行概括而形成的法律术语（也有人将其概括为：法律概念是在法律上对各种事实进行分类和概括而形成的权威性范畴）。作为法律的要素之一，法律概念是法律思想的基本要素，并是将杂乱无章的具体事项进行重新整理归类的基础。法律概念大量来自日常生活，有的来自法律实践活动（立法、司法、执法活动），有的来自法学家的创设。法律概念与日常生活用语中的概念不同，它通常具有明确的定义和应用范围。例如，日常用语中的"国家机关工作人员"就与作为法律概念的"国家机关工作人员"有别，后者的范围由专门立法或司法解释确定。

作为法律的要素之一，法律概念指的是在法律上对各种事实进行概括，抽象出它们的共同特征而形成的权威性范畴。"概念是法律思想的基本要素，并是人们将杂乱无章的具体事项进行重新整理归类的基础。"概念本身并不能将一定的事实状态和法律效果联系起来，但是，它却是适用法律规则和原则的前提。只有当把某人、某事、某行为归入某一概念所指称的范围时，才谈得上法律的适用问题。例如，各国现代民事法律均规定：不当得利之债的债务人负有向受害人返还不当得利的义务。当现实生活中发生了一个具体行为时，是否将该规定适用于此行为，首先取决于能否将该行为合理地归入"不当得利"的范畴。是，则该规定须加适用；否，则该规定不能适用。

在法律文明史上，法律概念体系的科学性和完备程度是法律文明发达程度的重要标志之一。这是因为，法律所调整的行为领域具有一个突出的特点，即事实因素以不可名状的极度复杂性而交织在一起。如何把那些看似同类而实质不同的因素合理地区分开来，并把那些看似不同而实质相同的因素归入同类，从而在杂乱无章的全部因素中形成一定的秩序，这需要高度的技巧和长期的经验积累。例如，在法律文明形成的初期，法律概念体系非常粗放和简单，它还不足以把那些形似而实异的事实因素合理地区分开来。如果一个人的行为引起了他人死亡，按"同态复仇"的规则，他必须被处死。至于此行为是属于故意杀人、过失杀人、伤害致死，还是属于意外事件，则不加区分。这种做法按现代法律的观点看来是荒谬的。尽管导致他人死亡的结果是相同的，但是，谋杀行为与非恶意的玩笑是有实质区别的。至于纯粹的意外事件，则更不会被当作犯罪来惩罚。因此，法律概念实质上体现了一种理智区分和归类的专业智慧，凭借这种专业智慧，混沌一片的事实状态得以明晰，法律体系也由此而取得更高的科学性与合理性。

在理解各个法律概念时，有一点必须注意，法律概念是借助于词汇来表达的，由此便引发了两个问题。

第一，法律在表达一个概念时所使用的语汇，有些是专业性用语，这些用语的含义比较精确，但不易于使专业人士之外的普通人理解，如假释、诉讼时效、留置权、信托财产、法人人格等。有些法律用语来自日常用语，这些用语易于使普通人士理解，但其含义的精确程度较低，因而容易产生歧义，如疏忽、过错、公平、适当注意等。后一类用语在法律上使用时，往往与其原有的日常含义有所区别。

第二，在不同的民族语言中，由于受不同语言习惯、法律传统等因素的影响，有时用来互相对译的同一对用语，在不同国家法律制度中往往有不尽相同的含义。如对此不加区分，也容易引起误解和混乱。

二、法律概念的功能

（一）认识功能

法律现象都是具体的、个别的，只有在比较和分析的基础上，抽象出不同类别现象的各自特征，并归结为相应的法律概念，人们才能认识这些法律现象之间的区别与联系。随着人们对法律现象认识的日益深入，法律概念也不断发展。因此，一国法律概念体系的发达程度往往体现了该国的法律调整水平。

（二）构成功能

从形式逻辑角度看，法律规则和法律原则表现为判断，而任何判断都是由两个以上的概念构成的，因此，法律概念是构成法律规则和法律原则的基础。

（三）改进法律、提高法律科学化程度的功能

丰富的、明确的法律概念可以提高法律的明确化程度和专业性程度，使法律成为专门的工具，使法律工作成为独立的职业。

法律概念不仅对立法，而且对法律实现过程也具有重要意义，对法律概念的理解就是对法律规则内容的理解，它会直接影响法的遵守和适用。

三、法律概念的种类

为便于了解法律概念的种类，可以按一定标准对之加以分类。

按照法律概念所涉及的因素，可将其分为以下五类。

（1）主体概念，这是用以表达各种法律关系主体的概念，如公民、社团法人、原告人、行政机关等。

（2）关系概念，这是用以表达法律关系主体间权利、义务关系的概念，如所有权、抵押权、交付义务、赔偿责任等。

（3）客体概念，这是用以表达各种权利、义务所指向的对象的概念，如动产、不动产、主物、从物、著作、商标、专利、汇票、本票、支票等。

（4）事实概念，这是用以表达各种事件和行为的概念，如失踪、不可抗力、违约、犯罪中止等。

（5）其他概念，上述四种概念并不能穷尽所有的法律概念，法律概念还可以进行其他角度的分类，如公平、正当程序、法典、一般条款等。

此外，按概念的确定性程度，可有确定概念与不确定概念之分；按法律部门的不同可有民法概念、刑法概念和行政法概念之分，等等。

在法律诸要素中，概念的独特功能在于它通过对各种事实因素的区分、归类而为法律规则和原则的适用提供了可能。有时，在无现成规则可以适用的情况下，以存在的相应的概念为

基础，适用原则也可以合理地处理所面对的法律问题。当然，对于一个成熟的法律制度来说，规则总是应当占据主干的地位。若规则的数量与法律调整的需要相差过多，滥用自由裁量权的现象就会大面积发生。

 本章复习题

一、选择题

1. 法律格言说："法律不能使人人平等，但在法律面前人人是平等的。"关于该法律格言，下列说法正确的是（　　）。

A. 每个人在法律面前事实上是平等的

B. 在任何时代和社会，法律面前人人平等都是一项基本法律原则

C. 法律可以解决现实中的一切不平等问题

D. 法律面前人人平等原则并不禁止在立法上做出合理区别的规定

2.《民法典》第一千零六十五条第一款规定："男女双方可以约定婚姻关系存续期间所得的财产以及婚前财产归各自所有、共同所有或者部分各自所有、部分共同所有。约定应当采用书面形式。没有约定或者约定不明确的，适用本法第一千零六十二条、第一千零六十三条的规定。"关于该条款规定的规则（或原则），下列选项正确的是（　　）。

A. 任意性规则　　　B. 法律原则　　　C. 准用性规则　　　D. 禁止性规则

3.《民法典》第十条规定："处理民事纠纷，应当依照法律；法律没有规定的，可以适用习惯，但是不得违背公序良俗。"从法官裁判的角度看，下列说法符合条文规定的是（　　）。

A. 条文涉及法的渊源　　　　　　　B. 条文规定了法与习惯的一般关系

C. 条文直接规定了裁判规则　　　　D. 条文规定了法律关系

4. 甲、乙签订一份二手房房屋买卖合同，约定："本合同一式三份，经双方签字后生效。甲、乙各执一份，留见证律师一份，均具有同等法律效力。"关于该条款，下列说法正确的是（　　）。

A. 是有关法律原则之适用条件的规定　　B. 属于案件事实的表述

C. 是甲乙双方所确立的授权性规则　　　D. 涉及甲乙双方的行为效力及后果

5.《劳动争议调解仲裁法》第五条规定："发生劳动争议，当事人不愿协商、协商不成或者达成和解协议后不履行的，可以向调解组织申请调解；不愿调解、调解不成或者达成调解协议后不履行的，可以向劳动争议仲裁委员会申请仲裁；对仲裁裁决不服的，除本法另有规定的外，可以向人民法院提起诉讼。"关于这一规定，下列说法错误的是（　　）。

A. 从法的要素角度看，该规定属于任意性规则

B. 从法的适用角度看，该规定在适用时不需要法官进行推理

C. 从法的特征角度看，该规定体现了法的可诉性特点

D. 从法的作用角度看，该规定为行为人提供了不确定的指引

6.《民法典》第三百二十一条规定："天然孳息，由所有权人取得；既有所有权人又有用益物权人的，由用益物权人取得。当事人另有约定的，按照其约定。法定孳息，当事人有约

定的，按照约定取得；没有约定或者约定不明确的，按照交易习惯取得。"关于这一规定，下列说法错误的是（　　　）。

A. 该规定属于法律要素中的确定性法律规则

B. 该规定对于具有物权孳息关系的当事人可以起到很明确的指引作用和预测作用

C. 该规定事实上允许法官可以在一定条件下以习惯作为司法审判的依据

D. 对"天然孳息"和"法定孳息"重要法律概念含义的解释应该首先采用客观目的解释的方法

7.《集会游行示威法》第四条规定："公民在行使集会、游行、示威的权利的时候，必须遵守宪法和法律，不得反对宪法所确定的基本原则，不得损害国家的、社会的、集体的利益和其他公民的合法的自由和权利。"关于这一规定，下列说法正确的是（　　　）。

A. 该条是关于权利的规定，因此属于授权性规则

B. 该规定表明法律保护人的自由，但自由也应受到法律的限制

C. 公民在行使集会、游行、示威的权利的时候，不得损害国家的、社会的、集体的利益，因此国家利益是我国法律的最高价值

D. 该规定的内容比较模糊，因而对公民不具有指导意义

8. 西方法律格言说："任何人不得因为自己的错误而获得利益。"关于这个格言的理解，下列说法错误的是（　　　）。

A. 错误不是构成合法利益的前提

B. 任何时候，行为人只要没有错误，就应获得利益

C. 任何人只要行为正确，其利益就应得到保护

D. 利益的获得在一定程度上取决于行为的正确与错误

9.《劳动合同法》第十九条规定："劳动合同期限三个月以上不满一年的，试用期不得超过一个月；劳动合同期限一年以上不满三年的，试用期不得超过二个月；三年以上固定期限和无固定期限的劳动合同，试用期不得超过六个月。"关于这个条文，下列说法错误的是（　　　）。

A. 该条规定不属于法律原则

B. 该条规定属于法律规则中的授权性规则

C. 该条规定对于签订劳动合同的劳动者与用人单位具有指引作用

D. 审理劳动合同纠纷的仲裁员可以该条规定判断劳动合同的相关条款合法还是违法、有效还是无效，就此而言，该条规定具有评价作用

10. 我国《宪法》第二十六条第一款规定："国家保护和改善生活环境和生态环境，防治污染和其他公害。"下列说法正确的是（　　　）。

A. 该条文体现了国家政策，是典型的法律规则

B. 该条文既是法律原则，也体现了国家政策的要求

C. 该条文是授权性规则，规定了国家机关的职权

D. 该条文没有直接规定法律后果，但仍符合法律规则的逻辑结构

11. 下列关于法律原则的表述错误的是（　　　）。

A. 法律原则不仅着眼于行为及条件的共性，而且关注它们的个别性

B. 法律原则在适用上容许法官有较大的自由裁量余地

C. 法律原则是以"全有或全无的方式"应用于个案当中的

D. 相互冲突的法律原则可以共存于一部法律之中

12. 法律规则是法律的基本构成因素。下列关于法律规则分类的表述成立的是（   ）。

A.《律师法》第十三条规定："没有取得律师执业证书的人员，不得以律师名义从事法律服务业务；除法律另有规定外，不得从事诉讼代理或者辩护业务。"此规定为义务性规则

B.《中小企业促进法》第三十一条规定："国家鼓励中小企业与研究机构、大专院校开展技术合作、开发与交流，促进科技成果产业化，积极发展科技型中小企业。"此规定为强行性规则

C.《宪法》第四十条规定："中华人民共和国公民的通信自由和通信秘密受法律的保护。除因国家安全或者追查刑事犯罪的需要，由公安机关或者检察机关依照法律规定的程序对通信进行检查外，任何组织或者个人不得以任何理由侵犯公民的通信自由和通信秘密。"此规定为命令性规则

D.《医疗事故处理条例》第六十二条规定："军队医疗机构的医疗事故处理办法，由中国人民解放军卫生主管部门会同国务院卫生行政部门依据本条例制定。"此规定为准用性规则

13. 关于法律要素，下列说法错误的是（   ）。

A.《反垄断法》第三十七条："行政机关不得滥用行政权力，制定含有排除、限制竞争内容的规定。"这属于义务性规则

B.《行政处罚法》第三十七条第三款："执法人员与当事人有直接利害关系的，应当回避。"这既不属于法律原则，也不属于法律规则

C.《政府信息公开条例》第三十七条："教育、医疗卫生、计划生育、供水、供电、供气、供热、环保、公共交通等与人民群众利益密切相关的公共企事业单位在提供社会公共服务过程中制作、获取的信息的公开，参照本条例执行，具体办法由国务院有关主管部门或机构制定。"这属于委任性规则

D.原《婚姻法》第二十二条："子女可以随父姓，可以随母姓。"这属于确定性规则

14.《刑事诉讼法》第五十四条规定："采取刑讯逼供等非法方法收集的犯罪嫌疑人、被告人供述和采用暴力、威胁等非法方法收集的证人证言、被害人陈述，应当予以排除。"对此条文，下列理解正确的是（   ）。

A. 运用了规范语句来表达法律规则

B. 表达的是一个任意性规则

C. 表达的是一个委任性规则

D. 表达了法律规则中的假定条件、行为模式和法律后果

15. 关于法律原则的适用，下列选项错误的是（   ）。

A. 案件审判中，先适用法律原则，后适用法律规则

B. 案件审判中，法律原则都必须无条件地适用

C. 法律原则的适用可以弥补法律规则的漏洞

D. 法律原则的适用采取"全有或全无"的方式

二、简答题

1. 法的要素的特征包括哪些？
2. 如何理解法律规则的逻辑结构？
3. 法律原则的作用是什么？
4. 如何理解法律概念的功能？

第六章

法 律 体 系

✓ **教学目的和要求**

1. 正确理解法律体系的基本概念。
2. 掌握法律部门的划分标准、我国基本法律部门的划分。

✓ **教学重点和难点**

区别法律体系与相近法律概念、法律部门的划分标准。

第一节　法律部门及其划分

一、法律部门的概念

法律部门，也叫作部门法，是指一个国家根据不同的标准和原则所划分的调整同类社会关系的法律规范的总称，是法律体系的有机组成部分。构成法律部门的法律规范，仅指国内法而不包括国际法；仅指现行法而不包括已被废止或失效的法；仅指已经颁布并已生效的法，而不包括将要制定但尚未制定的法。

法律部门由法律规范组成，法律规范是构成法律部门的最基本细胞。同一类的法律规范构成一个法律部门，没有法律规范，也就没有法律部门。法律制度是一个与法律部门既有联系又有区别的概念。通常意义上使用的法律制度与法律部门是一种交叉关系。一方面，一个法律制度可能分属于几个不同的法律部门，如所有权法律制度主要规定在民法法律部门中，但也涉及宪法、行政法、刑法、诉讼法等法律部门；另一方面，一个法律部门中包含多个法律制度，如刑法法律部门中包含刑罚制度、辩护制度、上诉申诉制度等，民法法律部门中包含所有权制度、合同制度、婚姻制度、继承制度、知识产权制度等。一般认为，一个法律部门包括许多个具体的法律制度，法律部门比法律制度的范围更加广泛。

规范性法律文件与法律部门也是既有联系又有区别的两个概念。由若干条具体的法律规范形成的规范性法律文件是法的内容的表现形式和载体，一个法律部门往往是由多个规范性法律文件构成的。例如，构成宪法法律部门的规范性法律文件不仅包括成文形式的《中华人民共和国宪法》，还包括其他有关的多个规范性法律文件，如主要国家机关的组织法、选举法和代表法、国籍法、特别行政区基本法、民族区域自治法、立法法和授权法等。

二、划分法律部门的标准和原则

（一）划分法律部门的标准

对法律部门的划分标准，我国法学界进行了长期的探讨，现在比较一致的观点是：划分法律部门的第一位的标准是法律规范所调整的社会关系的种类，第二位的标准是法律的调整机制和方法。

1. 法律调整的对象

法律是调整社会关系的行为准则，法律调整的对象是指法律规范所调整的社会关系。社会关系的复杂性和多样性，决定了需要不同的法律规范对其进行调整。当某些构成调整对象的社会关系在性质上不属于同一类，调整这些社会关系的法律规范就可以构成一个法律部门或法律制度。可以说，社会关系的内容决定着法律规范的性质。因而法律所要调整的社会关系的种类和性质成为划分法律部门的第一位标准。例如，调整人身关系和财产关系的法律规范划归民法法律部门，调整行政关系的法律规范划归行政法法律部门，调整商事关系的法律规范划归商法法律部门等。

法律调整的对象即社会关系是划分法律部门的主要标准，但不是唯一的标准。因为构成调整对象的社会关系是多种多样的，如果仅仅以对象类别划分的话，必然会产生无数部门。因此，法律部门的划分还应有另一个标准，这就是法律的调整机制和方法。

2. 法律调整的方法

社会关系极其广泛和复杂，仅仅用法律调整对象作为标准还不够，因为它常常无法解释一个法律部门可以调整不同种类的社会关系，也无法解释同一社会关系需要由不同的法律部门来调整这一法律现象。例如，刑法法律部门作为一个法律部门，却可以调整多种社会关系；又如，同一个社会关系可能需要不同的法律部门进行调整，典型的例子是经济关系既需要民法法律部门的调整，也需要经济法法律部门的调整。因此，划分法律部门，还需要将法律调整的方法作为其中的一个标准。法律调整的方法是作用于一定社会关系的特殊的法律手段和方法的总和，法律调整的方法指明了某种社会关系是怎样被调整的，这使得各部门法得以区别。法律调整的方法主要是指实施法律制裁的方法和确定法律关系主体不同地位、权利义务的方法，包括确定权利义务的方式、方法，权利义务的确定性程度和权利主体的自主性程度，法律关系主体的地位和性质，法律事实的选择，保障权利的手段和途径。法律调整的方法从不同的角度也可做出不同的分类。例如，从调整的法律关系角度，可分为平权调整方法和隶属调整方法，以此方法可以区分在调整财产关系的法律规范中，哪些属于民法部门，哪些属于行政法部门。又如，从法律作用于人的行为的基本方式看，法律调整方法可分为积极义务的方式、允许的方式和禁止的方式。在民法部门中一般以允许的方式居多，而在刑法部门中则以禁止的方式为主。再如，从法律后果角度看，可分为奖励和制裁两种方法，特别是制裁，能够反映法律的重要特征。据此，可以将采用刑事制裁的法律规范归入刑法部门，将采用民事制裁的法律规范归入民法部门，采用行政制裁法律规范的归入行政法部门。

法律调整的对象和调整的方法都是客观存在的事实，都是不以划分者的主观认识和意志为转移的，是划分法律部门的客观标准。

（二）划分法律部门的原则

当然，在划分法律部门时仅依靠法律调整的对象和方法这两个客观标准是不够的，还应考虑一些原则，使法律部门的划分更加科学合理。划分法律部门的原则主要有以下几个方面。

1. 粗细恰当原则

划分法律部门时应注意粗细之间保持适当平衡，既不宜太粗，也不宜过细，以利于人们了解和掌握本国全部现行法。将一国的法律规范划分为不同的法律部门，其目的在于方便和帮助人们了解和掌握本国的现行法律。在学习和研究某个具体问题或者需要从数以千计的法律法规中找到解决问题的具体法律规定时，只有借助于法律部门划分的知识，才能迅速找到头绪，顺利达到目的。法律部门划分过粗则对方便掌握法律无益，过细则过于烦琐，这都将违背法律部门划分的本意。目前，我国大多数法理学著作认为将我国现行法律部门划分为十个左右是比较合适的。

2. 多寡合适原则

划分法律部门时，应考虑法律调整社会关系的广泛程度不同和现行法律法规的数量多寡，在各法律部门之间适当平衡，避免某一个或几个法律部门包括的法律太多，而有的又太少。对于法律法规较少的社会关系领域，可予以合并。例如，我国的选举法，调整的是各级人民代表大会代表在选举活动中产生的各种法律关系，但法规数量太少，不可能形成一个单独的法律部门，因此可以将它归入宪法法律部门。随着社会主义市场经济的发展，调整平等主体之间的人身关系和财产关系的法律规范日益增多，传统的民法法律部门逐渐增大，不利于人们学习、适用和掌握相应的法律规范与法律制度。所以，近年来有些学者建议把传统的民法法律部门进行分割，分为民法、商法、婚姻家庭法等若干个新的法律部门。

3. 主题定类原则

主题定类原则，即在划分法律部门时要以法律规范的主题或主导因素来确定其部门归属。从原则上来说，一项规范、一个规范性文件不得兼跨不同法律部门，但社会关系的具体情况是极其复杂的，法律规范有时用一个甚至几个标准予以划分也很难绝对地划入某一个法律部门，这时就需要根据主题定类原则，选择其主导因素和主要特征进行合适的分类。例如，在知识产权法中，对著作权的管理、对商标和专利的申请与审查等方面，都有行政管理的因素，从这个角度看，可以纳入行政法法律部门。但从知识产权法整体来看，知识产权的私权性质决定了这些法律规范的主导因素是对著作权人、商标权人、专利权人等民事主体的民事权利的保护，显然将其纳入民法法律部门更为合适。

4. 前瞻性原则

由于法律体系既具有相对稳定性，又具有开放性，为了使法律体系在随社会关系变化时能够保持相对稳定和持久的生命力，法律部门的划分在以现行法为主的同时，应当具有一定的前瞻性，兼顾将要制定的法律。例如，在我国，目前劳动法领域的立法还很不完备，法律法规的数量也不多，但就未来社会的发展趋势和国外立法实践的实际经验来看，可以预测，随着我国社会主义市场经济的建立和完善，劳动法必将发展起来。因此，有必要将它列为一个单独的法律部门，这样也可以避免法律体系的频繁变更。

5. 逻辑与实用兼顾原则

可以说，前面讲的法律部门划分的标准和原则，很好地做到了法律部门划分的逻辑性。但是，同样要注意到法律部门划分的最主要目的，还是方便人们适用法律、学习法律和遵守法律。有些时候不能削足适履，为了满足法律部门划分的逻辑性而忽略了法律部门划分的实用性。在划分法律部门时既要有一定的逻辑根据，从实际出发，考虑正在制定或即将制定的法律，把握法律的发展趋势，还要善于区分各法律部门之间必要的交错和不应有的重复以至混乱，善于使逻辑与实用兼顾。

第二节 法律体系释义

一、法律体系的含义

汉语中，"体系"一词泛指若干有关事物或某些意识互相联系而构成的一个整体。在我国法学界，对法律体系较为一致的认识和理解是，一个国家的全部现行法律规范分类组合为不同的法律部门而形成的有机联系的统一整体。本书认为，法律体系也称为部门法体系，是指一国的全部现行法律规范，按照一定的标准和原则，划分为不同的法律部门而形成的内部和谐一致、有机联系的整体。法律体系是一国国内法构成的体系，不包括完整意义的国际法（国际公法）。法律体系是一国现行法构成的体系，反映一国法律的现实状况，它不包括历史上废止的已经不再有效的法律，一般也不包括尚待制定生效的法律。

二、法律体系的特征

法律体系具有以下几个特征。

（一）统一性与完整性

法律体系的统一性是法律体系最显著的特征。从内容上看，首先，一个法律体系应该包含调整不同社会关系的一些最基本的法律部门，力求门类齐全、内容完备；其次，法律体系包括一个国家的全部现行法，只要是目前在一个国家内仍然有效的法律，都应该被纳入该国的法律体系，不应有缺漏。从形式上看，法律体系应当具备严密的结构，各部门法中的所有规范都应该具有内在的协调性和一致性，尽量避免规范之间的冲突和矛盾。

（二）主观性和客观性

法律体系具有主观性，这是因为法的制定离不开人的活动，由于人的意志及其他因素的作用，世界各国的法律体系呈现出不同的表现形式。然而，法的制定也不能忽视客观规律，立法者的立法活动本质上就是通过立法将客观规律表现为法律规范。因此，从终极意义上来说，法律体系反映客观的社会运动和经济关系，它由经济规律和经济关系所决定，而不是主观任意的产物。

（三）层次性与系统性

法律体系的层次性表现在法律体系是由许多不同的法律部门构成的，法律部门又可以划分为法律制度，法律制度则是由法律规范组成的。法律体系的系统性表现在：法律体系作为一个体系，它的内部组成构件是法律部门，组成法律体系的各个法律部门并不是机械地罗列、堆积在一起，而是按照一定的标准和原则进行分类组合，呈现为一个系统化、统一化的有机整体。同时，法律体系具有明显的层次性，每一个法律部门又可能被划分为一些子法律部门，子法律部门又可以进一步被划分为具体的法律制度，法律制度则由法律规范组成。规范与规范之间，制度与制度之间，部门与部门之间，既存在差别，又相互联系，共同形成一个内在和谐一致的统一整体。

（四）稳定性与发展性

法律作为社会生活的调节器，作为人们行为的规范，应该而且必须具有一定的稳定性，不能朝令夕改。因此，一个国家的法律体系在一定的历史时期往往表现得相对稳定。但这并不意味着法律体系是一成不变的；相反，由于社会生活本身的多样性和不断地变化和发展，法律体系必须随之发展、完善。纵观法律发展史，世界各国的法律体系都经历了从简单到复杂、从诸法合体到各部门法逐渐分化且相对独立的演变过程。所以，法律体系既具有相对稳定性，又不是一个封闭而是开放的体系，随着社会生活不断丰富、变化，法律体系的内容也将不断扩充和更新。

三、法律体系与相关概念辨析

（一）法律体系与法制体系

法律体系又称部门法体系，是指按照一定的原则和标准划分的同类法律规范组成的法律部门所构成的一个有机联系的整体。法律体系是一个静态的概念，旨在描述静态的法律规范和法律本身的体系构成。法制体系又称法制系统，是指法律和制度运转机制及运转环节的全系统，包括立法体系、执法体系、司法体系、守法体系、法律监督体系等，这些体系综合在一起，共同构成一个连接完整的法制运行体系。法制体系中包含静态的法律规范，但更侧重于描述动态的法制运行全系统和全过程。可以说，法制体系中包括法律体系，法律体系存在于法制体系中。

（二）法律体系与法学体系

法学体系是指法学研究的范围和分科，是法学的各个分支学科构成的一个有机联系的统一整体。法学体系与法律体系最显著的区别就在于法学体系的内容和范围比法律体系要广泛得多。首先，法学体系中包括法哲学、法理学、法律史学、法律社会学等内容，而法律体系作为一个国家现行的法律规范体系，则不包括这些内容。其次，法学体系不受地域性的限制，不同国家的法学体系可以相互学习、借鉴，而法律体系一般是就一个国家的现行国内法而言，不包括外国法和国际法。同时，法学体系与法律体系之间也有紧密的联系，两者相互作用、相互影响。这表现在：首先，法律体系可以为法学体系提供条件和对象，是法学体系得以建立和形成的前提与基础。一国的法学体系总是以本国的法律体系为研究的主要内容，因此，法学体系中应用法学的内容，同法律体系中部门法的划分通常是相对应的。例如，部门法划分为宪法、行政法、民法、商法、刑法、诉讼法等，法学体系中也相应地产生了宪法学、行政法学、民法学、商法学、刑法学、诉讼法学等学科。同时，随着社会生活发展变化而引起的法律体系变化的内容，也将成为法学体系研究的对象。其次，法学体系可以为健全和发展法律体系提供必要的指引与理论准备。法学体系的研究结果，有利于从理论上发现法律体系的缺陷和问题，并引导法律体系科学地丰富和完善。

（三）法律体系与法系

法系是依据法律的历史渊源和传统以及由此形成的不同存在样式与运行方式，而对现存的和历史上存在过的各种法律制度所做的分类。凡是具有相同的历史渊源和传统，具有相同或相近的存在样式和运行方式的法律制度，便被视为属于同一法系。由此可见，法系强调的是法律的历史传统，它是跨越历史和国度的；而法律体系只能是由一国现行的国内法组合而成的整体，既不是跨历史的，也不是跨国度的。

第三节　当代中国的法律体系

新中国成立以来特别是改革开放 40 多年来，在中国共产党的正确领导下，经过各方面坚持不懈的共同努力，我国立法工作取得了举世瞩目的巨大成就。一个立足中国国情和实际、适应改革开放和社会主义现代化建设需要、集中体现党和人民意志的，以宪法为统帅，以宪法相关法、民法、商法等多个法律部门的法律为主干，由法律、行政法规、地方性法规等多个层次的法律规范构成的中国特色社会主义法律体系已经形成，国家经济建设、政治建设、文化建设、社会建设以及生态文明建设的各个方面实现了有法可依。

一、当代中国的法律部门

当代中国社会主义法律体系，是指由我国现行的各个法律部门所构成的一个有机联系的整体。自党的十一届三中全会确立改革开放、加强社会主义民主和法制建设的基本方针以来，我国的法制建设逐步走向正轨，法律、法规的制定逐渐完善。经过 40 多年艰苦而卓有成效的努力，可以这样说，我国目前已经基本建立起具有中国特色的社会主义法律体系的框架。这个框架包括以下一些主要的法律部门。

（一）宪法

作为部门法之一的宪法，是我国社会主义法律体系的基础和主导性的法律部门，是其他部门法所有规范性法律文件的最高依据，处于特殊的地位和起着特殊的作用。宪法规定了社会主义中国的各种根本制度、原则、方针、政策，公民的基本权利和义务，各主要国家机关的地位、职权和职责等。宪法作为一个法律部门，除了包括现行《中华人民共和国宪法》这一占主导地位的法律文件外，还包含一些处于附属层次的宪法性法律文件：国家机关组织法、选举法和代表法、国籍法、国旗法、特别行政区基本法、民族区域自治法、公民基本权利法、法官法、检察官法、立法法和授权法等。

（二）行政法

所谓行政法，是指调整行政主体在行使行政职权和接受行政法制监督过程中而与行政相对人、行政法制监督主体之间发生的各种关系，以及行政主体内部发生的各种关系的法律规范的总称。它由规范行政主体和行政权设定的行政组织法、规范行政权行使的行政行为法、规范行政权运行程序的行政程序法、规范行政权监督的行政监督法和行政救济法等部分组成。其重心是控制和规范行政权，保护行政相对人的合法权益。通俗地说，行政法是有关国家行政管理活动的法律规范的总称。它是由调整行政管理活动中国家机关之间、国家机关同企业事业单位、社会团体、公民之间发生的行政关系的规范性文件组成的。需注意的是，行政法与行政法规是两个不同的概念。行政法作为一个法律部门，是规范和调整行政法律关系的法律的总称。行政法规作为一种法的渊源，是国务院制定的规范性法律文件的总称。行政法是由众多的单行的法律、法规和规章以及其他规范性文件构成的。行政法可以分为一般行政法和特别行政法两个部分。一般行政法是对一般的行政关系加以调整的法律规范的总称。主要的规范性法律文件有行政诉讼法、行政处罚法、行政许可法、行政复议法、公务员法等。特别行政法则指对各专门行政职能部门管理活动适用的法律、法规。主要规范性法律文件有国家安全法、城市居民委员会组织法、村民委员会组织法、监狱法、土地管理法、高等教育法、食品卫生法、药品管理法、海关法等。

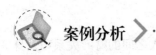 **案例分析** ⟩ ···

法律调整的对象和方法

——田某诉北京 A 大学拒绝颁发毕业证、学位证案

1994 年 9 月,田某考入北京 A 大学下属的应用科学学院物理化学系,取得本科生学籍。1996 年 2 月 29 日,田某在参加电磁学课程补考过程中,随身携带写有电磁学公式的纸条,中途去厕所时,纸条掉出,被监考教师发现。监考教师虽未发现田某有偷看纸条的行为,但还是按照考场纪律,当即停止了田某的考试。北京 A 大学于同年 3 月 5 日按照"068 号通知"第三条第五项关于"夹带者,包括写在手上等作弊行为者"的规定,认定田某的行为是考试作弊,根据"068 通知"第一条"凡考试作弊者,一律按退学处理"的规定,决定对田某按退学处理,4 月 10 日填发了学籍变动通知。但是,北京 A 大学没有直接向田某宣布处理决定和送达变更学籍通知,也未给田某办理退学手续。田某继续在该校以在校大学生的身份参加正常学习及学校组织的活动。

1996 年 3 月,田某的学生证丢失,未进行 1995 至 1996 学年第二学期的注册。同年 9 月,北京 A 大学为田某补办了学生证。其后,北京 A 大学每学年均收取田某交纳的学费,并为田某进行注册、发放大学生补助津贴,还安排田某参加了大学生毕业实习设计,并由论文指导教师领取了学校发放的毕业设计指导费。田某还以该校大学生的名义参加考试,先后取得了大学英语四级、计算机应用水平测试 Basic 语言成绩合格证书。田某在该校学习的 4 年中,成绩全部合格,通过了毕业实习、设计及论文答辩,获得优秀毕业论文及毕业总成绩全班第九名。

1998 年 6 月,北京 A 大学的有关部门以田某不具有学籍为由,拒绝为其颁发毕业证,进而也未向教育行政部门呈报毕业派遣资格表。田某所在的学院认为,田某符合大学毕业和授予学士学位的条件,由于学院正在与学校交涉田某的学籍问题,故在向学校报送田某所在班级的授予学士学位表时,暂时未让田某签字,准备等田某的学籍问题解决后再签,学校也因此没有将田某列入授予学士学位资格名单内,而将名单交本校的学位评定委员会审核。

1998 年 10 月,原告田某以被告北京 A 大学拒绝颁发毕业证、学位证为由,诉至北京市海淀区人民法院。北京市海淀区人民法院在对本案的事实综合认定的基础上,于 1999 年 2 月 14 日判决:被告北京 A 大学在判决生效之日起 30 日内向原告田某颁发大学本科毕业证书、学位证。一审宣判后,北京 A 大学提出上诉。北京市第一中级人民法院经审理认为,原判认定事实清楚、证据充分,适用法律正确,审判程序合法,应当维持。依照《中华人民共和国行政诉讼法》第六十一条第(一)项的规定,于 1999 年 4 月 26 日判决:驳回上诉,维持原判。

问题:适用于田某与北京 A 大学之间的关于是否颁发毕业证、学位证纠纷的法律关系应当属于哪个法律部门,民法还是行政法?

（三）民商法

民商法是调整作为平等主体的公民之间、法人之间、公民与法人之间的财产关系和人身关系的法律规范的总称。民商法分为民法和商法两个次级法律部门。关于民法和商法是分立还是合一，各国做法不尽相同。从立法模式上看，我国采取的是民商合一的模式。民法是指调整平等主体的公民之间、法人之间、公民和法人之间的财产关系和人身关系的法律规范的总称，主要包括物权、债权、知识产权、婚姻、家庭、收养、继承等方面的法律规范。在当今中国，民法最主要的法律渊源，是被称为"社会生活的百科全书"的《中华人民共和国民法典》。商法是民法的一个特殊部分，是指调整商事法律关系主体和商业活动的法律规范的总称。商法是在民法基本原则的基础上适应现代商事活动的需要逐渐发展起来的，主要包括公司、破产、证券、期货、保险、票据、海商等方面的法律规范。

（四）经济法

经济法是有关国家对经济实行宏观调控的各种法律规范的总称。经济法涉及的范围很广，包括关于国民经济和社会发展规划、计划和政策的法律，关于经济体制改革的原则、方针和政策的法律，预算法、审计法、会计法、统计法、农业法、企业法、银行法、市场秩序法、税法，等等。

 案例分析 ▶ ·····················

经济法是独立的法律部门吗？

20世纪的80年代到90年代，中国法学界围绕"经济法是否是一个独立的法律部门"这个问题曾展开过激烈的争论。在20世纪80年代之前，中国实行严格的计划经济，在法律领域基本没有经济法的存在，经济活动由国家统一调控。改革开放以来，随着市场经济的兴起和政府权力在经济领域的不断退出，国家开始制定大量调整经济活动的法律规范，在此背景下，法学家开始讨论经济法的地位问题。一部分法学家主张经济法没有独立的法律地位，不能成为一个独立的法律部门，因为经济法没有自己的调整对象，也没有自己特有的调整方法，所谓经济法，只不过是一部分民法内容和一部分行政法内容的简单拼凑；而另外一部分法学家则认为经济法与民法及行政法存在本质性区别，它利用市场和行政的独特手段，专门调整国民经济运行中出现的社会问题，具体包括市场主体、市场竞争、宏观调控、社会保障等方面，因此它具有自己的独立地位，是独立的法律部门。到了21世纪，随着国家经济立法的增长和法学研究的深入，经济法独立的法律部门的地位得到了法学界的认可。

（五）社会法

社会法是一个新兴的法律部门，关于这一法律部门的理论还不完善。一般认为，社会法是指调整国家在解决社会问题和促进社会公共事业发展的过程中所产生的各种社会关系的法律规范的总称，它的主要功能是解决社会问题，促进社会事业发展。该部门的法律规范主要包括：保护弱势群体的法律规范，如未成年人保护法、老年人权益保障法，等等；维护社会稳定的法律规范，如劳动法与社会保障法；保护自然资源和生态环境的法律规范，如环境保护法、能源法、自然资源保护法、生态法，等等；促进社会公益的法律规范，如社区服务法、彩票法、人体器官与遗体捐赠法、见义勇为资助法，等等；促进科教、文卫、体育事业发展的法律规范，如教师法、科技进步法、义务教育法、教育法、卫生法，等等。

 案例分析 ⟩ ···

社会法的特征——李某诉××银行桐庐支行解除劳动合同纠纷案

李某于 1987 年不慎从楼梯上滚下来而摔伤，在医院做了右肾切除手术。术后，恢复健康。1993 年 8 月初，李某得知××银行桐庐支行（以下简称桐庐支行）招工的信息，认为自己符合条件，就报了名。经体检和入职培训，9 月 1 日，桐庐支行与李某签订了劳动合同。12 月中旬，××银行杭州市分行电话通知桐庐支行"有人反映李某右肾摘除，不符合录用条件"，并要求桐庐支行于 1993 年年底前解除与李某的劳动合同。经调查，1994 年 2 月 24 日，桐庐支行以李某"右肾摘除，存在严重身体缺陷，不符合省分行暂行规定中的有关要求"为由，做出桐中银（1994）第 8 号关于解除李某劳动合同的决定。同年 8 月 11 日，李某向桐庐县劳动争议仲裁委员会申请仲裁。桐庐县劳动争议仲裁委员会经过对该案审理后，于 12 月 6 日做出桐劳仲案字（1994）第 01 号仲裁裁决书：维持桐庐支行对李某解除劳动合同的决定。

李某不服，于 12 月 21 日向浙江省桐庐县人民法院提起诉讼。该案在审理过程中，法院委托杭州市中级人民法院法医技术处对李某的身体是否存在严重缺陷进行鉴定。法医鉴定结论为：被鉴定人李某在生理上存在缺少右肾的缺陷，但具有正常的生活能力、工作能力及社会活动能力，其身体状况未达到严重缺陷的程度。

桐庐县人民法院根据以上事实认定桐庐支行认为李某存在严重身体缺陷的理由不能成立。据此，桐庐县人民法院于 1995 年 12 月 1 日判决：撤销桐庐支行桐中银〔1994〕第 8 号关于解除李某劳动合同的决定；桐庐支行与李某继续履行桐劳鉴字（93）第 1050 号劳动合同。

第一审宣判后，桐庐支行以原答辩理由向杭州市中级人民法院提出上诉。杭州市中级人民法院审理认为：李某因外伤右肾被摘除是事实，但其身体并未达到严重缺陷的程度，可以适应其所担负的工作，对其劳动权应依法予以保护，桐庐支行的上诉理由不能成立。该院依法于 1996 年 1 月 30 日判决：驳回上诉人桐庐支行的上诉，维持第一审判决。

问题：劳动法和社会保障法被认为是典型的社会法，以本案为例来分析社会法具有什么样的特征？

（六）刑法

刑法是规定有关犯罪和刑罚的法律规范的总称。刑法是一个传统和基本的法律部门，在国家生活中起着非常重要的作用。在人们的日常生活中，也是人们最为关注的一个法律部门。我国有关犯罪和刑罚的基本规定主要集中在《中华人民共和国刑法》这一法典中。除此之外，还有许多单行刑法和附属刑法。这些法律规范都是刑法部门的组成部分。

（七）诉讼与非诉讼程序法

程序法部门指调整因诉讼和非诉讼活动而产生的社会关系的法律规范的总称，由诉讼程序法与非诉讼程序法两部分构成。诉讼程序法是有关诉讼活动的法律规范的总称，简称诉讼法。我国的诉讼法主要由刑事诉讼法、民事诉讼法、行政诉讼法组成。非诉讼程序法主要由仲裁法、律师法、公证法、调解法等基本法律构成。

（八）环境与资源保护法

环境与资源保护法是调整有关环境资源的开发、利用、保护和改善的社会关系的法律规范的总称。它包括环境保护法、污染防治法、自然保护法、资源（能源）法、土地法、国土法、区域发展法、城乡规划建设法等。对于环境与资源保护法的独立性，在法学界一直以来存在争议，有的法学家认为环境与资源保护法不是一个独立的法律部门，应当纳入经济法部门的范畴；有的法学家认为环境与资源保护法应当纳入行政法部门的范畴。本书认为，环境与资源保护法是一个比较新兴的独立一级法律部门，这是因为环境与资源保护法有自己独特的调整对象和调整方式，并且从法律现实来看，目前我国已经形成了以《中华人民共和国环境保护法》为基本法，包括大量环境污染防治单行法、自然资源保护单行法和环境标准的环境法律部门。

（九）军事法

军事法是由国家制定或认可并以国家强制力保证其实施的，用于调整军事领域各种关系的法律规范的总称，包括兵役法、国防法、解放军军官军衔条例、军事设施保护法、中国人民解放军现役军官服役条例、中国人民解放军现役士兵服役条例、香港特别行政区驻军法以及军人抚恤优待条例等。军事法是一个独立的法律部门，其法律渊源主要包括：国家立法机关及其授权的国家机关制定和颁布的关于国防和武装力量建设以及战争准备与实施等方面的军事法律、法规等。广义的军事法还包括国家签署或认可的由国际条约和惯例形成的战争法。军事法一般表现为对有关组织和人员的职能或职权、权利和义务、行为模式和行为的法律后果的规范。与国家其他法律部门一样，军事法是统治阶级意志的表现，是国家加强国防、武装力量建设和保证战争准备与实施的重要手段。

二、"一国两制"与当代中国法律体系的建构

在"一国两制"之下，中国的法律虽然有着内地与香港、澳门、台湾地区的种种差异，但仍然可以看作一个法律体系，中国不存在两个以上法律体系并存的情形。这是因为：第一，在"一国两制"之下，我国的国家主权和立法权都是统一的。尽管内地与港、澳、台地区在具体享有和行使立法权方面有些不同，但我国制定国家根本大法的最高立法权是唯一的。第二，由于香港、澳门基本法是根据宪法制定的，而宪法是我国全部法律统一的中心和出发点，这决定了我国的法律体系是统一的。虽然特别行政区的法律制度与内地的法律制度有很大差异，但并不意味着我国法律体系的矛盾。第三，特别行政区的法律虽然分属于不同的法系，但法系背景的差异不影响一国法律体系的统一。

因为我国的特殊国情，当代中国法律体系呈现出了"一国、两制、三法系、四法域"的特点。所谓"一国"，是指我国只有一个完整的法律体系，香港、澳门、台湾地区虽然存在着较大的制度差异，但都属于中国一个国家。"两制"是指目前我国存在两种意识形态的法律制度，内地属于社会主义法律制度，香港、澳门、台湾属于资本主义法律制度。"三法系"是指内地属于社会主义法系，香港属于英美法系，澳门属于大陆法系。"四法域"是指内地和香港、澳门、台湾分别存在着独具特色的法律制度。总之，随着我国恢复对香港和澳门行使主权，以及台湾当前的法律制度的现状，我国法律体系独具特色。

 本章复习题

一、选择题

1. 关于法律体系的特点，以下说法不成立的是（　　　）。

A. 法律体系是一个国家的全部现行法律构成的整体

B. 组成法律体系的法律规范按照一定的标准进行分类组合而形成一个整体

C. 一个国家的法律体系必然是门类齐全、结构严谨、内在协调的

D. 法律体系既是经济关系的反映而具有客观性，又受人的意志影响而具有主观性

2. 下列选项中属于当代中国法律体系的是（　　　）。

A.《中华人民共和国考试法（草案）》　　　　B.《欧洲人权公约》

C.《中华人民共和国治安管理处罚条例》　　　D.《联合国国际货物销售合同公约》

3. 关于法律体系和法学体系的关系，下列说法中错误的是（　　　）。

A. 法律体系属于规范体系而法学体系属于思想范畴，这是两者的本质区别

B. 法学体系的内容和范围比法律体系的内容和范围大，法学体系具有跨国性，法律体系具有属国性

C. 法学体系是法律体系形成、建立的前提和基础

D. 在二者的关系中，法学体系处于完全的被动地位

4. 甲、乙、丙三人在学习法理学后对法律体系和法系两个概念发表了一些看法。甲认为：

"法律体系和法系在意义上大致相同，都是指一国全部有效法律构成的体系。"乙认为："两个概念是同义语，然而要明确国际法是不算在一国法律体系之内的。"丙认为："法律体系和法系两个概念之间的差别就在于后者包含国际法而前者不包含国际法。"下面四个选项是对甲、乙、丙三人意见的评价，你赞同的评价是（   ）。

    A. 甲的意见是正确的   B. 乙的意见是正确的

    C. 丙的意见是正确的   D. 三人的意见都不正确

5. 关于法律部门，以下说法中错误的是（   ）。

    A. 每个法律部门又可以划分为若干个子部门

    B. 每个法律部门都有一个轴心法律或法典

    C. 我国的民法这一法律部门的轴心法律是《中华人民共和国民法通则》

    D. 同一法律制度可能由几个法律部门中具有相同或相近调整属性的法律规范所组成

6. 划分法律部门的基础的、首要的、第一位的或最重要的标准是（   ）。

    A. 法律规范的逻辑结构

    B. 法律规范调整的社会关系（也称法律规范的调整对象）

    C. 法律规范的调整方法

    D. 法律规范的效力等级

7. 刑法这一法律部门的确立，主要是从（   ）。

    A. 法律规范的调整效果来划分的   B. 法律规范调整的社会关系来划分的

    C. 法律规范的调整方法来划分的   D. 法律规范的效力等级来划分的

8. 法律体系是一个重要的法学概念，人们尽可以从不同的角度、不同的侧面来理解、解释和适用这一概念，但必须准确地把握这一概念的基本特征。下列关于法律体系的表述中（   ）说法未能准确地把握这一概念的基本特征？

    A. 研究我国的法律体系必须以我国现行国内法为依据

    B. 在我国，近代意义的法律体系的出现是在清末沈家本修订法律后

    C. 尽管香港的法律制度与大陆的法律制度有较大差异，但中国的法律体系是统一的

    D. 我国古代法律是"诸法合体"，没有部门法的划分，不存在法律体系

9. 为保持法律体系的相对稳定，划分法律部门时需要着重考虑（   ）。

    A. 整体性原则   B. 均衡原则

    C. 从实际出发的原则   D. 以现行法律为主，兼顾即将制定的法律

10. 下列选项中，不属于宪法（及宪法相关法）法律部门的是（   ）。

    A. 民族区域自治法   B. 特别行政区基本法

    C. 村民委员会组织法   D. 人民警察法

二、简答题

1. 法律部门的划分标准和原则是什么？

2. 法律体系的特征包括哪些？

3. 当代中国法律体系的特点是什么？

第七章

法 的 渊 源

✅ **教学目的和要求**

1. 正确理解法的渊源，认识区分正式渊源与非正式渊源的意义。
2. 重点掌握中国当代法的渊源。

✅ **教学重点和难点**

中国当代法的渊源。

第一节　法的渊源释义

一、法的渊源的概念

从词源上看，法的渊源最早来源于欧洲大陆，罗马法中的 fontsjuris 指法的来源、源头。另外，法文 sources du droit、意大利文 fonti del diritto、德文 rechtsquellen、英文 sources of law 都有同样的意思。但是首先普遍使用法的"渊源"一词的却是普通法系的学者。

法的渊源是一国法律文化积累的产物，不同的法的渊源反映了不同的法律传统。它记载了该国法律发展的基本历史，在一定条件下直接上升为法或法律规范。另外，也可以从法律渊源中提取有关原则运用于具体的法律事务当中，以补充现行法律的不足，所以应该正确地认识法的渊源的价值与功能。

法的渊源一词含义广泛，指产生法的来源、根据、原因或途径，可以从各种角度、各个方面来探讨。归纳起来，主要包括以下方面。

（1）法的历史渊源，即引起特定法律、法律制度、法律原则、法律规范产生的历史事件和行为。

（2）法的本质渊源，即法律现象产生、存在和发展的根本原因，法的根本性质。

（3）法的思想理论渊源，即对一国法律制度、法律规范起指导作用的理论原则和思想体系。

（4）法的效力渊源，即法律的拘束力的来源。

（5）法的文件渊源，即包含着对法律规范的权威性解释和记载的文件。

（6）法的形式渊源，即被承认具有法的效力和法律强制力及法律权威性的法的表现形式。法的形式渊源不涉及法的具体内容和具体规定，仅仅是法的具体内容和各项规定的表现和存在形式。我国法理学教科书中所说的法的渊源，基本上是法的形式渊源。

二、决定一国法的渊源的因素

不同国家的法的渊源也必然不同，而影响一国法的渊源的因素包括以下几方面。

（一）国家的政体形式

即在一国中，谁享有法律的创制权，是君主、总统还是议会。在不同政体的国家中，掌握法的创制权的机关不同，因而法的渊源形式也必然不同。从这个意义上说，法的本质对于法的渊源也会发生一定影响。

（二）国家的结构形式

一般来说，国家的结构形式有单一制和联邦制两种。在联邦制国家，中央政府和作为联邦成员的地方政府都有创制法的权力；而在单一制国家中，有些国家的地方政府则不享有创制法的权力。另外，在不同的国家结构形式下，法的效力等级也不同。

（三）法律文化传统

不同的法律文化传统对法的渊源有很大的影响，如英美法系国家传统上奉行判例法，而大陆法系国家则奉行成文法，因此它们的法律渊源有很大不同；我国在传统上也是以成文法为主；还有一些国家把宗教教义当作法的渊源之一。

（四）其他因素

地理、人口、环境等其他因素也会对法的渊源产生一定的影响。例如，我国是一个地大物博、人口众多、政治经济文化发展不平衡的国家，所以就需要赋予地方政权一定的立法权。

三、研究法的渊源的意义

研究法的渊源可以解决以下几个问题：第一，有助于人们更好地认识在一个国家中法的外延有多大，什么样的规则才属于法的范畴；第二，有助于人们更好地认识法的效力的来源和根据，进而更好地确定各种不同法律规范之间的效力等级；第三，有助于人们更好地认识不同来源和不同效力等级的法的具体表现形式是什么，如习惯法、判例法和制定法等；第四，有助于人们更好地遵守法律和适用法律。在人们的现实生活中，正确理解法的渊源，无论对普通百姓还是对法官，都具有重要的意义：普通百姓可以更好地遵守法律，而法官也能够更加准确地适用法律。

第二节　法的渊源的种类

在我国法理学界，法的渊源的分类有多种方法。例如，有历史渊源与现实渊源之分、形式渊源与实质渊源之分、直接渊源与间接渊源之分、正式渊源与非正式渊源之分，其中将法律渊源分为正式渊源和非正式渊源是较常用的分类方法。

一、从历史发展的角度

在不同国家，法律渊源的形式也有所不同，迄今为止，历史上存在过的法的渊源形式主要包括以下几种。

（一）习惯法

习惯是人们在长期的共同的生产和生活过程中，自发形成的惯常性的行为模式。在人们的生活中存在多种多样的习惯，但是并不是所有的习惯都被称之为法律，只有经过国家认可的、对他人有影响力的习惯，才具有法律效力，并由国家强制力来保障它的实施。此时，这种习惯不再是单纯的习惯，而是习惯法。

习惯法是经过国家有权机关以特定的方式认可并赋予其法律效力的习惯和惯例，是将社会中已经存在的行为规范变为法律规范。习惯法是人类历史上最早出现的法律渊源形式，奴隶社会早期的法律制度都是从原始社会的氏族习惯演化而来的，所以当时主要是习惯法。但是，随着人们认识社会规律的能力不断增强，人们不再满足于被动地承认习惯为法律，而是开始越来越多地按照自己的意愿去主动创制法律，于是习惯法的地位便逐渐下降了。

在当代，习惯法被认为对国家制定法只起到补充或辅助的作用。当国家制定法对于习惯法调整的社会关系没有做出规定，或虽有规定但制定法做出了允许例外的明示之时，习惯法可以填补制定法的漏洞。习惯法在司法中的运用不得与国家制定法相冲突，不得违背公序良俗。此外，习惯法的运用不得涉及惩罚性内容，如刑事处罚、行政处罚。可见，在当代民族国家体制下，立法权力主要还是由国家执掌，习惯法在法律渊源中处于次要地位，次于制定法，甚至次于判例法。

（二）判例法

判例是指法院对个别诉讼案件所做的判决成例。在英美法系国家，判例对以后发生的类似案件有约束力，也就是说，以前所做的判决，不仅仅对当时的案件有效力，而且对以后发生的类似案件均有效力，先前的判例已经成为具有普遍效力的行为规范。在英美法系国家中，判例具有法的效力，这就是判例法。判例法制度最早产生于中世纪的英国，目前美国是最典型的实行判例法的国家。美国法院对判例的态度非常灵活，即如果先例适合于眼下的案例，则遵循；如果先例不适合眼下的案例，那么法院可以拒绝适用先例，或者另行确立一个新的法律原则而推翻原来的判例。判例法在英美法系国家是一种重要的法律渊源形式，而大陆法系国家在理论上不承认判例具有法律效力，但实际上也存在少量的判例法。在我国，判例不是法的渊源，但判例无疑具有很高的参考价值，值得学习者充分注意。

判例法与制定法相比有很大差别，判例法具有鲜明的特点。判例法可以满足"相同案件相同处理，不同案件不同对待"这一正义原则的要求。判例法是法院司法审判活动的结果，所以它被称为"法官创造的法"。

（三）制定法

制定法即规范性法律文件，是指特定的国家机关在法定的职权范围内，通过一定的法律程序制定和颁布的、一般以条文形式表现的系统化的规范性法律文件。从广义上讲，制定法既包括立法机关创制的法律，也包括具有立法权的机构创制的具有不同效力等级的规范性法律文件。

在大陆法系国家，法典是制定法的一种特殊形式。在这些国家，将一些基本法律编纂成法典是一种通行的做法，如宪法、刑法、民法、商法和诉讼法等就是法典化程度较高的几个领域。但是，在 20 世纪出现了用单行法代替法典的现象，这种立法方法能够对社会经济、政治做出快速反应，较易改变。例如，我国改革开放后的民事领域立法就体现这种特点。

（四）国际条约

国际条约是国家及其他国际法主体就政治、经济、贸易、法律、文化等方面的问题所缔结的确定其相互权利义务的协议。国际条约的名称包括条约、公约、协定、和约、盟约、换文、宣言、声明、公报，等等。国际条约是国际法的主要法律渊源，在经过法定程序被有关国家机关接受后，就可以成为本国的法律渊源。这一做法受国际法与国内法"二元论"的影响，认为国际法与国内法分属于两个独立的相互分离的法律体系，国际法只有转化为国内法才能成为国内法的一部分。但也有些国家在此问题上持"一元论"的观点，认为条约本身就是国内法的一部分，不需要转化就可以适用，如法国、日本。

在世界各国的交流日渐深入的情况下，国际条约的法律渊源地位日益突出，各国大多数根据国际条约的内容修正本国法律中与其相抵触的内容。"信约必须遵守"，各国有义务通过立法、执法和司法活动促进条约在国内的实施。

（五）学说和制定法

学说是指法学家或思想家对法律问题发表的看法或见解。在历史上，法律学说曾经作为制定法的有效补充产生过重大的作用，如罗马法时期五大法学家的学说，以及中国古代孔子的学说；法理是指法的一般原理、基本精神，即事物的当然之理，如任何人不得因违法行为而获利，法官不得审理与自己有关的案件等原则。

在现代社会，国家机关通过法定程序制定颁布的规范性法律文件正在逐渐成为占主导地位的法律渊源形式。这是因为制定法有着其他法律渊源形式所无法比拟的优越性。首先，制定法具有确定性，内容具体、明确；其次，制定法具有民主性，是由体现人民意志的代表机关创制的；再次，制定法具有自觉性，它通过认识社会规律而主动创制人们需要的法律；最后，制定法具有发展性，它可以引导社会向一定的方向前进。

二、从现实的角度

从现实的角度来看，法的渊源主要包括了法的正式渊源和非正式渊源。美国著名法学家博登海默在他的《法理学：法律哲学与法律方法》一书中指出：将法律渊源划分为两大类别，即正式渊源和非正式渊源是恰当可行的。所谓正式渊源，是指可以从体现为权威性法律文件的明确文本形式中得到的渊源……所谓非正式渊源，是指具有法律意义的资料和值得考虑的材料，而该材料尚未在正式文件中得到权威性或至少是明确的阐述和体现。

正式渊源和非正式渊源的划分，是法理学上关于法的渊源的一种重要划分。因为在法秩序的形成过程中，社会及传统的力量是不能忽视的。所谓法的正式渊源，是指国家立法确认的、具有国家强制力，可以作为执法、司法等法律适用依据的规范性法律文件。所谓法的非正式渊源，是指虽然未经国家法律确认具有法律效力，但是对法律实践具有一定实际影响的法的渊源。在法治建设的初级阶段，如果在法律适用过程中仅将目光局限于法的正式渊源，那么在法律规范有缺失或者有漏洞等情况下，一些特殊案件尤其是疑难案件将会让法官束手无策。在当代中国，法的非正式法源虽然不为国家制定法所承认，但对法的适用和遵守也有一定的影响，可认为在事实上具有法的正式渊源的部分功能。这些法的非正式法源主要包括司法案例、习惯、法理、政策等。法的正式渊源与法的非正式渊源之间的主要区别在于：前者具有法律约束力，法院在审判案件时应当予以适用，法院在其可适用的案件中应当以它作为裁判依据；后者没有法律约束力，只在特定场合才可以被当作裁判依据。

第三节　当代中国法的渊源

根据法的渊源的分类，当代中国法的渊源肯定是从现实的角度进行分析的，所以本节按照中国法的正式渊源和非正式渊源的思路进行分析。

一、当代中国法的正式渊源

当代中国法的正式渊源的一个显著特征在于，自古以来形成了以成文法为主的法的渊源的传统。现时期成文法的渊源包括宪法、法律、行政法规、地方性法规、自治法规、行政规章、特别行政区法、国际条约。其中，宪法、法律、行政法规在中国法的体系中分别居于核心地位和重要的地位。根据我国宪法和立法法等法律的规定，目前我国法的正式渊源主要有以下几个方面。

（一）宪法

宪法既是法的渊源概念，也是法的体系概念。作为法的渊源，宪法是国家最高权力机关经由特殊程序制定和修改的，综合性地规定国家、社会和公民生活的根本事项，具有最高法的效力的一种法。

我国宪法规定了当代中国的根本的社会、经济和政治制度，各种基本原则、方针、政策，公民的基本权利和义务，各主要国家机关的组成及其职权、职责等，涉及社会生活各个领域的最根本、最重要的方面。宪法规定和调整的内容比其他法更重要、更系统，它综合性地规定和调整诸如国家性质、社会经济和政治制度、国家政权的总任务、公民基本权利和义务、国家机构这些带有根本性、全局性的关系或事项。宪法是其他法的立法依据或基础，其他法的内容或精神应符合或不得违背宪法的规定或精神，否则无效。

宪法是由我国最高权力机关——全国人民代表大会制定和修改的，宪法的地位决定了其制定和修改的程序极其严格。宪法具有最高的法的效力，一切法律、行政法规和地方性法规都不得同宪法相抵触。在中国，全国人民代表大会监督宪法的实施，全国人民代表大会常务委员会解释并监督宪法的实施，对违反宪法的行为予以追究。

（二）法律

这里的法律是指作为当代中国法的渊源其中一种的法律，即狭义的法律，不是各种法的总称。法律是由全国人民代表大会及其常委会依据法定职权和程序制定和修改的，规定和调整国家、社会、公民生活中某一方面带有根本性的社会关系或基本问题的一种法，是中国法的形式体系的主导。法律的地位和效力低于宪法而高于其他法，是法的形式体系中的二级大法。法律是行政法规和地方性法规的立法依据或基础，后两者不得与它相抵触，否则无效。

法律分为基本法律和基本法律以外的法律两种。基本法律由全国人民代表大会制定和修改，在全国人民代表大会闭会期间，全国人民代表大会常务委员会也有权对其进行部分补充和修改，但不得同其基本原则相抵触。基本法律规定国家、社会和公民生活中具有重大意义的基本问题，如刑法、民法等。基本法律以外的法律由全国人民代表大会常务委员会制定和修改，规定基本法律调整以外的国家、社会和公民生活中某一方面的基本问题，其调整面相对较窄，内容较具体，如商标法、文物保护法等。上述两种法律具有同等效力。全国人民代表大会及其常务委员会还有权就有关问题做出规范性决议或决定，它们与法律具有同等地位和效力。

（三）行政法规

行政法规是指国务院根据宪法和法律，按照《行政法规制定程序条例》的规定而制定的政治、经济、教育、外事等各类法规的总称。行政法规的基本特征如下。

（1）它在法的渊源体系中处于低于宪法、法律而高于地方性法规的地位。行政法规应根据宪法、法律制定，不得与宪法、法律相抵触；地方性法规则不得与行政法规相抵触，否则无效。

（2）它在法的形式体系中具有纽带作用。其目的是保证宪法和法律实施，有了行政法规，宪法和法律的原则和精神便能具体化，便能更有效地实现。地方性法规的制定不得与行政法规相抵触，就进一步保证了宪法、法律得以实施。

（3）它调整的社会关系和规定的事项，远比法律调整的社会关系和规定的事项广泛、具体。经济、政治、教育、科学、文化、体育以及其他方面的社会关系和事项，只要不带根本性或一定要由宪法、法律调整的，行政法规都可调整。

（四）地方性法规

地方性法规是由特定地方国家机关依法制定，效力不超出本行政区域范围，作为地方司法依据之一，在法的渊源体系中具有基础作用的规范性法律文件的总称。地方性法规是低于宪法、法律、行政法规但又具有不可或缺作用的基础性法的形式。地方性法规的基本特征如下。

（1）立法主体只能是地方国家机关，任务是解决地方问题。

（2）地方上有更多的关系需要处理，比中央立法更复杂、具体。

（3）具有从属和自主两重性。

（4）城市地方性法规在整个地方性法规中逐渐占据重要位置。

地方性法规的主要作用如下。

（1）使宪法、法律、行政法规和国家大政方针得以有效实施。

（2）解决法律、行政法规不能独立解决或暂时不宜由法律、行政法规解决的问题。

（3）自主地解决应由地方性法规解决的各种问题。

现阶段，省、自治区、直辖市、较大市的人民代表大会及其常务委员会，根据本地的具体情况和实际需要，在不与宪法、法律、行政法规相抵触的前提下，可制定地方性法规。全国人民代表大会常务委员会有权撤销同宪法、法律、行政法规相抵触的地方性法规。

（五）自治法规

自治法规是民族自治地方的权力机关所制定的特殊地方规范性法律文件，即自治条例和单行条例的总称。自治条例是民族自治地方根据自治权制定的综合的规范性法律文件；单行条例则是根据自治权制定的调整某一方面事项的规范性法律文件。

民族自治地方的人民代表大会有权依照当地民族的政治、经济和文化特点，制定自治条例和单行条例。自治区的自治条例和单行条例报全国人民代表大会常务委员会批准后生效，报全国人民代表大会常务委员和国务院备案。自治州、自治县的自治条例和单行条例，报省、自治区、直辖市的人民代表大会常务委员会批准后生效，并报全国人民代表大会常务委员会和国务院备案。自治条例和单行条例与地方性法规在立法依据、程序、层次、构成等方面均有区别。自治条例和单行条例可作为民族自治地方的司法依据。

（六）行政规章

行政规章是有关行政机关依法制定的事关行政管理的规范性法律文件的总称，分为部门规章和政府规章两种。部门规章是国务院所属部委根据法律和国务院行政法规、决定、命令，在本部门的权限内所发布的各种行政性的规范性法律文件，也称部委规章。国务院所属的具有行政职能的直属机构发布的具有行政职能的规范性法律文件，也属于部门规章的范围。部门规章的地位低于宪法、法律、行政法规，不得同它们相抵触。政府规章是有权制定地方性法规的地方人民政府根据宪法、法律、行政法规制定的规范性法律文件，也称地方政府规章。政府规章除不得同宪法、法律、行政法规相抵触外，还不得同上级和同级地方性法规相抵触。

（七）国际条约

国际条约指两个或两个以上国家或国际组织之间缔结的，确定其相互关系中权利和义务的各种协议，不仅包括以条约为名称的协议，也包括国际法主体之间形成的宪章、公约、盟约、规约、专约、协定、议定书、换文、公报、联合宣言、最后决议书。

国际条约本属国际法范畴，但对缔结或加入条约的国家的国家机关、公职人员、社会组织和公民也有法的约束力。在这个意义上，国际条约也是该国的一种法的形式，同国内法具有同等约束力。随着中国对外开放的发展，同别国交往日益频繁，特别是随着中国加入世界贸易组织，同别国缔结的条约和加入的条约日渐增多。这些条约也是一种中国法的形式和重要的司法依据。

（八）特别行政区法规

我国宪法规定，国家在必要的时候设立特别行政区，特别行政区同中央的关系是地方与中央的关系，在特别行政区内实行的制度按照具体情况由全国人民代表大会以法律规定。这是"一个国家、两种制度"的构想在宪法上的体现。特别行政区实行不同于全国其他地区的经济、政治、法律制度，即在若干年内保持原有的资本主义制度和生活方式，因而在立法权限和法律形式上也有特殊性，特别行政区法规在当代中国法的渊源中成为单独的一类。全国人民代表大会已于 1990 年 4 月和 1993 年 3 月先后通过了《中华人民共和国香港特别行政区基本法》和《中华人民共和国澳门特别行政区基本法》。

特别行政区的权力机关享有其他地方权力机关所没有的某些权力。特别行政区法规就是由全国人民代表大会制定的特别行政区的基本法和特别行政区依法制定并报全国人民代表大会常务委员会备案的在该特别行政区内有效的规范性的法律文件。

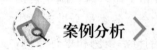 **案例分析** ﹥ ···

法律渊源的类型和识别
——从香港居留权案件分析香港特别行政区的法律渊源

1997 年 7 月 8 日，香港特别行政区临时立法会通过"居权证"制度，所有香港居民在内地所生子女均要在内地申请居港权。

1999 年 1 月 29 日，香港特别行政区终审法院针对香港居民在内地所生子女的居港权，认为临时立法会制定的有关法律不符合《中华人民共和国香港特别行政区基本法》（以下简称《基本法》），《基本法》第二十四条第二款第（三）项所指的香港居民所生子女，是包括在其父或母成为香港永久性居民之前或之后所生的子女；《基本法》第二十三条第四款中对"中国其他地区的人"进入香港的限制不适用于这些人士。该判决扩大了原来根据香港《入境条例》规定的香港永久性居民在内地所生中国籍子女获得居港权的范围，即认为：香港居民内地所生子女如能证明其父或母是香港永久性居民，便享有居港权，无须经内地有关机关批准，即可进入香港特别行政区定居。

1999 年 6 月 26 日，全国人民代表大会常务委员会应香港特别行政区政府要求解释《基本法》，拥有居港权的内地居民必须同时持有单程证及居权证，同时其父母最少有一人必须在其出生时已成为香港永久性居民，才能根据《基本法》第二十四条第二款第（三）项的规定，享有居港权并来港定居。

1999 年 12 月 3 日，香港特别行政区终审法院裁定全国人民代表大会释法具约束力。

2002 年 1 月 10 日，香港特别行政区终审法院裁定 1999 年 1 月之前赴港的香港居民内地所生子女，拥有居港权，可以留港。

问题： 如何从本案来分析香港特别行政区的法律渊源？

（九）其他法的渊源

除上述法的形式外，在我国还有这样几种成文的法的形式：

（1）中央军事委员会制定的军事法规和军内有关方面制定的军事规章。

（2）"一国两制"条件下特别行政区的规范性法律文件。

（3）有关机关授权别的机关所制定的规范性法律文件。

特别行政区的规范性法律文件，如果是根据宪法、立法法和地方组织法规定的权限制定的，属于地方性法规；如果是根据立法机关授权制定的，则属于根据授权制定的规范性法律文件的范畴。

二、当代中国法的非正式渊源

任何国家的法的正式渊源都不可能是一个包罗万象的体系，也就是说，它不可能为法律实践中的每个法律问题都提供一个明确答案。总会有一些法律问题不可能从正式的法的渊源中寻找到确定的依据，主要包括下列情况。

（1）正式的法的渊源完全不能为法律决定提供依据。

（2）适用某种正式的法的渊源会与公平正义的基本要求、强制性要求和占支配地位的要求发生冲突。

（3）一项正式的法的渊源可能会产生出两种解释的模棱两可性和不确定性。

当上述情况发生时，法律人为了给法律问题提供一个合理的法律决定，就需要诉诸法的非正式渊源。不同国家的法的非正式渊源的种类不同。

在每一个国家除了法的正式渊源以外，社会秩序的形成往往还依赖于民间的不很正式的社会规范。这些社会规范虽然不属于法的正式渊源，但在法律的实施过程中，不仅对法的遵守有相当的作用，而且对执法、司法活动也有一定的影响。本书中称之为法的非正式渊源。目前我国法的非正式渊源主要包括以下几方面。

（一）政策、判例和习惯

1. 政策

政策分为党的政策与国家政策。党的政策是中国共产党处理阶级关系和政治事务的一系列路线、方针、原则和规范，实际上它几乎覆盖了我国各种基本社会关系，从内容上一般可分为总政策和具体政策两大类。政策与法律两者在制定的主体、表现形式、实施方式、效力范围和调整的社会关系范围等方面都有所不同。

在我国，中国共产党的政策属于法的非正式渊源。原《民法通则》第六条曾明确规定："民事活动必须遵守法律，法律没有规定的，应当遵守国家政策。"中国共产党是我国的执政党，宪法以及各种法律法规中规定的诸多原则是国家政策的体现，有的内容甚至成为宪法、法律法规本身的有机组成部分。因此，党的政策对法律的制定或实施都有指导作用。

 案例分析 ⟩ ·····································

党 的 政 策

2014 年 10 月 20 日，中国共产党十八届四中全会在北京召开，首次以全会的形式专题研究部署全面推进依法治国这一基本治国方略，会议通过了《中共中央关于全面推进依法治国若干重大问题的决定》。全面推进依法治国，就要在中国共产党领导下，坚持中国特色社会主义制度，贯彻中国特色社会主义法治理论，形成完备的法律规范体系、高效的法治实施体系、严密的法治监督体系、有力的法治保障体系，形成完善的党内法规体系，坚持依法治国、依法执政、依法行政共同推进，坚持法治国家、法治政府、法治社会一体建设，实现科学立法、严格执法、公正司法、全民守法，促进国家治理体系和治理能力现代化。

2. 判例

判例，是指审判机关对于某个具体案件做出的判决。进入 20 世纪 90 年代后，我国的成文法体系进一步得到完善，与之相辅相成的判例也大量出现，判例的重要性也被人们普遍承认。例如，2000 年 6 月，最高人民法院决定定期向社会公布部分裁判文书，在各卷的案例汇编前言中指出："最高人民法院的裁判文书，由于具有最高的司法效力，因而对各级人民法院的审判工作具有重要的指导作用，同时还可以为法律法规的制定和修改提供参考，也是法律专家和学者开展法律教育和研究的宝贵素材。"

根据《最高人民法院关于案例指导工作的规定》（法发〔2010〕51号），最高人民法院负责选择并定期发布某些有代表性的判决（主要是地方法院的判决），并要求其他法院在其审判工作中以这些判决作为案例加以参考。对于这些案例（即指导性案例）是不是我国法的渊源之一，法学界有不同看法。本书认为，尽管最高法院批准发布的案例对于指导司法实践具有重大意义，但仍不应被看作法的正式渊源。当然，香港特别行政区的判例法除外。

判例之所以在法的适用中具有重要性，是因为它可以弥补制定法的不足。具体来说，任何判例都是法官结合特定案件事实将具有一般性和抽象性的制定法规范具体化的一种结果，也就是说判例不再是一般和抽象的。这至少为将来的法官运用该制定法解决具体案件提供了思路、经验和指导。同理，任何判例都是法官针对具体案件事实将具有模糊性和歧义性的制定法进行解释而得到的一种结果，也就是说，任何判例都在一定程度上消除了语言的模糊性和歧义性，使制定法的语言的外延和内涵在一定程度上得到厘清。这样，判例就为将来的法官适用制定法解决具体案件提供了帮助，至少可以减轻法官的工作负担。

 案例分析 ▶ ···

最高人民法院办公厅关于印发《行政审判办案指南（一）》的通知

（2014年2月24日　法办〔2014〕17号）

各省、自治区、直辖市高级人民法院，解放军军事法院，新疆维吾尔自治区高级人民法院生产建设兵团分院：

为统一司法裁判尺度，明确法律适用标准，让人民群众在每一个司法案件中都感受到公平正义，我们将对各地行政审判实践中具有前沿性、普遍性、典型性的案例及问题进行归纳研究，定期编发《行政审判办案指南》。现将《行政审判办案指南（一）》印发给你们，请转发至各级法院，供各地在行政案件审理中参考运用。

3. 习惯

习惯，是指人们长时期逐渐养成的、一种不易改变的思维倾向、行为模式和社会风尚。但是，习惯和习惯法是两个不同的概念。只有得到国家认可的习惯才成为习惯法，即习惯不具有法律效力，不是法的渊源。但是在某些特殊的领域或者少数民族聚集的区域，习惯在社会关系的调整过程中具有十分重要的作用。民族风俗习惯，是民族在一定的自然环境和社会环境中相沿积久而形成的生活方式。它具体表现在各民族的生产、居住、饮食、服饰、婚姻、丧葬、节庆、娱乐、礼仪、禁忌等方面。民族风俗习惯虽然属于法的非正式渊源，但是在民族地区，对于民族关系的调整发挥着独特的作用。

（二）法律学说、道德规范、宗教规范

1. 法律学说

法律学说广泛存在于教科书、学术刊物、法律条文释义、法律百科全书乃至法律辞典中。由于立法者和法官在一般情况下没有也不可能接受同一种法律学说，而且对于同一种法律学说的理解又不可能像法律那样规范和统一，所以从影响法官裁判案件这个角度上来说，它仅是一种非正式的法的渊源。在重大疑难案件的处理过程中，围绕法律适用或事实认定的问题，原被告双方如果争议较大，法院也难以做出准确判断时，经当事人或代理律师提出要求，可以邀请某一领域的专家，针对某一具体案件的事实或针对某一事实的法律适用进行论证，得出中立、客观公正的专家论证法律意见，以供法官在裁决时参考。据浙江省高级人民法院的一项调查，基层法院的法官比上级法院的法官更重视专家意见；普通法官比具有领导职务的法官更重视专家意见；学历高而司法经验较少的法官则更认同专家法律意见书的作用。大约80％的法官表示会重视并阅读专家的法律意见书，因为出具意见书的专家中许多是学术权威。看到专家意见书后，法官处理案件会更谨慎。

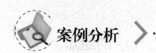 案例分析

关于请求司法部门为被告人邱某某进行司法精神病鉴定的公开信

邱某某一案的相关司法部门：

作为从事法学研究和教学的专业人员，我们与全国亿万人民一样，一直关注着邱某某一案的审判过程，并且关注邱某某一案所反映的我国司法鉴定制度所存在的弊端。

我们从媒体公开的事实获悉，有一些精神病学专家认为，从邱某某的种种表现来看，邱某某很可能患有精神病。邱某某的妻子提出，邱某某家族中多人有精神病史。我们同时也注意到，也有相关专家认为，邱某某只存在人格障碍，并非精神病，有完全责任能力。

作为法律人，我们与检察官、法官一样，只具有法律专业知识，而无精神病方面的专业知识。对于邱某某是否有精神病，我们无法判断。我们同时认为，对于这一问题，检察官、法官也无判断能力，必须交由精神病学专家来判断。我们深感遗憾的是，虽然已有精神病学专家怀疑邱某某患有精神病，但相关司法部门一直未对其进行精神病鉴定。我们认为，将是否进行鉴定的决定权绝对地赋予检察官、法官，是一种极其危险的机制，因为他们与我们一样，都是精神病学方面的外行。我们认为，被告人依法享有辩护权，享有提供证据的权利。只要有合理怀疑，申请鉴定就应当是被告方的当然权利，尤其是死刑案件。人命关天，不可不慎。在精神病学专家已经提出质疑的情况下，在邱某某妻子已提出邱氏家族中多人有精神病史的情况下，如果仍不对邱某某进行司法精神病鉴定，判决将难以服众。这不仅严重损害了被告人的辩护权，也将严重损害司法之权威。有鉴于此，我们在此呼吁：

一、从提高司法权威，保障基本人权以及被告人的辩护权角度出发，立即对邱某某进行

司法精神病鉴定。

二、法学理论界和实务界通过本案，深刻反思现行的司法鉴定制度，通过制度改造，将宪法所确立的保护基本人权的原则落实到具体的法律制度上。

此致

北京大学法学院教授贺卫方，中国政法大学法学院教授何兵，中国政法大学民商法学院教授龙卫球，清华大学法学院副教授何海波，中国青年政治学院副教授周泽

二○○六年十二月十日

【判决结果】

2006 年 12 月 28 日上午 9 时，陕西省高级人民法院刑事审判庭在安康市中级人民法院再次开庭，没有对邱某某进行司法精神病鉴定，法庭当庭宣布陕西省高级人民法院维持安康市中级人民法院一审刑事判决的终审裁定，决定：判处被告人邱某某死刑，剥夺政治权利终身，邱某某二审被判死刑。

请结合邱某某案件中五位法学家的建议和陕西省高级人民法院的判决，谈谈你对学说作为法的渊源的认识。

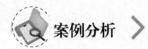 **案例分析**

巫昌祯：推动反家暴立法的法学家

2015 年 8 月 24 日，在巫昌祯等人的推动下，《中华人民共和国反家庭暴力法（草案）》被提交全国人民代表大会常务委员会审议。作为中国婚姻法的泰斗，巫昌祯多次参与《妇女权益保障法》的起草和修改。她既是法学教育家，也是法律援助律师；既是妇女权益的保护者，更是一位立法反家庭暴力的推动者。

2. 道德规范

在我国，道德规范虽然不是一种正式意义上的法的渊源，但是就法的实施来看，司法者在自己的实践中不能不考虑道德因素。从这一角度说，道德规范是一种非正式意义上的法的渊源。

 案例分析

扶 不 扶

自 2007 年南京彭宇案之后集中爆发的一系列被救老人"讹人"事件在社会上引发了广泛的争议。2014 年春晚的小品《扶不扶》更是发人深省，本是学雷锋做好事，结果竟变成一件

如此"谨慎"的事，老人变得"扶不起"。"扶与不扶"折射复杂心态。13亿人扶不起一个摔倒的老人，对于这样越来越不是新闻的"新闻"，许多人只能报之以无言的苦笑。一个又一个不同版本的"彭宇案"，正在不断冲破人们脆弱的道德底线，泯灭了许多人心中本来就十分微弱的公益之火。在一个个老人摔倒却无人敢救的社会现象背后，流失的是人与人之间原本单纯质朴的信任，损毁的是社会公德堤坝上的砖石，拷问的是我们每个社会成员的灵魂。老人摔倒后好心相扶，本是符合道德的善举，为何有的当事人会借机讹诈？又为何有人会对摔倒的老人冷漠以对？靠什么扶起摔倒的老人？

3. 宗教规范

法和宗教规范都是调整一定社会关系的社会规范，具有规范人们行为的作用。在政教合一的国家中，法和宗教规范互相渗透，宗教规范也具有法律效果，甚至是法的主要渊源。

在我国这样一个社会主义国家，法和宗教的关系可以概括如下：法确认公民宗教信仰自由，保护宗教的正常活动；宗教不得干预国家的政治和法律，禁止利用宗教进行非法活动。宗教规范不是法律的一种正式渊源。

 案例分析 ▷ ···

方丈遗产继承案

2010年1月26日夜间，两名歹徒来到位于云南省玉溪市红塔区菜园街的灵照寺，在方丈释永修住处投宿时将其杀害，并抢走其5 000元钱等财物。寺庙众僧和其亲属整理遗物时发现，释永修个人在当地各个银行共存有400余万元存款和20余万元的债权单据。释永修女儿张译云要求继承父亲遗产被拒后，一纸诉状将玉溪市红塔区灵照寺佛教管理委员会告到法院。2012年6月26日，玉溪市中级人民法院开庭审理了该案。9月20日，玉溪市中级人民法院宣判：释永修出家后，在寺院生活期间，其在寺院接受的布施、捐赠以及通过宗教活动取得的财产均属寺院所有，400余万元存款属于灵照寺，驳回原告张译云的诉讼请求。

问题：运用法的渊源的相关知识谈谈对该案的认识。

三、规范性法律文件的系统化

（一）规范性法律文件系统化的概念和意义

1. 规范性法律文件系统化的概念

规范性法律文件的系统化，是指将不同国家机关在不同时期制定颁布的各种规范性法律文件按照一定要求进行分类、整理或加工，使之统一、完整、明确和有序。我国存在各级各类的不同规范性法律文件的制定主体，因而规范性法律文件的体系较为庞大、复杂。由于很多规范性法律文件是在不同时期针对不同问题分别由不同机关制定的，规范性法律文件的系统性比较差。一方面，同一部门的法律规范可能规定在不同的法律文件中；另一方面，一个法律文件中又有可能包含不同部门的法律规范。这样就导致规范性法律文件在查阅时很困难，不容易了解，也可能导致不同规范性法律文件中的内容互相重叠甚至互相冲突，不利于法律的遵守和执行。

2. 规范性法律文件系统化的意义

首先，有利于法律文件的查阅。法律对于某一个特定问题的规定，往往散见于许多不同的规范性法律文件中，所以规范性法律文件的系统化有利于查找相关法律。其次，有利于提高立法质量。在规范性法律文件的整理过程中，会发现法律文件之间内容上的重叠、冲突，以及哪些内容没有规定，进而在制定法律时可以加以完善。

（二）规范性法律文件系统化的基本方式

1. 法规汇编

法规汇编，也称法律汇编，是指在不改变其内容的前提下，将现行规范性法律文件按照一定的目的和标准，如按照颁布的时间顺序、涉及的问题性质或发布文件的机关做出系统排列和整理，汇编成册。例如，劳动法汇编、工商行政管理法汇编等。法规汇编有以下三个特点。

（1）具有一定系统性，即按照一定标准进行汇编。在实践中，其标准往往是混合的，如以颁布的年代、制定的主体等为标准。

（2）不变动原有规范性法律文件的效力，只是对规范性法律文件进行分类整理，而不是创制法律，但它是以后立法的准备。

（3）整理的主体可以是官方的也可以是非官方的，前者比较常见，但后者进行法律汇编也是可以的，因为法律汇编毕竟不是创制法律。

2. 法典编纂

法典编纂，即编制部门法典，也称法律编纂，是指在对某一部门全部现行规范性法律文件进行审查、补充、审订的基础上，制定新的系统化的规范性法律文件，即制定部门法的活动。法典编纂不同于法规汇编，两者的区别如下。

（1）从性质上来说，法典编纂是创制法的活动，是对原有规范性法律文件进行修订、补充的立法活动，变动了原有规范性法律文件的法律效力，而法规汇编则不变动原有规范性法律文件的效力，只是进行收集和整理。

（2）法典编纂具有很强的系统性、结构性，要求立法人员具有很高的立法技术，需要对原有的规范性法律文件进行合理的安排。法典编纂应该先确立一定的法律原则，然后将各个法律部门合理地安排在法律原则之下，使整个部门法成为一个有内在联系的统一整体。法典一般具有比较严密的结构形式，分为总则、分则、附则等部分。有的国家在编纂部门法典的基础上，进而将相关的部门法典整理在一起，这就是编纂法律全书的活动，这就要求更高的立法技术。

3. 法规清理

法规清理，又称法规整理或法律清理，是指有关国家机关按照一定程序，对一定时期和范围的规范性法律文件进行审查，并重新确定其法律效力的活动，其特点如下。

（1）法规清理的对象是已经颁布生效的规范性法律文件，即使其在实践中并没有被应用，也要清理。

（2）法规清理的主体是原规范性法律文件的制定者，一般来说，谁制定谁清理是普遍的原则，法规清理是法律创制机关专有的活动。

（3）法规清理不产生新的规范性法律文件，只是审查原有规范性法律文件是否合理合法，是否应该继续存在。

（4）法规清理的结果具有法律意义，它对现存的规范性法律文件进行审查，并确定其法律效力。如果发现哪些规范性法律文件不合理或不合法则终止其效力，或者对其加以修改；如果规范性法律文件合理合法，则继续保持其效力或延长其效力。

 本章复习题

一、选择题

1. 尹老汉因女儿很少前来看望，诉至法院要求判决女儿每周前来看望 1 次。法院认为，根据《老年人权益保障法》第十八条规定，家庭成员应当关心老年人的精神需求，不得忽视、冷落老年人；与老年人分开居住的家庭成员，应当经常看望或问候老年人。而且，关爱老人也是中华传统美德。法院遂判决被告每月看望老人 1 次。关于此案，下列说法错误的是（　　　）。

A. 被告看望老人次数因法律没有明确规定，由法官自由裁量

B. 《老年人权益保障法》第十八条中没有规定法律后果

C. 法院判决所依据的法律条款中规定了积极义务和消极义务

D. 法院判决主要是依据道德做出的

2. 原告与被告系亲兄弟，父母退休后与被告共同居住并由被告赡养。父亲去世时被告独自料理后事，未通知原告参加。原告以被告侵犯其悼念权为由诉至法院。法院认为，按照我国民间习惯，原告有权对死者进行悼念，但现行法律对此没有规定，该诉讼请求于法无据，判决原告败诉。关于此案，下列说法错误的是（　　　）。

A. 本案中的被告侵犯了原告的经济、社会、文化权利

B. 习惯在我国是一种非正式的法的渊源

C. 法院之所以未支持原告诉讼请求，理由在于被告侵犯的权利并非法定权利

D. 在本案中法官对判决进行了法律证成

3. 赵某与陈女订婚，付其 5 000 元彩礼，赵母另付陈女 1 000 元"见面礼"。双方后因性格不合解除婚约，赵某诉请陈女返还该 6 000 元。法官根据《民法典》和最高人民法院《关于适用若干问题的解释（二）》的相关规定，认定该现金属彩礼范畴，按照习俗要求返还不违

反法律规定，遂判决陈女返还。对此，下列说法正确的是（　　）。

A. 法官所提及的"习俗"在我国可作为法的正式渊源

B. 在本案中，法官主要运用了归纳推理技术

C. 从法理上看，该判决不符合《婚姻法》第十九条"夫妻可以约定婚姻关系存续期间所得的财产"之规定

D.《婚姻法》和《关于适用若干问题的解释（二）》均属于规范性法律文件

4. 甲法官处理一起伤害赔偿案件，耐心向被告乙解释计算赔偿数额的法律依据，并将最高人民法院发布的已生效同类判决提供给乙参考。乙接受建议，在民事调解书上签字并赔偿了原告损失。关于本案，下列判断正确的是（　　）。

A. 最高人民法院公布的已生效同类判决具有普遍约束力

B. 甲法官在该案调解时适用了判例法

C. 甲法官提供的指导性案例具有说服力

D. 民事调解书经乙签署后即具有行政强制执行力

5. 我国某省人民代表大会常务委员会制定了该省的《食品卫生条例》。关于该地方性法规，下列选项不正确的是（　　）。

A. 该地方性法规所规定的内容主要属于行政法部门

B. 该地方性法规属于我国法律的正式渊源，法院审理相关案件时可直接适用

C. 该地方性法规的具体应用问题，应由该省人民代表大会常务委员会进行解释

D. 该地方性法规虽仅在该省范围适用，但从效力上看具有普遍性

6. 2000 年 6 月，最高人民法院决定定期向社会公布部分裁判文书，在各卷的案例汇编前言中指出："最高人民法院的裁判文书，由于具有最高的司法效力，因而对各级人民法院的审判工作具有重要的指导作用，同时还可以为法律法规的制定和修改提供参考，也是法律专家和学者开展法律教育和研究的宝贵素材。"对于此段文字的理解，下列选项正确的是（　　）。

A. 最高人民法院的裁判文书可以构成法的渊源之一

B. 最高人民法院的裁判文书对各级法院审判工作具有重要指导作用，属于规范性法律文件

C. 最高人民法院的裁判文书具有最高的普遍法律效力

D. 最高人民法院的裁判文书属于司法解释范畴

7. 对法律汇编与法典编纂之间区别的理解，可以有多种角度。下列（　　）准确地揭示了二者之间的区别。

A. 法律汇编既可以由个人进行，也可以由社会团体乃至国家机关进行；法典编纂只能由国家立法、执法和司法机关进行

B. 法律汇编是为了形成新的统一的规范性法律文件，法典编纂是将不同时代的法典汇编成册

C. 法律汇编可以按年代、发布机关及涉及社会关系内容的不同，适当地对汇编的法律进行改变；法典编纂不能改变原来法律规范的内容

D. 法律汇编不属于国家机关的立法活动，法典编纂是一种在清理已有立法文件基础上的

立法活动

8. 根据我国立法法的规定，下列（　　）属于地方性法规可以规定的事项。

A. 本行政区内市、县、乡政府的产生及组织和职权的规定

B. 本行政区内经济、文化及公共事业建设

C. 对传染病人的强制隔离措施

D. 国有工业企业的财产所有制度

9. 某法院在一起疑难案件的判决书中援引了法学教授叶某的学说予以说理。对此，下列说法正确的是（　　）。（多项选择）

A. 法学学说在当代中国属于法律原则的一种

B. 在我国，法学学说中对法律条文的解释属于非正式解释

C. 一般而言，只能在民事案件中援引法学学说

D. 参考法学学说有助于对法律条文做出正确理解

10. 在当代中国，由最高国家行政机关国务院依法制定和修改的，有关行政管理和管理行政事项的规范性法律文件，是指（　　）。

A. 行政法　　　　B. 行政法规　　　　C. 行政规章　　　　D. 政府规章

11. 在我国法的形式中，由省、自治区、直辖市、较大的市的权力机关依法制定和修改，效力不超出本行政区域范围，作为地方司法依据之一的规范性法律文件的总称，是指（　　）。

A. 行政法规　　　　B. 自治法规　　　　C. 行政规章　　　　D. 地方性法规

12. 河北省人民代表大会常务委员会 2003 年 7 月 18 日制定了《河北省人口与计划生育条例》，这一规范性法律文件属于（　　）。

A. 地方性法规　　　B. 行政法规　　　C. 自治法规　　　D. 行政规章

13. 民族自治地方的权力机关根据自治权所制定的综合性的规范性法律文件，称为（　　）。

A. 自治规章　　　B. 自治条例　　　C. 单行条例　　　D. 自治法规

14.《西藏自治区施行〈中华人民共和国婚姻法〉的变通条例》属于（　　）。

A. 行政规章　　　B. 自治法规　　　C. 自治条例　　　D. 单行条例

15. 司法部制定的《监狱劳动教养人民警察着装管理规定》属于（　　）。

A. 行政法规　　　B. 部门规章　　　C. 部门法规　　　D. 政府规章

16. 河北省人民政府制定的《河北省人口与计划生育条例实施细则》属于（　　）。

A. 行政法规　　　B. 部门规章　　　C. 部门法规　　　D. 地方政府规章

17. 关于法的汇编，正确的说法是（　　）。

A. 法的汇编只能由有权立法的机关进行

B. 法的汇编不能改变现行法律的内容

C. 法的汇编是一种立法活动

D. 法的汇编就是对同一部门法进行系统审查、加工整理

18. 某出版社组织有关专家汇集相关法律文件，编辑出版《中华人民共和国高等教育法律法规大全》，这种工作属于（　　）。

A. 规范性法律文件的规范化　　　　B. 法律清理

C. 法律汇编　　　　　　　　　　　D. 法律编纂

19. 关于法律编纂，正确的说法是（　　）。

A. 法律编纂只能由有权立法的机关进行

B. 法律编纂不能改变现行法律的内容

C. 法律编纂不是一种立法活动

D. 法律编纂就是对各种规范性法律文件进行系统编排

20. 关于国内法和国际法，下列选项中错误的是（　　）。

A. 国内法与国际法的划分标准是法的创制主体和适用范围

B. 国家不会成为国内法法律关系的主体

C. 国际法的主要表现形式是国际条约

D. 外国人也可以成为我国国内法法律关系的主体

21. 关于成文法和不成文法，下列选项中正确的是（　　）。

A. 法的创制方式和表现形式是成文法与不成文法的划分标准

B. 成文法是指具有文字形式的法

C. 所有的不成文法都不具有文字形式

D. 法学上对成文法与不成文法进行区分，就是看法是否有文字表现形式

二、简答题

1. 法的渊源的种类有哪些？

2. 试述当代中国法的渊源。

第八章

法 律 效 力

教学目的和要求

1. 了解法律效力的内涵及分类。
2. 了解法律效力的确认原则与方式。

教学重点和难点

1. 法律效力原则。
2. 法律的溯及力。

第一节　法律效力概述

法律效力是法理学研究的主要问题之一。首先，需要研究的是法律为什么对人们具有约束力或强制力，即法律有效的理由和根据是什么。这是现代西方法理学中的法律概念论研究的核心内容。其次，需要研究的是法律在什么时间、什么空间对哪些对象具有约束力或强制力的问题，即法律效力的范围。这就是中国法理学中的关于法律效力研究的核心内容。

一、法律效力的含义

法律效力是法律的约束力和保护力的统称。法律的约束力是指违法实施或违法不实施的行为，损害法律所保护的社会关系，应当受到国家的强制性追究。法律的保护力是指社会主体接受法律的调整和指引，依法作为或不作为，就应当得到法律的认可和保护。法律效力是法律的调整、指引和保护功能的体现，具有认可和追究的双重意义——凡法律必有法律效力，如凯尔森所言，法律效力是法律的存在，法律存在就有效力。法律效力来自制定它的合法程序和国家强制力。法律效力意味着人们应当遵守、执行和适用法律，不得违反，守法受法律保护，违法应当受法律追究。通常，法律效力可分为规范性法律文件的效力和非规范性法律文件的效力。前者是指法律的生效范围或适用范围，即法律对什么人、在什么地方和什么时间有约束力；后者是指判决书、裁决书、逮捕证、合同等的效力，这些文件在经过法定程序之后也具有约束力，任何人不得违反。非规范性法律文件是适用法律的结果，而不是法律本身。法理学上的法律效力主要是指前者。

法律效力不同于法律实效。法律效力是法律的约束力和保护力，这种力量是法律固有的，通常不因出现违法行为而丧失。法律实效是指法的功能和作用实现的程度和状态，属于事实范畴。现行的法律是有效力的，但不一定都具有实效。法律取得实效的方式是法律得到遵守和适用。在现实之中，有些法律在很多情况下都没有得到遵守，而且有些违法犯罪行为逃脱了法律的追究或制裁，一般来讲这不会影响这些法律的效力。但是法律效力与法律实效之间仍然存在紧密联系。一个国家的法律体系有效力以它大体有实效为条件，即社会中多数人在多数时间里都在遵守法律，即使出现了违法行为，这些违法行为在多数情况下还是受到了法律的追究或制裁；一个丧失实效的法律体系难以存在甚至会不存在，会失去效力。所以，某部法律只有在大体有实效的情况下才会有效力，如果它在相当长时间都不被人们遵守也不被法官所适用，它会因没有实效而丧失效力。

二、法律效力的来源及法律有效的条件

（一）法律效力的来源

法律效力究竟从哪里来？西方法理学界存在很大的争议，在我国法理学界也是仁者见仁、智者见智：有的主张来源于事实；有的主张来源于心理；有的主张来源于道德；有的主张来源于逻辑；还有的干脆主张来源于宪法或比宪法更高的规范。但是宪法也是法，如果进一步追溯它的效力来源，很多人认为它来源于国家主权，来源于权力机关的制定或认可。

本书认为法律效力来源于多方面因素的综合影响，即它既有现实的根据，也有道德和心理的根据。其现实根据在于：一方面它来源于产生它的权力机关；另一方面它还来源于法律对社会成员的实际的或事实上的约束力，即实效。其道德和心理的根据在于：一方面它来源于法律的道德约束力，即有效力的法律必须是符合正义原则和道德要求的；另一方面法律效力也取决于法律对人们施加的心理影响和人们接受其约束的心理态度。就当代中国法律效力的根本来源而言，应该是人民的理性与人民的权力。

（二）法律有效的条件

法律的有效条件是指法律规范得以生效的内部环境和外部环境。法律的有效条件就内部环境而言，其条件为：

（1）必须是现行有效的法律规范；

（2）必须与上一等级的法律规范不相冲突或抵触；

（3）法律规范必须在它约束的时间、对象和范围之内才有效。

就外部环境而言，其条件为：

（1）必须是在合法权力机关的制定或认可下产生的；

（2）必须公布；

（3）必须有合法有效的国家强制力保障。

三、法律效力层次

（一）法律效力层次的含义

当代世界各国的法律，无论是大陆法系，还是英美法系，或是当代中国法律，都自成为一个法律体系。在大陆法系国家，大多是以制定法为法的渊源，而在制定法渊源中，又大多以宪法为最高法的渊源而形成一个"金字塔形"的法律等级体系；在英美法系国家，虽然没有一个以制定法为主的法律体系，但以法院判决为主要形式的判例法，也存在一个由审判等级而形成的法律等级体系；在当代中国，已形成一个以宪法为核心的社会主义法律体系，这个法律体系中的各种法的渊源之间也有一个等级位阶体系。因此，法律效力层次就是指在一个国家法律体系的各种法的渊源中，由于其制定主体、程序、时间、适用范围等不同，各种法律效力也不同，由此而形成的一个法律效力等级体系。

（二）法律效力层次的一般原则

法律效力层次的一般原则，即指不同等级的主体制定的法有不同的法律效力，等级高的主体制定的法，效力自然高于等级低的主体制定的法。以当代中国为例，首先根据宪法和组织法的有关规定，宪法是具有最高效力的根本大法，位于当代中国法律效力层次的最高层（顶尖），然后依次是法律、行政法规、地方性法规、政府规章等。它们由不同级别的制定主体制定，因而具有不同的法律效力，形成一个法律效力等级体系。

在各个法的体系中，法律效力层次要贯彻以下两个原则。

1. 宪法至上原则

宪法至上原则是指一国宪法作为国家的根本大法，具有在法律规范中至高无上的法律地位。在整个法律效力层次体系中，宪法是具有最高效力的，不仅效力低于宪法的法律，而且所有的其他法的渊源的效力都要服从宪法、遵守宪法。

2. 上位法优先于下位法原则

现代国家的立法主体和立法种类都是多样化的，因而法的形式和种类也相应地变得复杂，法和法之间存在层级的差别。这些不同层级的法之间经常发生矛盾和抵触，即通常所说的上位法和下位法的冲突。当代中国立法体系和法的形式的复杂性，也使得法律效力层级问题颇为突出。根据宪法和立法法的规定，在现时期，全国人民代表大会有权修改宪法和制定法律，全国人民代表大会常务委员会有权制定法律，国务院和其所属有关部门分别有权制定行政法规和规章，省、自治区、直辖市和较大的市有权制定地方性法规和规章，民族自治地方有权制定自治条例和单行条例，特别行政区有权制定法律。这些不同的法之间，以及由这些不同的法所派生的有关法律文件之间，经常不可避免地发生层级冲突。

处理不同层级的法之间所发生的冲突，应遵循上位法优先于下位法原则。在中国具体的规定为：

（1）宪法具有最高的法律效力，一切法律、行政法规、地方性法规、自治条例和单行条例、规章都不得同宪法相抵触，否则无效。

（2）法律的效力高于行政法规、地方性法规和规章。行政法规的效力高于地方性法规和规章。地方性法规的效力高于本级和下级地方政府的规章。省、自治区人民政府制定的规章，效力高于本行政区域内较大的市人民政府制定的规章。

（3）法律、行政法规、地方性法规、自治条例和单行条例、规章超越权限，它们中的下位法违反上位法规定的，由有关机关依照《中华人民共和国立法法》第一百零八条所确定的权限予以改变或撤销。

 案例分析 ▷ ···

法官李慧娟案

2003 年 1 月 25 日，河南省洛阳市中级人民法院开庭审理了伊川县种子公司委托汝阳县种子公司代为繁殖"农大 108"玉米杂交种子的纠纷，此案的审判长为 30 岁的女法官李慧娟。在案件事实认定上双方没有分歧，而在赔偿问题上，根据《河南省农作物种子管理条例》第三十六条规定："种子的收购和销售必须严格执行省内统一价格，不得随意提价。"而根据《中华人民共和国种子法》的立法精神，种子价格应由市场决定。法规之间的冲突使两者的赔偿相差了几十万元。

此案经过洛阳市中级人民法院、洛阳市人民代表大会等有关单位的协调，洛阳市中级人民法院根据上位法做出了判决。然而，判决书中的一段话却引出了大问题："《中华人民共和国种子法》实施后，玉米种子的价格已由市场调节，《河南省农作物种子管理条例》作为法律位阶较低的地方性法规，其与《中华人民共和国种子法》相冲突的条（原文如此）自然无效……"

河南省人民代表大会认为，李慧娟无权以法官身份宣布地方性法规无效，洛阳市中级人民法院的判决违反了宪法。"人民代表大会是立法机关，法院是执法机关，法院的主要任务是适用法律，法律的修改和废止是人民代表大会职权范围的事情，所以不管是否冲突，法院都无权去宣布法规有效还是无效。"这"实质是对省人民代表大会常务委员会通过的地方性法规的违法审查，违背了我国的人民代表大会制度，侵犯了权力机关的职权，是严重违法行为。"河南省人民代表大会法制办公室主任毛引端说。

2003 年 10 月，河南人民代表大会致函河南省高级人民法院和洛阳市人民代表大会，要求纠正判决错误，并追究直接责任人的责任。10 月 21 日，河南省高级人民法院在一份对全省下发的通报中称，"个别干警人民代表大会制度意识淡薄，政治业务素质不高。……无论案件具体情况如何，均不得在判决书中认定地方法规的内容无效。"

处理的结果是撤销李慧娟审判长职务并免去其助审员资格。赵广云是洛阳市中级人民法院民事审判庭副庭长，也因此案被洛阳市中级人民法院撤销了副庭长职务。受到处理后，李慧娟请了假，暂时离开了法院的工作环境，但她的内心仍然无法平静。休假期间，她通过最高人民法院的女法官协会，将自己的材料递交到了最高人民法院纪律检查委员会。

（三）法律效力层次的特殊原则

由于法的数量非常之多，它们由多方面的立法主体制定或认可，或由多方面的司法机关所创制，且产生的时间和针对的侧重点不同，使得它们之间常有冲突，协调这些冲突，选取更合适的法予以适用或运用，是法律人和所有涉法的社会主体需要明确的。法律效力层次除要贯彻它的一般原则外，由于法的复杂性，法的效力层次还存在一些特殊原则。这些特殊原则有以下几点。

1. 特别法优于一般法

"特别法优于一般法"是针对同一制定主体制定的法而适用的一个法律效力层次的特殊原则，对于不同主体制定的法仍应坚持法律效力层次的一般原则。之所以要对同一主体制定的法实行"特别法优于一般法"，是因为特别法一般是针对特别人、特别事或特别地域而专门制定的，它的内容是一般法所没有涉及的或一般法虽有涉及但较笼统、抽象。因此，在针对特别人、特别事、特别地域时，要适用特别法，而不适用一般法。此外，有些特别法如戒严法等，是适用特定时间内（如宣布戒严时期内）的法，一般法无法满足这一特定时间内的要求，因此，必须适用特别法。

2. 新法优于旧法

"新法优于旧法"这一特殊原则也是针对两个具有同等级别效力的法律时所适用的原则。这里有两种情况：一种是当新法颁布后，旧法被废止，失去效力，那自然要适用新法；另一种是新法虽颁布，但旧法并未被废止，仍继续有效力，如果两部法所涉及的内容相同或相似时，应适用新法。因为一般而言，新法的制定和颁布，都是因为旧法已经不能适应新的发展变化的情况了。因此，新法在内容上肯定同旧法有差异，并且更加适应新的形势要求。在这种情况下，就应适用新法。

法是在不同时间产生的，它们对同一对象发生效力时，往往存在新法和旧法的冲突。处理这种冲突应遵循有条件的"新法优先于旧法"的原则，即以同一位阶特别是同一主体制定或认可为前提，来适用这一原则。不同位阶的法，不适用"新法优先于旧法"的原则；在许多情况下，属于同一位阶但却不属于同一立法主体所制定的法，也不适用"新法优先于旧法"的原则，比如此地的新地方性法规同彼地的旧地方性法规发生冲突，便不适用这一规则。

在中国，根据立法法的规定，处理新法和旧法相冲突的基本制度为：

（1）同一机关制定的法律、行政法规、地方性法规、自治条例和单行条例、规章，新的规定同旧的规定不一致的，适用新的规定；

（2）法律之间、行政法规之间、地方性法规之间，对同一事项的新的一般规定同旧的特别规定不一致，不能确定如何适用时，分别由全国人民代表大会常务委员会、国务院、制定地方性法规的机关裁决；

（3）同一机关制定的新的一般规定同旧的特别规定不一致时，由制定机关裁决。

3. 法律文本优于法律解释

这一规则是针对法律文本与法律解释之间的效力而言的。我国一般认定，在效力等级同等情况下，法律解释与被解释的法律具有同等的法律效力，这在法律解释符合法律文本的情况下，是成立的。但是在法律解释实践中，常常出现法律解释与被解释的法律文本之间存在抵触，或者法律解释超越了解释权限，变成了新的"造法"活动的情况，此时，仍应维护法律文本的效力。当然，解释是否超越权限和解释是否同法律文本相抵触，都得结合具体解释实例，由有权部门（一般是制定主体）进行分析和裁定。

4. 实体法优于程序法

实体法是相对于程序法而言的。这一原则是指由于实体性的权利义务对人们更为直接更为重要，因而相对于程序法而言，自然居于主导地位。实体法优先原则是在两难间不得不进行选择时所采用的原则。

5. 国际法优先原则

即国际法优先于国内法原则。当然，这一原则不是绝对的，如那些被主权国家拒绝承认的法律规范或声明保留的条款，就不得适用这一原则。

6. 后法优先或新法优先原则

后法优先于前法、新法优先于旧法的原则，是指在认定出自同等或同一效力法的渊源的不同法律规范之间的效力地位关系时，如果依据上述诸项原则仍难以认定的话，则可以依据规范制定的时间先后来确定其优先顺序，后来制定的法律规范在效力地位上要高于先前制定的法律规范，后法优先适用。

第二节　法律效力范围

法律效力范围，通常指法对什么对象、在什么时间和空间有效。明确法律效力范围，是法的遵守和适用的一个前提。社会主体只有理解了一定的法律所具有的效力范围，才能明了自己的行为和利益同该法的关联。司法人员和其他用法人员只有理解了法律效力范围，才能明确准备适用或正在运用的法律同一定的对象、空间、时间是否有合法的、必然的联系，才能准确实现法律效力，而不至于将只适用中国主体的法拿来适用外国主体，或把只适用此地、此时的法拿来适用彼地、彼时。

一、法律对象效力

法律对象效力，是指法的适用对象有哪些，对什么样的人和组织有效。法学上也将法律对象效力称为对人的效力，这里的人包括自然人和法所拟制的人——法人和其他组织。

各国法律对象效力颇有差异，所实行的原则大体有以下四种。

（1）属人原则。以人的国籍和组织的国别为标准，本国的人和组织无论在国内还是在国外，都受本国法的保护和约束，一国的法不适用在该国领域的外国人和组织。

（2）属地原则。以地域为标准，一国的法对它管辖地区内的一切人和组织，不论是本国的还是外国的，都有同样法的效力；本国人和组织如不在本国，则不受本国法的保护和约束。

（3）保护原则。以保护本国利益为标准，主张不论国籍或地域如何，侵害了哪国利益，就适用哪国法、受哪国法的追究。

（4）折中原则。即上述三种原则的结合而又以属地原则为基础的综合性原则。根据这一原则，首先，一国领域内的人和组织，无论是本国的还是外国的，一般适用该国的法；其次，外国人和组织以适用居住国的法为原则，但有关公民义务、婚姻、家庭、继承、特殊犯罪等，仍适用其本国的法；最后，依据国际条约和惯例，享有外交特权的人，则适用其本国的法。当今世界绝大多数国家都采用这种原则。

中国也实行折中原则。这一原则在对中国公民、组织和对外国人、组织及无国籍人的适用上，各有确定的内容。

（1）中国公民、法人和组织在中国领域内一律适用中国法，在国外仍受中国法的保护并履行中国法定义务，同时也遵守所在国的法。当两国法对同一事项规定不一致时，既要维护中国主权，又要尊重他国主权，按国际条约或惯例处理。中国刑法、民法和其他有关规范性法律文件，对中国公民、法人和组织在外的法的适用问题，有若干规定。

（2）中国法对外国人和无国籍人的适用，包括两种情况：一是在中国领域内的外国人，如果是享有外交特权和豁免权或法律有另外规定的，一般不适用中国法。这些人主要包括驻中国的外国使节、来访的国家元首和国家政要，以及这些人的配偶、未成年的子女。其他外国人除法律另有规定的外，一般适用中国法。二是在中国领域外的外国人和无国籍人对中国或中国公民、法人和组织犯罪的，按中国刑法规定的最低刑为 3 年以上有期徒刑的，可适用中国刑法，但按犯罪地的法不受处罚的除外。在民事和商事方面，中国法在中国领域外的适用问题，按中国法或国际私法有关冲突规范来办理。

 案例分析 〉 ···

我国刑法对外国人的效力

2000 年中国发布首份《中国的禁毒》白皮书以来，已经有来自韩国、日本、菲律宾、缅甸、老挝、英国等国家的 10 多名外国毒贩在我国被判死刑。而除了涉毒犯罪，还有一些外国人因其他严重犯罪在我国被判死刑。《环球时报》报道称，几乎每次判处外国人死刑时，中国都承受了巨大的外交压力，但拒绝外国政府的"求情"与施压正体现了中国司法的独立性。

我国刑法规定，外国人在我国境内犯罪的，除了享有外交特权和豁免权的人通过外交途径解决外，其余外国人适用我国刑法规定。也就是说，如果没有外交特权和豁免权，外国人在中国犯罪与中国人一样，只要触犯了刑法规定的死刑罪名，就可以被依法判处死刑。

而目前刑法中规定的 55 种死刑罪名中，除了少数针对中国公民的特定罪行，绝大部分都对外国人适用，包括杀人和贩毒等常见罪名。2014 年 8 月 20 日，德国公民菲利普就因为犯有故意杀人罪被厦门中级人民法院判处了死刑，这是首例德国公民在我国被判死刑案件。而菲利普的罪行是 2010 年 6 月在厦门街头行凶，用铁锤和刀具将自己的前女友以及她的新男友残忍杀害。

据日本外务省统计，截至 2014 年，日本人在中国涉毒批捕者共 44 人，已被确定刑罚者共 33 人，被执行死刑的共 5 人，死缓共 6 人。另据韩联社报道，截至 2014 年 8 月，在中国境内被收监的韩国籍案犯 300 多人中，有约三分之一是毒品案犯，已经有 4 名韩国毒贩被处死。

二、法律空间效力

法在什么样的空间范围或地域范围有效，即为法律空间效力。法律空间效力范围主要由国情、法律效力等级、法律调整对象或内容等因素决定，常见的法律空间效力范围如下。

第一，有的法在全国范围内有效，即在一国主权所及全部领域有效，包括属于主权范围的全部领陆、领空、领水，也包括该国驻外使馆和在境外飞行的飞行器或停泊在境外的船舶。这种法一般是一国最高立法机关制定的宪法和许多重要的法律。最高国家行政机关制定的行政法规一般也在全国范围有效。中国宪法和全国人民代表大会及其常务委员会制定的法律，国务院制定的行政法规，除有特别规定外，在全国范围内都有效。

 案例分析 〉••

北约轰炸中国驻南联盟大使馆事件

贝尔格莱德时间 1999 年 5 月 7 日夜间 23 点 45 分左右(北京时间 1999 年 5 月 8 日清晨 5 时 45 分左右)，以美国为首的北约部队用 B-2 隐形轰炸机投下了五枚联合直接攻击弹药(JDAM)，击中了位于南联盟首都贝尔格莱德樱花路 3 号的中华人民共和国驻南斯拉夫联盟共和国大使馆。当场炸死新华社记者邵云环、《光明日报》记者许杏虎和朱颖，炸伤数十人，造成大使馆建筑的严重损毁。1999 年 5 月 8 日，中华人民共和国政府就中国驻南联盟大使馆遭北约轰炸一事发表声明。声明全文如下：

5 月 7 日午夜，以美国为首的北约悍然使用导弹从不同角度袭击了中华人民共和国驻南斯拉夫联盟共和国大使馆，使馆损坏严重，并造成三人死亡、两人失踪、二十余人受伤。以美国为首的北约对南斯拉夫四十多天的狂轰滥炸已经造成无辜平民大量伤亡，现在又发展到轰炸中国驻南大使馆，北约的这一行径是对中国主权的粗暴侵犯，也是对维也纳外交关系公约和国际关系基本准则的肆意践踏，这在外交史上是罕见的。中国政府和人民对这一野蛮暴行表示极大愤慨和严厉谴责，并提出最强烈的抗议。以美国为首的北约必须对此承担全部责任，中国政府保留采取进一步措施的权利。

第二，有的法在一定区域内有效，有以下三种情况。一是地方性法律、法规仅在一定行政区域有效，如中国的地方性法规、自治法规。二是有的法律、法规虽然是由最高国家立法机关或最高国家行政机关制定的，但它们本身规定只在某一地区生效，因而也只在该地区发生法律效力。例如，全国人民代表大会所制定的香港、澳门特别行政区基本法就只适用于该特别行政区，全国人民代表大会常务委员会关于经济特区的立法就只适用于一定的经济特区。三是有的法律、法规虽然是全国性的法律、法规，但由于该国家有的地域具有特殊情况，这些法律、法规在这些特殊地域则不予适用。例如，中国的法律和行政法规，除极少数外，都不在香港和澳门特别行政区适用。

第三，有的法具有域外效力。例如，中国《刑法》第七条规定："中华人民共和国公民在中华人民共和国领域外犯本法规定之罪的，适用本法，但是按本法规定的最高刑为三年以下有期徒刑的，可以不予追究。中华人民共和国国家工作人员和军人在中华人民共和国领域外犯本法规定之罪的，适用本法。"中国其他有关法律如涉及民事、贸易和婚姻家庭方面的法律，有的也明文规定了域外效力。

第四，国际法一般适用于缔约国和参加国，但缔约国和参加国声明保留的除外。国际法在有的情况下也可适用于没有参与缔约或没有正式缔约的国家，但前提是这些国家愿意接受这些国际法。

三、法律时间效力

法律时间效力，指法律效力的起止时限以及对其实施前的行为和事件有无溯及力。

法开始生效的时间，指法从何时起开始发生效力。法通过后先要加以公布，公布是法开始生效的前提，但并不是所有的法一经公布就开始生效。法开始生效的时间根据法的规定、惯例、需要以及其他有关情况而定，通常有三种情形：一是自公布之日起开始生效。有的法规定自公布之日起生效；有的法虽然没有规定自公布之日起开始生效，但不具体规定生效日期本身，就包含有公布后马上生效的意思，如中国宪法。二是公布后经过一段时间或具备一定条件生效。不少法的开始生效时间属于这种情形。这样做是为了使公民、法人、有关社会组织、司法机关和其他国家机关，有必要的时间了解法的内容，做好法实施的准备，或具备必要的条件后再实施该法。其中又有两种情况：有的由法本身规定该法从何时或具备何种条件即开始生效，如中国立法法和刑法等；有的是通过专门决定，规定某法从何时或具备何种条件即开始生效，如香港、澳门特别行政区基本法。三是以到达期限为生效时间。采取这种形式主要是考虑各地区距离立法主体所在地远近不同，交通、通信条件有别，法不能同时送达各地。法的这种生效形式，通常是在交通、通信不发达的情况下。现时期中国没有采用这种法律生效形式。

法终止生效，指法从何时起不再有效，又称法律废止。终止生效的时间依法的规定、立法发展、客观情况变化以及其他有关因素而定。通常有明示终止（废止）和默示终止（废止）两种形式，前者指在新法或其他法中以明文规定终止旧法的效力；后者指不以明文规定终止旧法的效力，而是在实践中新法同旧法相冲突时采用新法而使旧法事实上被废止。就明示和默示两种终止生效的情形而言，明示废止更明确和肯定，有更多的优越性，也更能体现立法者的本意和法治精神。中国法律终止生效有以下几种情形。

（1）以新法取代旧法，使旧法终止生效。这是法终止生效的主要形式。其中有的是新法公布时，新法中明文宣布同名旧法作废。有的是新法公布时，新法中没有宣布同名旧法作废，但随着新法的公布，和新法名称、内容相同的旧法自然失效。有的是新法公布时，同名旧法虽然在整体上失效，但它的有关规定的效力还要延续一段时间，待这段时间过后再失效。

（2）有的法完成了历史任务后自然失效。如土地改革法在土地改革完成后便自然失效。

（3）由有关机关发布专门文件如特别决议、命令宣布废止某项法。

（4）法本身规定了终止生效的时间，如期限届满又无延期规定，便自行终止生效。

（5）同一机关制定的法，即使名称不同，但新法同旧法不一致时，以新法为准。在这种情况下，意味着旧法或旧法中的有关规定被废止。

法律溯及力，指新法对它生效前所发生的行为和事件可加以适用的效力。法是规范现时社会关系和指引主体现时行为的准则，未公布前，人们不可能明了将来的法规范哪些社会关系，允许或禁止哪些行为，也谈不上按尚未制定的法去办事。因此，一般来说，法只适用于生效后发生的行为和事件，不适用于生效前的行为和事件，不应有溯及既往的效力，特别是有关侵权法、违约法和刑事法，更不适宜有溯及既往的效力。这就是法不溯及既往的原则。这一原则始于罗马法，确立于美、法、德等国的宪法、民法和其他法律，并逐渐为许多国家采纳。但这一原则并不是绝对的。立法者鉴于维护某种利益的目的，往往也针对具体情况在法中做出有溯及力或有一定溯及力的规定。各国法规定大体有以下几种情况。

（1）从旧原则，即新法没有溯及力。

（2）从新原则，即新法有溯及力。

（3）从轻原则，即比较新法和旧法，哪个处理轻些就按哪个法处理。

（4）从新兼从轻原则，即新法原则上溯及既往，但旧法对行为人的处罚较轻时，则从旧法。

（5）从旧兼从轻原则，即新法原则上不溯及既往，但新法对行为人的处罚较轻时，则从新法。

目前世界上多数国家采取从旧原则，法没有溯及力。在法律规定有溯及力的国家，通常采用从旧兼从轻原则。中国现时期主要也采取从旧兼从轻原则，在特殊情况下也可溯及既往。按照立法法的规定，中国法的溯及力的现行制度为："法律、行政法规、地方性法规、自治条例和单行条例、规章不溯及既往，但为了更好地保护公民、法人和其他组织的权利和利益而作的特别规定除外。"

案例分析 〉 ···

最高人民法院、最高人民检察院关于适用刑事司法解释时间效力问题的规定

（高检发释字〔2001〕5号，自2001年12月17日起施行）

为正确适用司法解释办理案件，现对适用刑事司法解释时间效力问题提出如下意见：

一、司法解释是最高人民法院对审判工作中具体应用法律问题和最高人民检察院对检察工作中具体应用法律问题所作的具有法律效力的解释，自发布或者规定之日起施行，效力适用于法律的施行期间。

二、对于司法解释实施前发生的行为，行为时没有相关司法解释，司法解释施行后尚未处理或者正在处理的案件，依照司法解释的规定办理。

三、对于新的司法解释实施前发生的行为，行为时已有相关司法解释，依照行为时的司法解释办理，但适用新的司法解释对犯罪嫌疑人、被告人有利的，适用新的司法解释。

四、对于在司法解释施行前已办结的案件，按照当时的法律和司法解释，认定事实和适用法律没有错误的，不再变动。

 本章复习题

一、选择题

1. 2007年12月26日，中共中央总书记胡锦涛提出"党的事业至上、人民利益至上、宪法法律至上"的重要观点。有关"三个至上"中"宪法法律至上"的理解，下列选项正确的是（　　）。

A. "宪法法律至上"是指宪法和法律在效力上地位相同，都具有最高效力

B. "宪法法律至上"仅仅强调实现法律效果，是增强全社会法律意识的价值指引

C. 肯定"宪法法律至上"是执政党在思想认识上的一个重大转变

D. "宪法法律至上"是我国宪法明确规定的原则，一切国家机关、武装力量、各政党和各社会团体、各企业事业组织都必须遵守

2. 从1999年11月1日起，对个人在中国境内储蓄机构取得的人民币、外币储蓄存款利息，按20%税率征收个人所得税。某居民2003年4月1日在我国境内某储蓄机构取得1998年4月1日存入的5年期储蓄存款利息5 000元，若该居民被征收了1 000元的个人所得税，则这种处理违背了（　　）。

A. 法律优先原则　　　　　　　　　B. 新法优于旧法原则

C. 法不溯及既往原则　　　　　　　D. 特别法优于普通法原则

3. 法律终止生效是法律时间效力的一个重要问题。在以默示废止方式终止法律生效时，一般应当选择（　　）原则。

A. 特别法优于一般法　　　　　　　B. 国际法优于国内法

C. 后法优于前法　　　　　　　　　　D. 法律优于行政法规

4. 律师潘某认为母婴保健法与婚姻登记条例关于婚前检查的规定存在冲突,遂向全国人民代表大会常务委员会书面提出了进行审查的建议。对此,下列说法错误的是（　　　）。

A. 母婴保健法的法律效力高于婚姻登记条例

B. 如果全国人民代表大会常务委员会审查后认定存在冲突,则有权改变或撤销婚姻登记条例

C. 全国人民代表大会相关专门委员会和常务委员会工作机构需要向潘某反馈审查研究情况

D. 潘某提出审查建议的行为属于社会监督

5. 关于法律效力和法律实效,下列选项中错误的是（　　　）。

A. 法律效力是指法对其所指向的人们的强制力或约束力

B. 法律文件被制定并公布出来,于其规定的生效日期起就具有了法律实效

C. 法律实效就是法的功能和立法目的的实现程度和状态

D. 没有得到有效遵守的法,并不表明它没有效力

6. 一国的法不适用于所有在该国领域的外国人和组织,这是法律对象效力各原则中的（　　　）。

A. 属人原则　　　B. 属地原则　　　C. 保护原则　　　D. 折中原则

7. 本国人和组织如不在本国,则不受本国法律约束,这是法律对象效力各原则中的（　　　）。

A. 属人原则　　　B. 属地原则　　　C. 保护原则　　　D. 折中原则

8. 任何侵害了本国利益的人,不论其国籍和所在地域,都要受该国法律的追究,这是法律对象效力各原则中的（　　　）。

A. 属人原则　　　B. 属地原则　　　C. 保护原则　　　D. 折中原则

9. 根据我国在法律对象效力问题上采取的原则,下列选项中正确的是（　　　）。

A. 中国公民、法人和其他组织在中国领域内一律适用中国法

B. 中国公民、法人和其他组织在国外仍受中国法律保护并履行中国法的法定义务,不受外国法约束

C. 外国人在我国,除法律另有规定外,不适用我国法律

D. 外国人在我国领域外,对中国或中国公民、法人和其他组织犯罪的,一律适用中国刑法予以追究

10. 在法律溯及力问题上,首要的、基本的原则是（　　　）。

A. 法不溯及既往　　　　　　　　　　B. 法有条件地溯及既往

C. 法一律溯及既往　　　　　　　　　D. 法有条件地不溯及既往

11. 在法律溯及力问题上,我国采取（　　　）。

A. 从旧原则　　　　　　　　　　　　B. 从新原则

C. 从新兼从轻原则　　　　　　　　　D. 从旧兼从轻原则

二、简答题

1. 法律有效的条件包括哪些？

2. 试述法律效力原则。

3. 我国法律对象效力采用什么原则？为什么？

4. 我国对法律溯及力是如何规定的？为什么？

第九章

法 的 作 用

✅ **教学目的和要求**

1. 了解法的作用的概念。
2. 掌握法的规范作用和社会作用，掌握法的作用的局限性。

✅ **教学重点和难点**

法的规范作用和法的作用的局限性。

第一节　法的作用释义

一、法的作用概述

"作用"一词从现代汉语的角度而言，主要是指：（1）对事物产生影响；（2）对事物产生某种影响的活动；（3）对事物产生的影响。由此可见，"作用"既能用来指称某一事物对其他事物产生的影响及其效果，也可以用来表示产生影响的具体过程。法是人类社会所创造的、用以规制人的行为和社会生活的规范，因而，所谓法的作用，也就是法作为一种行为规范，对人们行为及社会生活产生的影响及其效果。它是外在的、实然的、中性的、并不确定的。

与"法的作用"并用的另一个概念是"法的功能"。在国内法学教材中，有的学者认为法的作用即等同于法的功能，两者之间并无区别的必要；有的学者则认为，法的作用与法的功能是两个不同的概念。按照后者的理解，法的作用与法的功能的区别主要表现在以下方面。

功能是一定结构决定的事物产生一定作用的能力，而作用则是一种实际影响。具体而言，法的功能与法的作用是不能混淆的，应当正确地加以区分。法的功能与法的作用之间既有区别又有紧密的联系。法的功能是由法的本质特征所决定的法的职责与性能，以及法律规范本身内在的一种能量与活力，法的作用是法的功能的外化和表现。法的功能是否健全，从根本上决定着法的作用的发挥程度。综上，法的功能是法律规范具有生命力的内在功能。法的作用则是法律规范具有生命力的表现，是其内在功能作用于外部世界所引起的客观效应。也就是说，前者是法律规范的潜在功用和能量释放出来后所收到的社会效应，但法的功能转化为作用还需要政治的、经济的、文化的、道德的等条件或环境相配合。否则法的功能发挥出的作用就达不到理想的程度。因此，正确认识法的功能和作用，并区分法的功能和作用，对于法学研究和法治建设实践有着重要意义。

法的作用与法的价值也是两个语义接近的概念，以至有的学术著作将二者混为一谈，但仔细分析就会清楚，法的价值是一种可能性属性，法的作用是一种现实性属性；法的价值和法的作用存在的意义和终极指向都是人的需要；法律价值的兑现是法的作用发挥的实质要件；法的价值位阶为法的作用发挥提供理论引导。

（1）法的价值与法的作用对于整个法律的意义不同。法的价值是法的信仰或精神指导，对于法的制定、实施都具有重要的指导意义；而法的作用对于法则不具有这样的指导意义，它是法的社会效果。任何法在创制、实施时，乃至在创制、实施前都已经存在了价值问题，确定了相应的价值目标，并要接受一定的价值准则的指引。法的作用却不能指导法的制定与实施，它仅是法的实施的结果。

（2）法的价值与法的作用在是否具有主观性上存在不同。法的价值包含着相当大的主观性，而法的作用则是客观的或者说很少具有主观的成分。法的价值的确定、认识、评价都无法摆脱人的主观方面的影响，甚至必须依赖人的主观方面；而法的作用除了对其进行认识时需要和无法脱离一定的主观性之外，就法的作用本身来说，不存在主观性。为了准确地把握法的作用状况，人们甚至要努力地摆脱主观方面的影响，而尽量对法的作用的认识更加准确。

（3）法的价值与法的作用在是否具有应然性上存在不同。应然性是法的价值的基本属性之一，但法的作用则不具有应然性的特点。法的价值只有具有应然性才可能具有其应有的目标与期望的意义。法的作用更多地具有实然性而不是应然性。

（4）法的价值与法的作用与立法的关系不同。法的价值是立法的直接指导，而法的作用是指法律通过实施而对社会产生的影响。法的价值可以先于立法而存在，法的作用必须在法律制定之后才可能产生。

（5）法的价值与法的作用在是否包含对法律及其实施状况的评价上存在不同。法的价值包含基于法的作用状况而做出的价值评价，而法的作用却不包含任何意义的评价。法的作用一般是指法律对社会产生影响的活动过程及其后果。法的作用包括法对社会的动态影响和静态效果。不论是动态的法的作用，或是静态的法的作用，它们都描述的是法在客观上对社会产生的影响。从本质意义上讲，它不涉及对这种影响进行的评价。

二、法的作用演进

法的作用是马克思主义法学理论中具有重要意义的问题，自从人类社会出现了法律之后，就有了法的作用的问题。然而，法的作用并不是一成不变的，随着社会的进化与法律文明程度的提高，法的作用的样态也在发生着变化。

（1）从作用的对象而言，由调整个人的行为发展到调整团体、社会乃至国家的行为。初期的法律主要是对个人行为进行调整，试图为人的行为划定一个禁止为非的"藩篱"，以确保人们能在国家整齐划一的标准之下行为。然而，随着社会的发展，法律逐渐不再只是用来规制个人的行为，像法人、组织、单位等人的集合体的行为也逐步纳入法律调整的轨道。不仅如此，就连国家这样一个法律的实体也在国内法以及国际法的场合中成为受规制的对象。前者如行政诉讼、国家赔偿等制度的形成，将国家或国家机关作为受控告、受规制的对象；后者则如《联合国宪章》《世界人权宣言》等，将成员国的权利义务纳入由国际社会监控的范围。

（2）从作用的内容而言，由维持社会秩序逐步向体现社会正义过渡。"秩序"是法的一种初始价值，统治者之所以要制定法律，首先就在于要为社会确立一个基本的秩序形态，以求得社会的稳定、安全与和平。然而，必须注意的是，"秩序"虽然是人们应当追求的目标，但秩序也有可能是以牺牲人们的自由与权利来获得的。例如，在专制社会，通过对人们的行为、思想等方面的野蛮控制，虽然也造就了一种相对的社会和平，但使社会失去了活力，人也变得如同机器。因而，从启蒙时代以来，法律上不再以"秩序"作为最高的价值目标，而是试图为"秩序"加以"正义"的限制。这一观念不仅为法律如何限制人的行为提供了基本的标准，而且更为主要的是为国家设定了行为的框架。

（3）从作用的范围而言，由主权所及范围的国家逐步过渡到国际社会。近代以前的法律制度，都是以一国主权所及的疆域为界限的，也就是说，法的调整范围、效力范围等，都以地域性作为标志。随着国家与国家之间经济、政治、文化事务上的联系日益增多，法律也逐步由国内发展到国际社会。正是由于法律作用的范围扩大，和平、安全不再成为一国的专利，而在国际社会中也同样能够实现。

（4）从作用的目的而言，由重在禁止违法犯罪而发展到保障人权。无论中西法律，其最初的源头都在于"禁人为非"。然而，就现代社会而言，虽然法的惩罚功能必不可少，但它只是局限于特定的范围。就法律所要实现的目标而言，也已向保障人们的权利、自由、平等转化。法律的进步与发展，本身就是与人权意识的高涨以及人权规定的落实分不开的。

三、法的作用分类

为了具体、深入地了解法的作用，有必要对法的作用进行分类或解析。对法的作用，可以从不同的角度进行不同的分类和解析。例如，按照一般与特殊的逻辑关系，可以将法的作用分为一般作用与具体作用两类；按照法对社会关系和社会生活所发生的作用途径不同，可以将法的作用分为直接作用与间接作用两类；按照法的系统与法的子系统或要素各自的作用范围不同，可以将法的作用分为整体作用与局部作用两类；按照法的社会意义的不同，可以将法的作用分为积极作用与消极作用两类；按照人们法律期待与法律的实际效果之间的区别或差别，可以将法的作用分为预期作用与实际作用两类。当然，最常见的分类则是将法的作用分为规范作用与社会作用两类。一方面，法律是调整人们行为或社会关系的规范，所以法律具有各种规范作用；另一方面，法律是一定的人们意志的体现，反映了他们的利益要求，所以法律具有各种社会作用。英国法学家拉兹曾经指出："每一个法律制度必然有规范的作用，也总会有社会的作用。把规范的作用归于法是根据法的规范性，把社会作用归于法是根据法所具有的或预期的社会效果。"法的规范作用是基于法律的规范性特性进行考察的，法律的社会作用是基于法律的本质、目的和实效进行分析的。法律的这两种作用之间的关系，是一种手段和目的的关系，法律的规范作用是手段，法律的社会作用是目的。

由此可见，法的规范作用是一种直接功能，即对人的行为发生的影响；而法的社会作用则是一种间接功能，也就是法通过调整人们的行为而对社会产生的影响。

规范作用与社会作用的并存，表明了法作为一种行为规范，不仅可以用来规制个人的行为，同时也可以对社会事务进行调整。然而，人们对规范作用与社会作用的认识，也不能仅从调整对象上来加以定位，实际上在这种分类的背后，隐含的是个人与社会的关系问题。

第二节　法的规范作用

法作为一种由国家制定的社会规范，具有指引、评价、预测、教育和强制等规范作用。法的规范作用可以说是法本身的作用或是法的专门作用。

一、指引作用

指引作用是指法能够为人们的行为提供一个既定的模式，从而引导人们在法所允许的范围内从事社会活动的功用和效能。指引作用是法的作用中最重要的部分，人们之所以需要法律的指引，就在于找寻到法对特定行为的肯定与禁止的态度，从而决定行为的取舍。更为重要的是，法的目的并不在于制裁违法，关键是引导人们正确地行为和从事社会活动，保证社会秩序的正常运转。

指引作用主要是对行为者本人的行为进行指引，其指引方式可分为个别指引和一般指引两类。凡是对特定的社会活动主体的行为所进行的指引，称为个别指引；凡是对一般或普遍的社会活动主体的行为进行的指引，称为一般指引。实际上，在规范意义上所讲的法律指引，多为一般指引；而在具体适用法律意义上所说的法律指引，则为个别指引。

指引作用的具体形式，又可以分为确定性指引与选择性指引两类。前者是指法对某一行为模式进行了明确的界定，行为人如不遵从则可能要承担不利的后果。如刑法上有关罪名的确定就是禁止行为人从事此类行为，这种指引功能相对而言，行为人并无选择的自由；后者则是法律上规定的行为模式是可以选择的，行为人可从有利于自己的角度，在法律规定的范围内选取一种最为可行的行为模式。例如，行政诉讼法规定，对限制人身自由的行政强制措施不服，受害人既可以在原告所在地法院起诉，也可以在被告所在地法院起诉。

由指引作用出发，法可分为授权性规范与义务性规范两类。前者通过一种选择性的指引模式，引导人们从事对社会和其本人有利的行为；后者则通过一种确定性的指引，要求人们必须从事一定的行为或者不得进行某些行为。例如，《中华人民共和国集会游行示威法》第四条规定："公民在行使集会、游行、示威的权利的时候，必须遵守宪法和法律，不得反对宪法所确定的基本原则，不得损害国家的、社会的、集体的利益和其他公民的合法的自由和权利。"此为义务性规范。

二、评价作用

评价作用是指法律作为一种规范，能够衡量、评价人的行为是否合法或有效的功用和效用。法律的制定，严格来说就是将社会上公认的价值准则纳入法律的内容之中，因而人们可以据此对他人的行为进行评价。由此可见，评价的客体是法律上的人（包括自然人、拟制人及国家）所进行的行为。在法治社会中，任何人的行为都必须接受法律的约束，因此，任何人所进行的具有法律意义的行为都应当是法律评价的对象。

在评价标准上，主要有合法与违法之分。当一个行为合乎法律规定时，就称之为"合法行为"；反之，当一个行为违反了法律规定时，就称之为"违法行为"。在特定的场合，如果人们没有按照法律进行应当做出的行为，也视为"违法"而给予负面的评价。例如，行政机关不按法律规定发给人们许可证和执照，就属于此种情况。当然，这一评价标准能否完全实现，又取决于法律规定的完善程度。有时，为了弥补合法性评价的不足，法律的评价还可以通过"合理性"来进行。与合法性评价的基础不同，合理性评价主要是指对行为的正当性进行分析。例如，司法机关所做出的有罪判决，虽然在法律规定的范围内进行，但是，涉及处罚的轻重，就必须使用合理性评价标准。

在现实生活中，作为行为的评价标准，除了法律以外还有道德、纪律等其他社会规范。在一定情况下，它们与法律可以同时使用，如民法上规定的"诚实信用""善良风俗"等，既可以视为法律评价，也可以视为道德评价。但应当注意的是，不能将它们互换使用，既不能用法律评价来取代道德评价等社会规范的评价，也不能用道德评价等来代替法律评价，否则就会混淆法与其他社会规范的区别。

三、预测作用

预测作用是指由于法律能对人们的某种行为做出肯定或否定的评价并规定由此而必然导致的法律后果，人们可以预先估计到自己行为的结果或他人将如何安排自己的行为，从而决定自己行为的取舍和方向的一种功用和效能。预测作用对于法的遵守具有极其重要的意义。根据法律规定，人们可以预先知道法律对待自己已经做出和即将做出的行为的态度以及必然导致的法律后果，这样，人们就可以自觉、自主地调整自己的行为，从而获得满意的法律后果。通过预测作用，人们还可以判断他人的行为，对他人合法的行为可予以道义上的支持、帮助，对他人的违法行为自觉予以抵制、抗争，从而提高全社会的法律意识水平。

在法律行为的场合，预测作用即形成合理的"行为期待"。也就是说，由于法的存在，人们可以根据"法律规则"与他人"法律行为"的相对不变性，采取相应的行为方式。正是这种合理的行为期待，使得人们在建立法律关系时，可以凭借法律的相关规定，通过协商的方式来追求预期的利益。

预测作用对于法律的适用也具有重要的意义。司法官员或执法官员可以根据自己的预测，对不同的案件采取相应的法律措施。法律适用中的预测作用既是工作的需要，也是法律本身的要求。同样，预测作用在法律服务中也有极其重要的作用。作为法律服务者经常要为当事人提供法律上的预测服务，对法律关系的发展变化做出明智的判断，正确处理问题，解决纠纷，及时、合法、有效地维护当事人的权益。这正如人们常言道的，一个高明的律师也就是一个能合理预测法官将做出何种判决的律师。

严格来说，预测作用的发挥，也是法律本身信息功能的一种体现。法律作为一种既定的规则体系，使得人们可以通过法律的相关规定来安排自己的行为，并期待他人对自己的行为的回应。由此可见，预测作用的成立，就是由于法律业已确定了较为固定的行为模式，使得人们可以不再就规则本身进行讨论、分析而直接进行相关行为。

四、教育作用

教育作用是指通过法律的规定和实施，影响人们的思想，培养和提高人们的法律意识，引导人们积极依法行为的功用和效能。从这个意义上说，法律实施的过程，也就是法律发挥教育作用的过程。这种教育不仅影响行为人本身，同时也对其他的社会成员产生相应的示范作用。

教育作用的实现主要有三种形式。

（1）通过人们对法律的学习和了解，发挥法的教育作用。

（2）通过对各种违法犯罪行为的制裁，使违法犯罪者和其他社会成员受到教育，在自己以后的行为中自觉服从法律，依法办事。

（3）通过对各种先进人物、模范行为的嘉奖与鼓励，为人们树立良好的法律行为楷模。

当然，教育作用必须通过影响人们的思想而得以实现。也就是说，法从调整对象上而言，是以人们的行为作为基础的，而教育作用的发挥，则在于通过立法、执法活动，使法所倡导的主流价值能够深入人心，从而引导人们积极向善。

一部法律能否真正起到教育作用，以及起到这种作用的程度，并不是源于国家的强制力所产生的威慑效应，而是取决于法律本身的规定能否真正属于"良法"的范畴。当法律规定本身就是违反人性的时候，它不仅不会产生相应的教育作用，更有可能成为人们反抗暴政的导火线。这正如恩格斯所指出的，守法绝不是不惜任何代价的守法。

五、强制作用

强制作用是指法律能运用国家强制力保障自己得以充分实现的功用和效能。法律强制的实施主体是国家，实施的对象是违法者的行为。

正如前面所言，法律的实施在很大程度上依赖于人们的自觉遵守；并且可以合理地设想，如果法律体现了广大人民的意志，那么法律也是可以为人民所自愿服从的。但是问题在于，社会上总有一部分人不会自觉地依照法律的规定办事，因而，法律就必须保留有强制作用，对违法犯罪者施以惩戒，以使被破坏的社会秩序得以恢复。因此，强制作用是法律不可缺少的重要作用，也是法的其他作用的保障。没有强制作用，指引作用就会降低，评价作用就会在很大程度上失去意义，预测作用就会被怀疑，教育作用的效力也会受到严重的影响。

法律的强制手段是国家强制力的运用，这包括责令行为人进行某种行为或者对其施以法律上的惩罚。法律强制的内容在于保障法律权利的充分享有和法律义务的正确履行。法律强制的目的在于实现法律权利与法律义务，确保法律应有的权威，维护社会正义和良好的社会秩序。还必须注意的是，法律的强制作用不仅在于制裁违法犯罪行为，而且还在于预防违法犯罪行为，从而增进社会成员的安全感。

第三节 法的社会作用

一、阶级对立社会中法的社会作用

法的社会作用是法律为实现一定的社会目的（尤其是维护一定阶级的社会关系和社会秩序）而发挥的作用。如果说，法的规范作用是从法律自身来分析法律的作用，那么法的社会作用则是从法律的目的和本质的角度来考察法律的作用问题的。法的社会作用的基本方式有确认、调节、制约、引导、制裁等。从马克思主义法学观点来看，在阶级对立社会中，法的社会作用大体上可以归纳为以下两个方面：维护阶级统治和执行社会公共事务。

（一）维护阶级统治

法律的阶级统治作用是指法律在经济统治、政治统治、思想统治等方面的作用。马克思主义法学认为，在阶级对立社会中，社会的基本矛盾是对立阶级之间的冲突和斗争。为了维护自己的统治，掌握政权的阶级（统治阶级）必然要把阶级冲突和斗争控制在一定的秩序范围内。为此，他们会利用国家制定和实施法律，来使自己在社会生活中的统治地位合法化，使阶级冲突和矛盾保持在自己的根本利益所允许的界限之内，建立有利于自己的社会关系和社会秩序。

马克思主义法学指出，法律在维护阶级统治方面的作用表现在以下方面。

（1）调整统治阶级与被统治阶级之间的关系。一方面，统治阶级用法律在经济上确认和维护自己赖以存在的经济基础，在政治上维护统治阶级对被统治阶级的政治统治（包括镇压），在思想意识形态上维护有利于统治阶级的思想、道德和意识形态；另一方面，统治阶级在一定条件和限度内，也在法律中规定一些对被统治阶级有利的条款，向被统治阶级做出让步，以维护其根本的利益。

（2）调整统治阶级与其同盟者之间的关系。因为统治阶级与其同盟者之间存在共同的利益，又存在利益冲突，统治阶级需要用法律的形式确定与其同盟者之间的关系，适当给予同盟者在政治、经济上的某些权力和利益。同时，对同盟者滥用其权力或对统治阶级进行政治对抗的行为，统治阶级也会对其实施法律上的制裁。

（3）调整统治阶级内部的关系。统治阶级也需要用法律来规定和确认他们自己内部各阶层、集团的相互关系，分配统治权和利益，惩罚内部成员的违法犯罪行为，以此建立起个人意志服从整个阶级意志的关系。通过这种服从，确保其成员的权利的实现，解决其内部因财产、婚姻等问题而引起的矛盾和纠纷，保证其内部的和谐一致。

总之，通过法律调整阶级关系，将阶级关系纳入法律秩序的范围内，使阶级冲突和阶级斗争得到缓和，这是统治阶级长期统治经验积累的结果，也是人类文明演进的结果，它比赤裸裸的暴力镇压更有利于阶级统治。

（二）执行社会公共事务

所谓社会公共事务，是指由一切社会的性质所决定的具有普遍社会意义的事务。法在执行社会公共事务方面的作用保障了社会生产和社会生活的有序进行，在客观上有利于全体社会成员。在各个阶级社会中，社会公共事务及有关的法的性质、作用、范围不尽相同，主要包括以下几个方面。

（1）维护人类社会基本生活条件。这些基本生活条件大致包括：最低限度的公共治安，社会成员或绝大多数社会成员的人身安全，以及食品卫生、环境卫生、生态平衡、交通安全等。公共安全法、人权保障法规、食品卫生法、环境保护法、交通法、电信法等都具有这方面的作用。

（2）维护生产和交换的秩序，其中包括确定生产管理的一般规则和各种交易行为的基本规范，规定基本劳动条件等。这方面的法是为了减少经济活动中的偶然性和任意性，提高确定性和连续性，增加交易安全，减少交易风险，降低交易成本，提高经济效率。例如，产权法（物权法与知识产权法）、公司法、契约法（合同法）、保险法、海商法、信托法、证券法、反垄断法等法律的作用均在于此。

（3）组织社会化大生产。社会化大生产是社会经济活动的重要组成部分。随着社会生产力的高度发展，科学技术的广泛使用，生产的社会化程度越来越高，致使私人由于资金、技术和劳动力的限制无法承担社会经济发展所必需的水利、能源、交通、航空、基础设施工程。于是国家通过立法来对上述工程或事业进行规划、组织、管理和实施。水法、节约能源法、道路交通安全法、民用航空法等法律的作用均在于此。

（4）确定使用设备、执行工艺的技术规程，以及有关产品、劳务、质量要求的标准，以保障生产安全，防止人身财产事故，保护消费者的利益。为了达到上述目的，现代社会中的法律尤其注重对易燃、易爆、高空、高压等危险性行业实行严格的法律规定和无过错责任制度，对直接关系人们健康、安全和生命的消费品制定科学的标准，对它们的生产和销售实行严格的法律监督，对相关违法行为实行严厉的处罚。

（5）推进教育、科学、文化的发展。教育、科学、文化的发展状况对于一个民族或一个社会来说，具有长期稳定的意义。国家通过法律规定教育、科学和文化研究人员的法律地位，并保护他们从事这些事业及其对智力成果的合法权利，以促进教育、科学和文化事业的发展。所以在现代社会，诸如义务教育法，科技振兴法，专利、商标、著作权等知识产权法，都在社会生活中发挥着重要的作用。

随着社会生产的发展和社会制度的变革，特别是知识经济时代的到来，法的执行社会公共事务的作用将会日益凸显。科技社会导致了法律公共功能的广泛性、新颖性和全球性。首先，随着科学技术的进步，人类的生存空间不断扩大，法律调整的空间也随之扩大。高新技术成果已使人类的生存空间脱离地球表面进入茫茫的宇宙。法律的新部门不断涌现，目前已有的空间技术法就包括了外层空间法、航天法、太空法、宇宙法等方面的内容。这些新法律问题关乎人类共同的利益，无不体现着人类社会公共事务和法律公共功能的发挥。其次，科技革命使许多传统法律部门受到冲击，并产生了某些新的法律部门。与此同时，现代科技的发展使得许多社会问题成为全球性的问题，使得一个国家内的社会公共事务超出了国界而成为人类的共同事务。因此，法的作用直接地表现为全球保护功能，体现了法律公共功能的公益性。

需要指出的是，法的维护阶级统治的作用和执行社会公共事务的作用有着密切的联系。首先，正如恩格斯所说的，"政治统治到处都是以执行某种社会职能为基础，而且政治统治只有在它执行了它的这种社会职能时才能持续下去"。其次，法的两方面作用有时是由不同的法律规范承担和履行的，有时是由同一规范同时承担和履行的。最后，法的阶级性和法的社会性并不是互不相容。法来自一定的社会关系、社会秩序，服务于一定的社会关系、社会秩序。法的社会性反映着一定的阶级性，它所服务的社会关系、社会秩序总是对一定阶级有利的社会关系和社会秩序。

二、当代中国法的社会作用

在中国特色社会主义新时代，法的总体作用就是为建设有中国特色的社会主义服务。有中国特色的社会主义的基本特征可以概括为：经济上实行社会主义市场经济，政治上实行社会主义民主政治，社会生活中实现社会主义精神文明，对外关系上实行开放、和平和合作。与此相适应，我国法的基本作用或主要作用就是：保障、引导和推进社会主义市场经济；保障、引导和推进社会主义民主政治；保障、引导和推进社会主义精神文明；保障、引导和推进对外开放、维护国际和平和发展。

（一）法的经济作用

1. 确认经济制度

经济制度对于法律具有基础作用，法律对于经济制度也具有反作用。这种反作用的首要表现，就是法律确认经济制度，将经济制度法律化。

2. 调整经济关系

经济关系是社会关系的重要组成部分，在社会关系中具有特殊的地位。法律对社会关系的调整就包括法律对经济关系的调整。法律通过自己的规范，将经济关系纳入自己调整的范围。调整经济关系，是法律的重要作用。

3. 促进经济发展

经济发展是一个社会和国家得以稳定的保证，是一个社会和国家发展的最主要的内容之一，也是一个社会和国家其他方面得到发展的前提和基础。因此，法律在促进经济发展上始终具有重要的意义。

（二）法的政治作用

法的政治作用如下。

（1）法确认国家制度，是国家制度存续的保障。

（2）法组织国家机构，是国家机构运行的根据。

（3）法确立社会民主，是社会民主存在的保证。

（4）法调整对外关系，是国家主权独立的保障。

（三）法的文化作用

法的文化作用如下。

（1）促进科技文化事业进步。例如，《高等教育法》第五条规定："高等教育的任务是培养具有社会责任感、创新精神和实践能力的高级专门人才，发展科学技术文化，促进社会主义现代化建设。"第六条规定："国家根据经济建设和社会发展的需要，制定高等教育发展规划，举办高等学校，并采取多种形式积极发展高等教育事业。"

（2）促进思想道德建设发展。因为法律可以确认思想道德的重要地位、基本原则和根本内容，法律可以通过自己的规定来培养、强化、修正人们的思想道德观念。

（四）法的社会公共事务作用

法的社会公共事务作用，在任何有法律的社会都是存在的。不同的法的社会公共事务作用只有或多或少的区别，而没有有无的差异。一般来说，先进的法律与落后的法律相比较，其社会公共事务作用在范围上要广泛得多，在程度上要强得多。

第四节　正确认识法的作用

一、"法律无用论"与"法律万能论"的谬误

法虽然是与人类社会相伴而生的行为规范体系，然而，对于法的认识，人们既无法在短时期内穷尽一切本质的问题，同时也无法形成统一的观念。长期以来，在法的作用的问题上，认为"法律无用论"者大有人在，这种观念无视法的作用和法律正向功能：它要么完全否认

法的作用，甚至认为法律是限制人们主观能动性的障碍，因而主张人治，反对法治；要么是对法律采取实用主义态度，将法律视为一种"招之即来，挥之即去"的东西。当法律对其有利时，则作为其工具或手段加以运用；当法律对其不利时，则无视法律的存在。其行为不是由法律来指引，而是以利益为核心，根据自己的需要而随意取舍，甚至违反法律也在所不惜。

在对法的作用的认识上，"法律无用论"固不足取，同样要注意的是，无限夸大法的作用的"法律万能论"也是错误的。这种观念强调法律无所不能，无所不在，似乎只要有了法律，就可以解决人类社会所面对的一切问题。这种观念也是错误的，原因如下。

（1）法律的执行离不开事实的查证，然而在确定事实的过程中往往存在错误和偏差，从而导致错判。

（2）有些义务在道德上虽然非常重要，然而在法律上却难以执行，如强调无私这种崇高的德行。

（3）某些侵犯了重大利益的行为由于方式上比较微妙，因而法律非但无计制裁，反而为之提供了有效保障。

（4）法律对人类行为的许多方面、许多重要的社会关系以及某些严重的不良行为不能适用规则和补救等法律手段，如夫妻的同居义务就是典型的例子。同时，惩罚、预防、特定救济和代替救济这样一些措施只能够对一定的事件实施一定的补救，而不具有全面适用。例如，法律对财产关系和契约关系的保护比对人身、人格关系的保护更具有适用性。

（5）由于人们法律意识的差异和各种客观原因，有些人寻求法律帮助的主动精神并不十分充分。

 案例分析 ⟩

"常回家看看"该入法吗

2013 年 7 月 1 日起，新修订的《中华人民共和国老年人权益保障法》正式实施，该法首次将"常回家看看"精神赡养写入条文。当天上午，无锡市北塘区人民法院对一起赡养案件进行公开开庭审理，判处被告人马某、朱某除承担原告储某一定的经济补偿外，还需至少每两个月到老人居住处看望问候一次。这起对"常回家看看"诉请的判决，是《中华人民共和国老年人权益保障法》实施后的国内首例判决。

人们强调法治，但是，一遇到问题就依赖立法，这是典型的法律万能主义的逻辑。法律不能管得太宽，通常来讲，法律规定的应该是最基础的社会关系，法律的标准应该是一个"最低标准"。在康德看来，法律与人们的行为有关，而道德与人们的动机有关。人的善和爱，有自发、自愿的特点。作为接受者，也有很强的主观性。这与法律强调客观后果是相悖的。法律和道德的适用性存在差异，用法律去强制伦理，将显得过于横暴，其效果也很可疑。

二、法的主要局限

如上所述，法对社会生活起着重要的作用，产生了深刻的影响。法虽然是调控社会关系的主要手段，但不能因此陷入"法律万能论"的极端。由于各种原因，法律这种手段也存在诸多不足。综合起来，法的主要局限表现如下。

（1）在社会的调控模式中，法律只是调整社会关系的一种手段。法律是用以调整社会关系的重要手段，但并不是唯一的手段。在调整社会关系的手段中，除法律外，还有经济、政治、行政、思想道德、文化、教育、习惯、传统、舆论等。所以，在处理社会关系时要综合运用各种手段，以取得最大的社会利益。在某些场合，如果法律不是主要的解决手段，也不是成本最低的调整方法，那么法律并不能将其他方法取而代之。

 案例分析 〉···

小悦悦事件

2011 年 10 月 13 日，2 岁的小悦悦（本名王悦）在佛山南海黄岐广佛五金城相继被两车碾压，7 分钟内，18 名路人路过但都视而不见，漠然而去，最后一名拾荒阿姨陈贤妹上前施以援手，引发网友广泛热议。2011 年 10 月 21 日，小悦悦经医院全力抢救无效，在 0 时 32 分离世。2011 年 10 月 23 日，广东佛山 280 名市民聚集在事发地点悼念"小悦悦"，宣誓"不做冷漠佛山人"。2011 年 10 月 29 日，举行了追悼会和告别仪式，小悦悦遗体在广州市殡仪馆火化，骨灰将被带回山东老家。2012 年 9 月 5 日，肇事司机胡军被判犯过失致人死亡罪，判处有期徒刑三年六个月。

小悦悦离开了这个世界。这个可怜的孩子留给世人最深刻的反思是：如何杜绝此类灭绝人伦的惨剧重演？对此，有人提出应当将"见死不救"入罪。"见死不救"应不应该入罪？即便入罪，就能杜绝惨剧的发生吗？

（2）法律的调整范围不是无限的，而是有限的。法律仅调整一定范围内的社会关系，在有些社会生活领域中，对有些社会关系或社会问题，法律是不适宜介入的。例如，有关人们的一般私生活问题，在其不触犯法律的情况下，法律是不应当对其进行调整的。如果强制地使用外在的力量去解决内在的问题，不仅无效，反而会产生副作用。正因如此，对于某些行为，虽然其本身具有社会危害性，但考虑到亲情、感情、隐私等因素，法律仍然不予干预。例如，刑法中就虐待罪、遗弃罪、暴力干涉婚姻自由罪等行为规定的"告诉乃处理"即是。

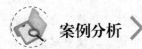

案例分析 ⟩ ･･･

延安夫妻观看黄碟案

2002 年 8 月 18 日 23 时，延安市公安局宝塔分局万花山派出所民警前往当事人张某所开诊所（也系张某与其妻的住处），发现张某与其妻在看黄碟，欲查处和收缴黄碟，在扣押机器和黄碟的过程中，张某将一名民警的手打伤，当事人则称民警先动手打人。当晚，张某被民警带往派出所留置并审查。2002 年 8 月 20 日，陕西当地媒体《华商报》以《家中看黄碟，民警上门查》为题，开始对此事予以报道，随后引起社会各界的广泛关注，并由此引发了有关"公权是否有权干涉私权空间"的大讨论。2002 年 8 月 22 日，宝塔分局决定对张某打伤民警的行为以妨碍公务罪立案，并由分局治安大队调查；2002 年 10 月 21 日，张某被宝塔分局以涉嫌妨碍公务罪刑事拘留；2002 年 10 月 25 日，宝塔分局向宝塔区人民检察院提请批捕犯罪嫌疑人张某；2002 年 11 月 4 日，宝塔区人民检察院做出不批准逮捕决定，并送达公安机关；2002 年 11 月 5 日，宝塔分局对张某变更强制措施，取保候审；2002 年 12 月 5 日，宝塔分局解除对张某的取保候审，并宣布撤销该案；2002 年 12 月 25 日，张某向宝塔分局提出国家赔偿申请书，并要求公安机关恢复名誉、赔礼道歉，处理相关责任人；2002 年 12 月 31 日，宝塔分局和张某在案件调查小组的主持下达成处理协议，协议规定由宝塔分局向当事人赔礼道歉，一次性补偿张某 29 137 元人民币，并处理相关责任人员。这就是在国内影响极大的陕西黄碟案。

（3）法律自身所具有的局限性。法律具有主观意志性，法律本身并不等于客观规律。法律是由人制定的，由于人的认识能力的限制，法律在制定出来时，总会存在某些不合理的地方。由于法律是对人们行为的一种抽象的概括，而现实生活中的问题却是具体的、多变的，法律不可能适应整个社会实践。同时，法律必须具有稳定性，不能朝令夕改、频繁改变，但矛盾在于，社会生活是不停发展的，将相对稳定的法律适用于发展着的社会实践时，就有可能出现法律落后于实践的地方。因此，法律本身存在缺陷，或者说，法律存在疏漏是难以避免的。

案例分析 ⟩ ･･･

死刑未决犯的生育权案

浙江省青年妇女郑雪梨的新婚丈夫罗峰供职于舟山海口洪城贸易有限公司。2001 年 5 月 29 日，罗峰因琐事与公司副经理王莹（女）发生争执，王莹先打了罗峰一耳光，并用榔头打了罗峰一下，之后，罗峰与王莹进行厮打，将王莹打死。检察院将罗峰起诉后，8 月 7 日，舟山市中级人民法院一审以故意杀人罪判处罗峰死刑。一审宣判后，罗峰不服，向浙江省高级人民法院提起上诉。其间，郑雪梨则向舟山市中级人民法院提出了人工授精的请求。一审法院告诉郑雪梨，对此没有相关的法律规定，而且舟山市也没有人工授精的条件，拒绝了郑雪梨的请求。11 月 11 日，郑雪梨向浙江省高级人民法院提出人工授精的书面申请。为慎重起见，浙江省高级人民法院召开审判委员会进行讨论，认为法律对此类问题没有规定，这种请求也不属于法院的受理范围，遂决定对郑雪梨的要求不置可否，以沉默的方式予以拒绝。2002 年 1 月 18 日上午，浙江省高院的终审判决作出后，罗峰被执行死刑，郑雪梨要求人工授精的希望化为泡影。

（4）法律的实施要受到人与物质条件的制约。首先，无论何种法律，即使是制定得很好的法律，也需要由具有相当法律素养的人正确地去执行和适用。如果执法者不具备相应的专业知识和思想道德水平，法律是很难以有效地实施的。其次，法律的实施还需要社会上绝大多数人的支持，这就要求他们具备一定的法律意识，尊重并相信法律。如果他们缺乏一定的法律意识，缺乏遵守法律的思想道德风尚和习惯，法律就不可能有效地实施。再次，实施法律还必须要有相应的社会、经济、政治、文化条件的配合，需要有一定的物质装备、基础设施等物质条件。最后，正如庞德所提到的，法律的运作还必须有赖于行为人的推动。也正因如此，德国著名法学家耶林号召"为权利而斗争"，只有当人们能有强烈的权利意识并愿意诉诸法律来维护自己的权利时，法律的功效才能够真正得以实现。

总之，只有正确认识法本身所存在的局限，并采取相应的措施，才能充分发挥法的作用。在这方面，必须克服盲目崇拜法律的心理，正确适用法律机制和法律手段。

第五节　《民法典》的社会治理作用①

2020 年 5 月 28 日通过的《中华人民共和国民法典》（以下简称《民法典》）作为新中国历史上第一部以法典命名的法律，是社会生活的百科全书，是人民权利的宣言书。国家治理体系和治理能力现代化推动了《民法典》的制定与颁布，反过来，《民法典》所建构的民事法律规范与民事法律制度又巩固和发展了国家治理体系和治理能力的现代化。2020 年 5 月 29 日习近平总书记在主持中国共产党第十九届中央政治局第二十次集体学习时指出，民法典对推进国家治理体系和治理能力现代化具有重大意义。②民法是调整平等主体之间的人身关系和财产关系的法律规范的总称。《民法典》则与人们的衣食住行、生老病死、婚丧嫁娶等生产生活密切相关，被誉为社会生活的百科全书。《民法典》总则把民事法律关系主体分为自然人、法人和非法人三种类型，规定了民事法律关系主体所享有的民事权利及其行使方式，明确了民事法律行为的成立和有效的条件，规定了民事代理，厘清了民事法律责任的构成要件和承担方式。《民法典》分则则确立了物权法律制度、合同法律制度、人格权法律制度、婚姻家庭法律制度、继承收养法律制度、侵权责任法律制度。《民法典》总则和分则所规定的民事法律

---

① 阳李，李凌云，吴倩，等. 民法典与国家治理. 西安：陕西人民出版社，2022.

② 习近平. 充分认识颁布实施民法典重大意义依法更好保障人民合法权益 [J]. 中国人大，2020（12）.

制度形成一个完整的法律体系,规范和调整着平等主体之间的人身关系和财产关系。《民法典》和其他法律部门共同构成了社会主义法律体系的重要内容,成为支撑社会治理体系的基础性法律规范,成为提升社会治理法治化水平的制度前提。在全面总结中国改革开放以来的民事单行立法的经验、民事司法实践和民事法律服务实践基础上制定民法典,不但可以进一步促进社会主义法律体系的完善,而且可以推断社会治理的现代化,可以提升社会治理的法治水平。

一、《民法典》彰显道德的社会治理作用

人类社会良好社会秩序的形成需要法律调控机制,同时也需要发挥道德规范调控的作用,社会治理需要法律规范也需要道德规范。中国传统社会几千年的发展历史彰显了中国古代社会治理过程中道德规范的重要作用。有的学者认为“德主刑辅”是中国传统社会治国理政的基本方略。有的学者认为中国传统社会的“德主刑辅”事实上只不过是一个高大上的伪命题罢了,在他们看来,中国传统社会应当是以德治国与依法治国的有机结合,是儒法合流、礼法合治。“德主刑辅”和“以德治国与依法治国”之间存在较大差别,不能把“德主刑辅”等同于“以德治国与依法治国”。其实无论中国传统治国理政的基本方略是“德主刑辅”,还是“以德治国与依法治国”相互结合,都彰显了一个共同的特征,那就是中国传统社会十分注重道德规范在社会治理过程中的重要作用。

马克思主义经典作家也认为,道德在社会治理中具有十分重要的作用。马克思认为,道德和法律都属于社会上层建筑,道德和法律由相应的经济基础来决定,同样道德和法律还会反作用于经济基础。在马克思看来,法律是社会关系的调节器,法律不仅具有阶级统治的功能,而且具有社会管理的公共职能,因此,在阶级社会里,应当充分发挥法律对人类社会关系的调整和规范。马克思同时认为,道德对人类社会的发展同样具有重要价值。恩格斯也认为,应当创造建立在纯人类道德生活关系基础上的新世界。党的十五大以后,我国在提出依法治国方略的同时,也提出了加强社会主义精神文明建设,积极推进以德治国的治国方略,实行“依法治国”和“以德治国”相结合的治国方略,法律和道德两种社会规范在国家和社会治理过程中相辅相成。党的十八大以来,以习近平同志为核心的党中央在全面推进依法治国方略的同时,十分重视社会主义道德建设。习近平在多次讲话中强调加强培育社会主义核心价值观,加强社会主义精神文明建设,他指出,国无德不兴,人无德不立。由此可见,无论是马克思主义经典作家,还是新中国历代党中央领导集体都非常重视道德在社会关系调整中的作用,都重视道德规范在社会治理中所具有的特殊意义。

《民法典》作为新时代良法善治的重要依据,也十分重视道德内容的法律化,注重实现道德内容的法律表达,从而利用法律的手段促进道德规范在社会治理过程中发挥积极的作用。《民法典》第一条明确规定“弘扬社会主义核心价值观”是《民法典》制定的目的之一。社会主义核心价值观是中华民族的思想纽带,是社会主义思想道德建设的最集中表达,是当代中国精神的集中体现,也是凝聚中国力量的思想道德基础。社会主义核心价值观对各行各业、各类行为主体均具有重要的引领作用,是处理人们个人之间、个人与国家之间、个人与社会

之间的行为指南。《民法典》把社会主义核心价值观作为立法目的，彰显了整个《民法典》、所有的民事法律规范都应当以社会主义核心价值观作为指导原则，作为思想灵魂。社会主义核心价值观像一根红线一样贯穿于整个民事法律运行的全过程，民事立法、民事司法活动、民事法律服务活动、人们遵守民事法律的行为都应当贯彻和践行社会主义核心价值观。

法律关系主体在民事领域遵循的基本原则是"法无明确禁止即可为"，这就意味着行为人的边界是法律的禁止，只要法律没有明确禁止的，行为人都可以实施。《民法典》第八条规定民事主体从事民事活动，不得违反法律，不得违背公序良俗。这是《民法典》"公序良俗"基本原则的规定，也是《民法典》法律规则的规则，是民法规则制定的前提和基础。这就意味着，民事法律关系主体在行使民事法律行为时，除了应当注意不碰触民事法律的禁止性规定，还应当不违背公序良俗的基本法律原则。比如司法实践中经常发生的被继承人通过遗嘱把财产留给第三者而产生的第三者和原配争夺遗产的法律纠纷，法院往往因违背公序良俗的基本法律原则而排斥遗嘱继承优于法律继承的法律规则。在适用法律渊源的过程中，一般是优先适用法律规则而防止抽象笼统的法律原则导致司法人员拥有过大的自由裁量权，只有当穷尽规则或者适用规则明显违背社会的基本价值理念、违背社会公序良俗、显失公平的条件下才可以适用法律原则。因此，在第三者继承法律纠纷中，法官适用公序良俗的基本法律原则，体现了法官在审判案件过程中基于个案平衡的思想，舍弃规则而适用原则，追求个案的公平与正义。再比如《民法典》婚姻家庭编，直系血亲和三代以内的旁系血亲禁止结婚，那么直系姻亲是否可以结婚了？无论是在西方，还是在中国古代均曾出现过哥哥去世、弟弟娶嫂子，或者姐姐去世、妹妹嫁姐夫的情形，对于这种现象的产生，很多时候不但不禁止，还给予了一定的理解和支持，认为这属于续"亲缘"。然而对于直系姻亲结婚则为社会伦理和道德所不容，比如丈夫去世以后，媳妇不能嫁给失去老伴的公公；妻子去世以后，丈夫也不能娶丧偶的岳母。尽管这种情形在法律中都是没有明确规定为禁止结婚的情形，但是直系姻亲结婚却违背了公序良俗原则，因而自然不能结婚。《民法典》直接把公序良俗作为基本法律原则，对于在社会生活中形成良好的社会公共秩序、培育和传承良好的风俗习惯、弘扬社会主义核心价值观均具有重要的意义。

《民法典》第十条在规定民事法律渊源的适用顺序时，规定在民事法律没有明确规定时，为了弥补法律漏洞，可以适用民事习惯解决民事纠纷。但是民事习惯不能是陈规陋习，不能违背公序良俗。民事习惯是人们在长期的生产和生活过程中所形成的约定俗成的行为模式，它构成了民法的渊源之一，并且在民事法律没有规定的情况下，甚至可以成为民法的正式渊源。但判断民事习惯能否成为民法正式渊源，还需要利用公序良俗的标尺去衡量，只有不违背公序良俗的民事习惯才可以成为民法的正式渊源，才可以成为民事纠纷解决的适用依据。

此外，根据《民法典》第一百四十三条和第一百五十三条之规定，公序良俗还是判断民事法律行为有效与否的标准。《民法典》第九百七十九条规定受益人的真实意思是否违背公序良俗还是其是否承担对管理人给予适当补充的判断依据。《民法典》第一千零一十二条和第一千零一十五条则规定了公民的姓名权及其行使的行为边界，即无论是选取姓氏还是使用姓名均不得违背公序良俗。《民法典》第一千零二十六条规定内容与公序良俗的关联性成为判断新闻报道过程中是否对他人提供的严重失实内容未尽到合理核实义务的判断依据。总之，《民法典》全文共八次提到"公序良俗"，其中既包括民法的基本原则，也包括具体的民事法律规范。由此可见，《民法典》把社会主义核心价值观、公序良俗的法律化和制度化，极大地推动了社会主义道德规范的法律化。而《民法典》的实施必然会促进道德规范在社会治理过程中发挥重要作用。

二、民法典与社会自治

社会治理也就是治理社会，是指特定主体通过一定的途径、方式和程序管理社会事务的过程。有的学者认为，社会管理不是从来就有的，而是人类社会发展到一定历史阶段的产物。在农业社会，社会治理主要特点是国家统治阶级通过一定的权威对社会实施统治型的强制性管理，也可以被称作统治型社会治理模式。在工业社会，尤其是西方资本主义进入垄断资本主义阶段以后，社会治理的过程中突出强调国家社会公共服务和管理职能的发挥，在此基础上形成了管理型的社会治理模式。人类社会进入后工业社会的信息社会以后，随着社会组织、企事业单位、社区、公民个人等社会主体治理能力的提升，实现国家社会管理与社会主体自治管理相结合的社会治理模式成为新型的社会治理思路。①在新型社会治理模式下，强调国家和政府的社会管理与多元社会管理主体自治管理的相互补充、相辅相成。通过加强国家对社会管理减少社会自治的成本，促进社会自治水平的提高；通过加强社会主体的社会自治能力，实现社会领域的和谐自治。事实上，国家与社会的治理水平和治理状况，不仅和政府对社会的管控能力密切相关，而且与其他社会主体的自我管理能力和水平有着更为紧密的关联。良好社会秩序的形成，需要国家对社会有效而科学的管理，更需要其他社会管理主体社会自治能力的不断提高。片面强调政府的社会管理或者社会组织的自治管理都是不对的，单纯追求政府的社会管理会导致政府权力的过度膨胀而压缩了民众的自由空间；单纯的社会自治管理则会影响社会秩序的稳定。②因此社会治理最理想的策略应当是政府社会管理与社会自治管理的有机结合。十八届三中全会以后，我国明确提出了"社会治理"的概念，社会管理模式实现了由"社会管理"到"社会治理"的转变。这一变化不仅仅是概念的简单变化，而且体现了国家对社会的管理模式由政府社会管理到多元共治的社会治理。这一转变事实上也代表了中国共产党在新时代，面对新形势和新问题，尤其是随着社会主体自治能力的不断增加，从单方面强调国家对社会的管理到既注重政府对社会的管理职能，又关注社会主体自我管理，实现政府社会管理和其他主体自我管理相结合的共治共享的社会治理新格局。

社会自治就是社会组织、企事业单位、社区、基层城市居民委员会或村民委员会等人民群众通过一定的组织形式，采取一定的程序和途径所进行的自我管理。在社会主义建设的新时代，我国社会自治主要包括社会组织自治、社区自治、农村村民自治、城市居民自治、行业组织自治、民族自治地方自治等。《民法典》所确立的民事法律制度有效地促进了社会自治

---

① 张康之. 论新型社会治理模式中的社会自治 [J]. 南京社会科学，2003（9）.

② 俞可平. 社会自治与社会治理现代化 [J]. 社会政策研究，2016（1）.

模式的确立，提高了社会治理的自治能力，从而实现共建共治共享的社会治理制度的法律化。

三、民法典促进人与自然的和谐

人与自然之间的关系是一个古老而长新的哲学话题。马克思主义唯物主义辩证法认为，人与自然之间是辩证统一的关系。一方面，人类是自然界的一部分，是在漫长的历史发展过程中演化而来的。正如马克思所指出的那样："人本身是自然界的产物，是在自己所处的环境中并且和这个环境一起发展起来的。"①恩格斯在《自然辩证法》中阐述了对人类社会与自然界之间的辩证关系。在恩格斯看来，人是自然界的产物，自然界是人类生存和发展的基础；人具有主观能动性，可以认识自然和改造自然为人类所用；人类应当把握自然规律，顺应自然规律，实现人与自然的和谐相处。②诚如有的学者所言，"人与自然之间的关系是人类社会最基本的关系，是理解人类社会文明历史演进的一把钥匙。"③人与自然之间的关系自从人类社会产生之初就已经形成了。在原始社会，生产力发展水平很低，人们的生产工具和生产技术比较落后，人们改造自然和利用自然的能力十分低下。人类在神秘的自然界面前处于被动地位，很多时候，人类在自然灾害面前束手无策，人类不是征服自然，而更多的是顺从自然，适应自然，抑或祈求自然界的神灵庇护达到控制自然和利用自然的目的。所以在蒙昧的原始社会早期，人类对自然的影响十分有限。不过到了原始社会后期，随着三次社会大分工的出现，原始社会生产力发展水平得到较大提高，人类改造自然、利用自然的能力大大增强。在奴隶社会和封建社会，随着生产力发展水平的提高，人类改造自然和利用自然的能力大大提高，人类开始逐渐由大自然的臣仆转变为大自然的主人。人类对自然的初步改造和利用形成了古代社会的农耕文明，人类在一定程度范围内对自然进行利用和改造，只是形成了局部和个别的生态环境问题。到了资本主义社会，尤其是工业革命以后，人类社会进入了工业文明时期。蒸汽机的发明，生产技术的进步大大提高了人类征服自然的能力。人类社会进入了对大自然的征服期，大量的森林被砍伐，大片的土地被开垦，大量的资源被开发，大量的河流被污染。这一时期，在人类中心主义发展观的指导下，人类被看作自然界的主人，一切资源都被看作服务人类的客体，生态环境遭受严重污染和巨大破坏。20 世纪 70 年代，联合国在斯德哥尔摩召开了第一次"人类与环境会议"，通过了《人类环境宣言》，逐渐形成了可持续发展思想。所谓可持续发展是指既满足当代人经济和社会发展的需求，又不对后代人的生产和发展形成威胁。伴随着可持续发展理念在各个国家法律与政策中的贯彻和执行，人类社会开始进入生态文明时代。如果把农业文明比作黄色文明，工业文明看作黑色文明，那么生态文明则是典型的绿色文明。

《民法典》作为 21 世纪第一部世界性的民法典，顺应了当今世界生态文明发展是历史趋势，顺应生态中国、美丽中国的时代之需，确立了绿色原则，实现了民事法律规范和民事法

---

① 马克思恩格斯全集第二十六卷. 中共中央马克思、恩格斯、列宁、斯大林著作编译局，译. 北京：人民出版社，2015.

② 马克思恩格斯文集第九卷. 中共中央马克思、恩格斯、列宁、斯大林著作编译局，译. 北京：人民出版社，2009.

③ 叶海涛. 人与自然关系的哲学反思 [J]. 学习时报，2020（2）.

律制度的生态化改造，实现了《民法典》的生态化和绿色化。如果《民法典》要"体现 21 世纪的时代精神和时代特征"[①]，那么，生态文明与绿色可持续发展一定是《民法典》重要的组成元素[②]。《民法典》的生态化改造必然进一步缓解经济发展与生态环境保护之间矛盾，实现人与自然的和谐相处。《民法典》的生态化改造主要体现在以下四个方面：

第一，民法典把"资源节约与环境保护"规定为"显性"的限制性基本原则。《民法典》第九条规定："民事主体从事民事活动，应当有利于节约资源、保护生态环境。"对于该条的规定，无论是传统民法学者还是环境法学者，都认为这是《民法典》对新时代人民群众对美好生态环境向往的一种回应，属于《民法典》所规定的基本法律原则范畴。不过学者们对该基本原则的界定则众说纷纭。吕忠梅教授把该基本原则界定为"绿色原则"，[③]陈甦[④]、龙卫球、刘保玉[⑤]等三位教授则把该原则界定为"生态环境保护原则"，李永军教授则概括为"绿色环保原则"[⑥]，还有一些其他学者对该法律原则给出了其他不同的称谓界定。笔者认为，《民法典》第九条的多元解读和不同的称谓界定对于该民法基本原则的贯彻和适用是不利的，不同的学术领域、不同的学者之间难易形成统一的对话体系。民法基本原则可以分为隐性基本原则和显性基本原则，所谓隐性基本原则是指没有在法律条文中进行明确规定，但是暗含在法律条文或者法律规则内部，具有统帅性的基本原理性准则；所谓显性基本原则则是指通过法律条文进行明确规定的方式予以体现的法律基本原则。有的学者认为，由隐性基本原则向显性基本原则过渡体现了《民法典》新时代的"与时俱进"的本质。[⑦]《民法典》第九条对民法基本原则的规定很明显属于显性基本法律原则，笔者认为对显性基本法律原则的名称或者概念的界定应当尊重法律的条文规定，对法律条文直接进行字面解释，更符合立法者的立法本意，也更容易形成学界统一对话的学术话语。根据《民法典》第九条的规定，笔者认为界定为"资源节约与环境保护"原则更为妥当。资源节约与环境保护原则作为民法典的基本原则，是整个民法典的思想和灵魂，是民事法律制度设立的基本精神和价值归宿，也是《民法典》分则具体民事法律制度生态化的重要依据。它是民法回应环境问题的有效机制，是中国民法典编纂所承载的历史使命。尽管资源节约与环境保护原则对民事法律关系主体以个人利益为中心的民事权利形成了某种约束和限制，但却平衡了个人利益与生态环境社会利益之间的冲突，平衡了经济发展与环境保护之间的矛盾冲突，平衡了交易安全与生态安全之间的矛盾冲突，平衡了代内公平与代际公平之间的矛盾冲突。因此，资源节约与环境保护原则作为限制性的民法基本原则是必需的，它突出了民法典所应当具备的社会公共属性，有利于实现人类社会的公共治理。

第二，《民法典》物权编实现了生态化改造。"所有权绝对"曾经是民法的三大帝王条款之一，很多环境问题的形成与民事权利主体对自己的所有物过度开发和利用，过度排放污染

---

① 王利明. 我们需要什么样的民法典 [J]. 中国报道, 2015（1）：34-36.

② 吕忠梅课题组. "绿色原则"在民法典中的贯彻论纲 [J]. 中国法学, 2018（1）：5-27.

③ 吕忠梅, 窦海阳. 民法典"绿色化"与环境法典的调适 [J]. 中外法学, 2018, 30（4）：862-882.

④ 陈甦. 民法总则评注. 北京：法律出版社 2017 年.

⑤ 龙卫球, 刘保玉. 中华人民共和国民法总则释义与适用指导. 北京：中国法制出版社, 2017.

⑥ 李永军. 中华人民共和国民法总则精释与适用. 北京：中国民主法制出版社 2017.

物有着十分紧密的联系。随着生态文明理念的逐步发展，规范物是所有与利用关系的物权法也应当接受生态化的检视。正如王利明教授所指出的那样，"物权法律制度与环境法律制度的融合以及在物权法中引入有关环境保护的规则是现代物权法的重要发展趋势。"① 《物权法》第一条规定："为了维护国家基本经济制度，维护社会主义市场经济秩序，明确物的归属，发挥物的效用，保护权利人的物权，根据宪法，制定本法。"《民法典》第二百零五条规定："本编调整因物的归属和利用产生的民事关系。"无论是《物权法》对物权法立法目的的规定，还是《民法典》对物权编调整对象的规定，都表明一个共同的意思所指：物权法的基本价值应当是促进物的效能最大限度发挥，满足民事法律关系主体对物的占有、使用、收益和处分的主观诉求。诚然，所有权人对其享有所有权的物享有完全的支配权，但是，物权权利主体在行使自己所享有的权利时，不能损害国家的、集体的、社会的和他人的权利。为了避免物权权利主体在行使自己权利的过程中造成对他人及公共环境权益的侵害，《民法典》物权编实现了部分法律规则的生态化改造。物权编第五章对国家所有权和集体所有权的规定，明确了矿藏、水流、海域、森林、山岭、草原、荒地、滩涂等自然资源、无居民海岛、城市的土地、野生动植物资源、无线电频谱资源的国家所有权，明确了农村集体所有的不动产和动产。《民法典》物权编对自然资源等公共产权的主体界定这可以实现自然资源的优化配置，提高自然资源利用效率，防止因自然资源滥用而造成的自然资源破坏，体现了物权法律规则的生态化和"绿色性"。② 此外，《民法典》物权编第七章中相邻关系的法律规定也体现了物权法律规则的生态化。石佳友教授认为，相邻关系大约是最能凸显民法和环境法内在联系的制度领域。③ 对于因相邻关系所造成的环境侵害，美国制度经济学的杰出代表科斯曾经在《社会成本问题》进行了经典阐释。科斯认为，权利具有相互性的特点，④ 侵权行为在本质上是人们权利的冲突，是权利交互性的具体体现，他通过某工厂的烟尘给邻近的财产所有者带来了有害影响的例子，分析了纠纷解决的选择方法。只不过，科斯从"产值最大化"的逻辑起点出发，从经济角度审视法律问题，用经济推理代替了法律推理，得出了不同于传统法律人的纠纷解决途径。尽管科斯的相邻冲突解决路径提供了理解权利冲突或外部损害的新范式，但经济逻辑无法完全取代法律逻辑，法律问题的解决仍然要最终回到法律的世界。《民法典》物权编第二百九十三条、第二百九十四条、第二百九十五条和第二百九十六条通过一系列禁止性法律规则的设定，厘清了相邻关系中民事法律关系主体的行为禁区。这不但有利于处理相邻关系主体之间形成和谐友好的社会关系，而且可以保障人们采光权、通风权、日照权、安宁权、清洁水源权等相邻环境权的实现。

第三，在《民法典》合同编中实现了生态化改造。合同是民事主体之间设立、变更、终止民事法律关系的协议。契约自由、意思自治应当是合同法律关系最核心、最本质的特征。以合同当事人之间意思自治为价值本位的合同私法规范能否容纳抑或附加环境生态保护的公法义务成为《民法典》合同编制定过程中争议的焦点之一。环境法学者则对合同编贯彻绿色

---

① 王利明. 物权法与环境保护 [J]. 河南省政法管理干部学院学报，2008（4）.

② 单平基. "绿色原则"对民法典"物权编"的辐射效应 [J]. 苏州大学学报（哲学社会科学版），2018（6）.

③ 石佳友. 物权法中环境保护之考量 [J]. 法学，2008（3）.

④ 喻中. 科斯的法律经济学思想述论：读〈企业、市场与法律〉[J]. 政法论坛，2014（3）.

原则，实现合同法律制度的生态化具有较大的关注，他们给予了合同法生态化较大的希冀，提出应当制定充分贯彻"绿色原则"的合同编。①刘长兴则在阐述《民法典》合同编绿色化的突破方向基础上提出了合同制度绿色化的基本方式与路径。②而民法学学者则坚持相对保守的态度，他们认为即便在《民法典》合同编贯彻绿色原则，也难易实现生态环境保护的目的，反而会影响合同法效用的发挥。在贺剑看来，合同编中的绿色原则影响债务履行、影响债务发生、影响合同效力，最终环境保护成为"有心栽花花不开"的尴尬情形。③尽管环境法学者和民法学者在《民法典》合同编的绿色原则贯彻和执行存在意见分歧，但对私权进行必要的限制以承担一定社会责任的社会化发展趋势，促成了《民法典》合同编的生态化改造。《民法典》合同编设置了第五百零九条、第五百五十八条、第六百一十九条和第六百二十五条等四个与生态环境保护相关的法律条文，明确了履行合同过程中避免资源浪费、环境污染和生态破坏的法律义务，规定了采取保护生态环境的包装方式的法律义务和旧物回收的法律义务。上述四个法律条款贯彻了《民法典》总则部分的"资源节约与环境保护"基本法律原则，为合同编注入了绿色因子，明确了合同缔结、履行过程中的生态环境保护义务，回应了生态文明时代的合同法的环境保护需求。

第四，在《民法典》侵权责任编中实现了生态化改造。环境侵权是民事侵权的重要组成部分，但环境侵权往往又不同于一般的民事侵权行为。环境侵权行为除了给相应的民事权利主体的人身和财产造成一定的损害以外，往往还具有一定的正当性，环境侵权往往是其生产行为或者经营行为的外部性的重要体现。环境侵权行为正当性与侵权性的双重属性往往导致侵权责任的追究和承担具有一定的复杂性。环境侵权所造成的损害往往又具有不可逆性，具有不可恢复性，因此在《民法典》侵权责任编贯彻总则所确定的"资源节约与环境保护"基本法律原则，实现侵权责任的生态化具有更加重要的意义。吕忠梅教授认为，侵权法是民法回应环境问题最早的领域。④相对于《侵权责任法》第八章环境污染责任的规定，《民法典》侵权责任编第七章发生了重大变化。首先，章标题由原来的"环境污染责任"修改为"环境污染和生态破坏责任"，把生态破坏的侵权责任也纳入了《民法典》侵权责任编的调整范畴，扩大了环境侵权的外延，并在第一千二百二十九条对环境污染侵权行为和生态破坏侵权行为进行了并列规定，将过去单一的环境污染行为扩展为环境污染和生态破坏紧密相连的生态环境侵权行为。其次，把侵权行为的主体由"污染者"修改为"行为人"或者"侵权人"，扩大了环境侵权行为人的范围。再次，增加了惩罚性赔偿的法律责任。在环境侵权法律责任中，对于侵权行为人主观方面存在故意，客观方面造成了严重的损害后果，被侵权人可以请求惩罚性赔偿。惩罚性赔偿是与填补性赔偿相对应的一种赔偿制度，具有惩罚性、威慑性、阻吓性的特点，⑤进一步彰显了生态文明思想在环境侵权法中贯彻的重视，也体现了打击故意生态环境侵权的决心。最后，增加了赋予国家规定的机关或者法律规定的组织提起环境保护公益诉讼，追究侵权行为人的法律责任的规定。《民法典》侵权责任编第七章的规定，一共七个法

① 吕忠梅，窦海，巩固，等."绿色原则"在民法典中的贯彻论纲[J].中国法学，2018（1）.

② 刘长兴.论"绿色原则"在民法典合同编的实现[J].法律科学（西北政法大学学报），2018（6）.

③ 贺剑.绿色原则与法经济学[J].中国法学，2019（2）.

④ 吕忠梅.〈民法典〉"绿色规则"的环境法透视[J].法学杂志，2020（10）.

⑤ 陈学敏.环境侵权损害惩罚性赔偿制度的规制：基于〈民法典〉第1232条的省思[J].中国政法大学学报，2020（6）.

律条文，但"生态"一词出现的频率高达 13 次之多。侵权责任法律规定的生态化，为生态环境损害提供了侵权救济的法律依据，也为环境侵权行为的发生和被侵权人权益的法律保障筑起了坚实后盾。

总之，作为 21 世纪生态文明时代的《民法典》，彰显了时代特色，堪称一部"绿色民法典"。《民法典》总则不仅规定了"资源节约与环境保护"基本法律原则，而且把这个基本原则贯穿于整个《民法典》的始终，实现了《民法典》物权编、合同编、侵权责任编的生态化。新时代的《民法典》同时具备了保障民事法律关系主体民事权利和保护生态环境的双重功能。《民法典》不但促进了人与人之间、人与社会之间关系和谐，而且协调了人与环境、人与自然之间的冲突关系，实现了人与自然之间的和谐相处。

 本章复习题

选择题

1. 法对人的行为及社会关系和社会生活发生的影响，称为（　　）。

　A. 法的价值　　　　B. 法的实效　　　　C. 法的效力　　　　D. 法的作用

2. 法是否有实效，可以从（　　）得到直接验证。

　A. 整体作用与局部作用的划分　　　　B. 积极作用与消极作用的划分

　C. 规范作用与社会作用的划分　　　　D. 预期作用与实际作用的划分

3. 能使人们清楚地认识到法的作用与上层建筑其他组成部分的作用的各自特点，又能使人们充分认识到不同历史类型的法的作用的区别，这是指法的（　　）。

　A. 规范作用和社会作用的分类　　　　B. 预期作用与实际作用的分类

　C. 积极作用与消极作用的分类　　　　D. 整体作用与局部作用的分类

4. 通过法，人们可以知道什么是国家赞成的，应当做、可以做的，什么是国家反对的，不该做、不能做的；可以知道国家的发展目标、价值取向，甚至可以知道从国家的观点什么是明智之举。这是指法的（　　）。

　A. 指引作用　　　　B. 告示作用　　　　C. 评价作用　　　　D. 教育作用

5. 法通过规定人们在法律上的权利和义务以及违反法的规定应承担的责任来调整人们的行为。从法的各种规范作用来看，这是指法的（　　）。

　A. 告示作用　　　　B. 预测作用　　　　C. 评价作用　　　　D. 指引作用

6. 人们可以根据法律规定预先知晓或估计到人们相互间将如何行为，特别是国家机关及其工作人员将如何对待人们的行为，进而根据这种预知来做出行为安排和计划。这是指法的（　　）。

　A. 评价作用　　　　B. 预测作用　　　　C. 指引作用　　　　D. 教育作用

7. 通过对违法行为进行制裁借以加强法的权威性，保护人们的正当权利，增强人们的安全感，并作为法的其他作用的重要保障，法的这种规范作用是（　　）。

　A. 法的告示作用　　B. 法的评价作用　　C. 法的教育作用　　D. 法的强制作用

8. 在法的各种规范作用中，作为其他规范作用的保障的是法的（　　）。

　A. 预测作用　　　　B. 评价作用　　　　C. 教育作用　　　　D. 强制作用

9. 不属于法在执行社会公共事务管理方面的作用的是（   ）。

A. 法维护人类社会基本生活条件

B. 法调整对立阶级之间的关系、统治阶级内部及其与同盟阶级之间的关系

C. 法维护生产和交换的基本秩序

D. 法推动和促进科学、教育和文化的发展

10. 当前我国的社会主义法律制度基本上是完备的，但以法谋私、枉法裁判等现象的存在使法的作用发挥受到很大限制，这说明（   ）。

A. 法对社会生活的涵盖性和适应性存在一定限度

B. 法并非在任何问题上都是适用的

C. 法的运行成本巨大

D. 法的作用的发挥受实施法的过程中人员条件、精神条件的影响

11. 现代社会中，不仅需要有法律这种社会规范，而且还需要有道德、习俗、纪律等其他社会规范。这说明（   ）。

A. 法律是可有可无的

B. 法律的作用范围是有限的

C. 法律是非常重要的

D. 法律与道德、习俗、纪律等其他社会规范完全相同

12. 知识产权法律制度（商标法、专利法、著作权法）所发挥的社会作用主要是（   ）。

A. 促进和推动物质文明   B. 促进和推动精神文明

C. 促进和推动政治文明   D. 促进和推动生态文明

13. 保障公民基本人权、制约公共权力，这是法对（   ）发挥的促进和推动作用。

A. 物质文明   B. 精神文明   C. 政治文明   D. 生态文明

14. 法确认最低限度的道德义务，对社会价值观进行道德整合，这是法对（   ）发挥的促进和推动作用。

A. 物质文明   B. 精神文明   C. 政治文明   D. 生态文明

15. 任何时代的法都有惩治盗窃行为的规定，这主要是指法发挥（   ）的社会作用。

A. 促进和推动物质文明   B. 促进和推动精神文明

C. 促进和推动政治文明   D. 促进和推动生态文明

16. 实现人与自然的和谐，促进可持续发展，这主要是指法发挥（   ）的社会作用。

A. 促进和推动物质文明   B. 促进和推动精神文明

C. 促进和推动政治文明   D. 促进和推动生态文明

17. 关于法的规范作用，下列说法正确的是（   ）。

A. 陈法官依据诉讼法规定主动申请回避，体现了法的教育作用

B. 法院判决王某行为构成盗窃罪，体现了法的指引作用

C. 林某参加法律培训后开始重视所经营企业的法律风险防控，体现了法的保护自由价值的作用

D. 王某因散布谣言被罚款 300 元，体现了法的强制作用

第十章

法 律 关 系

☑ **教学目的和要求**

1. 正确理解法律行为及其特征，区分法律行为与非法律行为。
2. 了解法律行为的结构与法律行为的基本分类。

☑ **教学重点和难点**

区分法律行为与非法律行为。

第一节 法律关系的释义

一、法律关系的概念和理论发展

法律关系是法律在调整社会关系的过程中所形成的主体之间的权利和义务关系。法律关系是一个基本的法律概念，它与法的运行过程（立法、执法、司法、守法的运行机制）密切关联，也与法律规范、法律行为、法律责任等其他法律概念直接或间接关联。在一定意义上可以说，法律关系是法律调整社会关系的"操作机床"，在法律规范存在的情形下，没有法律事实与法律关系的相互作用，没有对法律关系的操作就不可能对法律问题做任何技术性分析，也不可能科学地理解任何法律决定。因此，认识和研究法律关系问题具有重要的理论和实践意义。

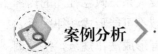 **案例分析** ▷ ··

杭州小保姆受百万遗赠案中的法律关系

杭州的叶老先生是一名裱画师，2000年去世后留下巨额遗产，包括一批珍贵字画、一套住房等，价值达百万元。叶先生生前先后立有两份遗嘱：一份为自书遗嘱，将其全部财产（包括一切动产与不动产）全部赠与家中的小保姆吴菊英；另一份为公证遗嘱，将住房一套赠与吴菊英。叶先生的两个女儿对遗嘱有异议，在其父过世后，将其父留下的字画拿走。吴菊英索要不成，双方因此发生纠纷。吴菊英向法院起诉，要求确认叶先生的两份遗嘱有效，判决叶先生的全部遗产遗赠给自己，并由叶先生的两个女儿归还拿走的字画。两审法院皆判小保姆胜诉，叶老先生的遗嘱合法有效。

在历史上，法律关系的观念最早来源于罗马法关于"债"的解释。根据罗马法，"债"本质上是根据法律要求人们为一定给付的法锁。法锁观念形象地说明了债法关系存在的法的效力性和客观强制性，为近代法律关系理论的创立奠定了基础。然而，在罗马法上，当时还没有"法律关系"这样一个专门的法律术语。直到19世纪，法律关系才作为一个专门的法律概念而存在。在法学上，德国法学家卡尔·冯·萨维尼于1839年第一次对法律关系做了理论阐述。此后，德国其他法学家如温德雪德、诺易纳、比尔林等都著书立说对法律关系进行了专门的研究。在英美国家，也有一些法学家从不同角度对"权利–义务关系""权利–责任关系"做了论证。值得一提的是20世纪20年代，美国西北大学教授A.考库雷克所著的《法律关系》一书，系统地探讨了法律关系的一般理论。由此，法律关系就成为法理学的基本理论问题之一。

二、法律关系的性质和特征

社会关系是人们在相互交往过程中所形成的人与人之间的联系，法律关系属于社会关系，但它有不同于一般社会关系的显著特征。

（一）法律关系是根据法律规范形成的以国家强制力保障实现的社会关系

法律关系是法律调整社会关系而出现的一种状态，是由法律派生出来的现象，它以一定的法律规范的存在为前提。正确理解这一特征，应掌握以下几点。

1. 法律关系是法律规范调整一定领域的社会关系的产物

社会关系是一个庞大的体系，涉及政治、经济、文化、社会生活的各个领域。在法律规范尚未出现的原始社会，单纯的社会关系如婚姻关系、生产劳动中的协作关系、分配关系等已经存在，但不具有法律的性质，因而也无法律关系可言。出现了法律规范以后并非所有领域的社会关系都由法律所调整，有些社会关系领域如友谊关系、恋爱关系、政党社团的内部关系等是不属于法律调整或法律不宜调整的，因而这些社会关系领域不可能形成法律关系。还有些社会关系领域，虽然应得到法律调整，但由于种种原因还没有形成法律规范，法律调整缺乏法律根据，也不可能产生法律关系。因此，可以这样来理解法律关系的范围：凡纳入法律规范调整范围内的社会关系，都是法律关系；凡未纳入法律规范调整范围的社会关系，均不属于法律关系。

2. 法律关系不同于法律规范调整或保护的社会关系本身

法律关系反映着一定领域的社会关系，是法律规范从书本上的抽象规定变成社会中现实秩序的一种状态。这样，法律规范所调整或保护的社会关系转变成法律关系还需要通过一定主体的能动作用，法律关系不能直接等同于法律规范调整或保护的社会关系。例如，刑法所保护的社会关系不能等于刑事法律关系，民法所调整的社会关系（财产关系和身份关系）不能直接等于民事法律关系。

3. 法律关系是法律规范在现实社会中的实现形式

法律规范是通过规定人们在日常生活中的权利和义务及其相应的法律后果来调整社会关系的，人们按照法律规范的要求行使权利、履行义务并由此而发生特定的法律上的联系，这既是法律关系的形成，也是法律规范在现实社会生活中的具体贯彻。因此，法律关系是人与人之间的合法关系，这是它与其他社会关系的根本区别，也是它与那些不具有合法性质但又具有法律意义的"法律事实关系"的根本区别。值得一提的是，一般情况下，在法治社会中法律关系的建立可以在国家正式颁布的成文法规范中找到根据；但在特殊情况下，尤其是一个国家法律体系开始形成的时期，有些应该得到法律调整的社会关系领域，由于种种原因还没有形成成文法律规范，或者虽有成文法律规范，但随着社会关系的变化，按照原有法律规范调整社会关系会出现明显不公，但还来不及对原有法律规范进行相应修改时，具体法律关系的建立可以不根据成文法律规范，而是根据习惯法的调整或者采取国家在实际上加以确认和保护的形式。有时是直接根据法院的判决，有时则是直接来自国家的个别性的命令或者其他形式。这一过程经历了个别性调整到一般性调整，表面上看起来是法律关系产生在法律规范之前，但实际上说明了法律关系除了以成文法律规范为根据存在外，还以其他得到国家事实上的确认和保护的形式而存在。

正因为法律关系是以法律规范为根据而产生的人与人之间的合法关系，它的建立具有特定的目的性。法律关系参加者实现自己权利的行为，同时也是国家实施法律的行为，最终实现的是法的意志。因此，需要凭借国家强制力保证主体权利的行使，保证义务的承担，法律关系参加者任何一方如果不履行自己所应尽的义务，都要承担一定的法律责任，甚至受到法律的制裁。

（二）法律关系是体现意志性的社会关系

法律关系属于社会关系，与其他社会关系一样是人们有目的、有意识地建立的，但法律关系的建立又是受制于法律规范的人们的自觉意图和预期目的实现的活动过程，因而呈现出双重意志相互作用的特征。一方面，法律关系是根据法律规范建立的，而法律规范又是国家意志的体现；另一方面，法律关系参加者的意志对于法律关系的建立和实现也有着重要的作用。因此，法律关系既是特定主体之间的联系，也是特定主体与国家之间的联系：它既具有法所具有的重要属性（如国家意志性），也具有法所不具有的属性（如法律参加者的意志性）。在法律关系产生或实现的过程中，国家意志和法律关系参加者的意志是相互作用的：一方面，国家意志制约着法律关系参加者的意志，也就是说，法律关系参加者的意志必须符合国家意志，否则该关系得不到国家确认和保护，法律关系不可能建立起来；另一方面，法律关系参加者的意志对法律规范中所体现的国家意志的实现起着积极的中介作用。法律规范所规定的权利与义务只是一种书本上的可能性和必要性，只有通过法律关系参加者的意志活动才能变为现实。法律关系参加者的意志活动的形态是多种多样的。有的法律关系的建立要根据法律关系参加者各方的意志（如大多数民事法律关系的建立），即不仅要通过法律规范所体现的国家意志，而且要与法律关系参加者的个人意志表示一致。也有的法律关系的建立只需要法律关系参加者的一方的意志即可成立，如行政法律关系往往基于行政命令而产生。还有的法律关系的产生可以不通过人的意志，而是由于某种不以人的意志为转移的事件，如出生、死亡、自然灾害等，但法律关系的实现需要主体的意志活动。例如，继承法律关系的产生不以继承人的意志为转移，但继承权是否实现以及如何实现，要通过继承人的意志。因此，无论法律关系是怎样产生的，是否通过其参加者的意志，它们的实现都要通过人的意志，法律关系是体现意志性的社会关系。

需要注意的是，法律关系的意志性与法律关系的客观性并不矛盾，法律关系是建立在不以人的意志为转移的客观规律的基础上的人们有意识、有目的地结成的社会关系。在社会领域，人们的行为都是有意识、有目的地进行的，预期的行动目的，除表面上受制于法律的形式外，归根到底要受到不以人的意志为转移的客观规律的支配。按唯物史观，可以把全部社会关系分为物质社会关系和思想社会关系，思想社会关系不过是物质社会关系的上层建筑，而物质社会关系是不以人的意志为转移的，是人维持生存的活动方式。法律关系首先体现为思想社会关系，但不能仅仅看到法律关系的意志形式，而看不到其背后的物质关系。因此，法律关系作为体现意志性的社会关系，既有以人的意志为转移的思想关系的属性，又有不以人的意志为转移的物质关系的属性。不能把法律关系视为人与物的关系或视为自然规律本身，也不能把法律关系与物质关系彻底割裂。

（三）法律关系是特定主体之间法律上的权利与义务关系

法律关系的内容是特定主体之间的法律上的权利与义务，这一特征使法律关系与法律规范所规定的主体的权利与义务相区别。法律关系与法律规范都包含着主体的权利与义务，但法律规范是国家对社会权利与义务进行的初次分配，它针对的是同一类人、同一类行为，具有抽象性和概括性，是主体能够做或应该做的行为可能性，并不是现实的行为。法律规范是在假定某事实发生的情况下，设定主体有什么权利与义务，并不是主体实际已经有了某种权利与义务。而法律关系是在法律规范对主体权利与义务初次分配的基础上进行的再分配，是根据具体的法律事实，针对特定的主体和具体客体使权利与义务具体化。就两者的关系而言，法律关系使法律规范中属于可能性的权利与义务现实化,法律关系是实现法律规范中的权利与义务的工具。因此,与法律规范相比,法律关系中的主体是特定的,权利与义务是具体的现实化的法律上的权利与义务。而且法律关系中的权利与义务是与特定的法律事实相联系的特定主体之间的权利与义务,而不是他们之间的全部权利与义务。例如,甲和乙是一个诉讼法律关系的当事人,在他们之间全部的权利与义务中,只有那些具有诉讼权利与诉讼义务的部分,才是诉讼法律关系中的法律上的权利与义务,至于其他的权利与义务(如基于同学关系而产生的)则不是诉讼法律关系中的权利与义务。

第二节　法律关系的分类

在法学研究中,法律关系是一个具有普遍意义的范畴。对法理学来说,不能仅局限于法律部门的法律关系,而应更关心一些具有普遍性和典型性的法律关系。

(一)基本法律关系与普通法律关系

根据法律关系所体现的社会内容的性质不同,可以将其分为基本法律关系与普通法律关系。

基本法律关系是根据宪法或宪法性法律规范形成的国家、公民、社会组织及其他社会关系主体之间普遍存在的社会联系,它直接反映该社会经济制度、政治制度及公民的基本权利与义务等带有根本性质的问题及社会基本利益结构。基本法律关系是社会中根本性的权利和义务关系,是构成其他法律关系的基础。基本法律关系的内容主要包括公民与国家的关系、国家机构之间的关系、中央与地方的关系、民族之间的关系等,它体现了一国范围内上述关系主体之间的经常性的、稳定性的法律状态,是具体主体的权利与义务实现的初始阶段。而且基本法律关系往往是由某种长久的事实状态引起的,如确定公民的基本权利与义务的基本法律关系只是由于主体是中华人民共和国公民这一事实而产生的。

普通法律关系是根据宪法和宪法性法律规范为指导的普通法(包括实体法和程序法)而形成的,存在于特定主体之间的具体权利与义务关系。普通法律关系的产生不但要有普通法的规定,而且要有具体事实的发生,如诉讼法律关系的产生除诉讼法的规定外,还需要基于诉讼法的事实。

(二)绝对性法律关系与相对性法律关系

根据法律关系主体是否完全特定化,可以将其分为绝对性法律关系与相对性法律关系。

绝对性法律关系是特定的权利主体与不特定的义务主体之间的法律关系。绝对性法律关系的特点是只有权利主体是特定的、具体的,而义务主体则是除权利主体之外的不特定的任何人,其表达公式是"某个人对其他一切人",其典型形态是所有权关系。

相对性法律关系是特定的权利主体与特定的义务主体之间的法律关系。相对性法律关系的特点是参加法律关系的双方或数方均是特定的具体的人,其表达公式是"某个人对某个人",

其典型形态是债权关系。

（三）调整性法律关系与保护性法律关系

根据法律关系的产生依据是否适用法律制裁可以将其分为调整性法律关系和保护性法律关系。

调整性法律关系是在执行法的调整职能过程中，基于主体的合法行为而产生的不需要适用法律制裁，主体权利就能够正常实现的法律关系。调整性法律关系实现的是法律规范的行为规则的内容，它是法的实现的正常形式。因为法律规范有授权性、禁止性和命令性之分，法律关系参加者的义务也有作为义务与不作为义务之分，所以以调整性法律关系分为积极性法律关系与消极性法律关系两类。调整性法律关系的典型形态是民事法律关系。

保护性法律关系是在执行法的保护职能过程中，基于主体的违法行为而产生的需要通过法律制裁才能恢复被破坏的权利与秩序的法律关系。保护性法律关系的特点——实现法律规范的否定性后果的内容，它是法的实现的非正常形式。这一关系的一方主体国家通过实施法律制裁，要求另一方违法者承担由于实施违法行为所招致的法律责任。保护性法律关系的典型形态是刑事法律关系。

（四）平权性法律关系与隶属性法律关系

根据法律关系主体在法律关系中的相互地位，可以将其分为平权性法律关系与隶属性法律关系。

平权性法律关系，也称横向性法律关系，是指平权法律主体之间法律上的权利义务关系。其特点是法律关系主体之间地位是平等的，相互之间没有隶属关系，权利和义务的内容具有一定程度的选择性，其典型形态是民事法律关系。

隶属性法律关系，也称纵向性法律关系，是指隶属法律主体之间法律上的权力服从关系。其特点是法律关系主体处于不平等地位，彼此之间有管理与被管理、命令与服从、监督与被监督诸方面的差别；法律关系主体之间的权力与义务具有强制性，既不能随意转让，也不能任意放弃。隶属性法律关系的典型形态是行政法律关系，行政法律关系的参加者一方——国家主管机关具有依法行使国家权力的职权，在其管辖范围内的任何人或社会组织都必须服从。

（五）主法律关系和从法律关系

按照法律关系作用和地位的不同，可以将其分为主法律关系与从法律关系。

主法律关系，也称第一性法律关系，是指法律主体之间依法建立的不依靠其他法律关系而独立存在的或在多项法律关系中属于支配地位的法律关系。从法律关系，也称第二性法律关系，是指依据主法律关系而产生的，居于从属地位的法律关系。这种分类与主权利义务和从权利义务的划分是一致的。一般情况下，相关的法律关系之间均有主次之分，如为交易安全当事人之间订立的担保合同，就是从法律关系。在调整性和保护性法律关系中，前者是主法律关系，后者是从法律关系。

第三节　法律关系的主体

一、法律关系主体的概念与种类

法律关系是由法律关系主体、内容、客体三要素构成的。所谓法律关系主体，是指法律关系的参加者，即在法律关系中权利的享受者和义务（职责）的承担者，也称权利主体和义务主体。在现实社会生活中法律关系主体是多种多样的，但每种法律关系中主体的具体数目不能少于两方。各方在法律关系中的地位也不尽相同。大体上可以归属为一方是权利的享受者，另一方是义务的承担者。一定社会中法律关系主体的性质和范围与该社会的法律精神、社会物质生活条件和文明程度相联系，因而呈现出明显的法律性和社会性。

法律关系主体的法律性，是指法律关系主体的性质和范围是由法律规范所决定的，不在法律规定范围内的主体，不得任意参加到法律关系中去成为法律关系的主体。法律关系是根据法律规范而建立的主体之间的联系，作为法律关系构成要素之一的法律关系主体的性质与范围，也应以法律规范的规定为基础。例如，按照《民法典》的规定，法定结婚年龄，男不得早于 22 周岁，女不得早于 20 周岁。低于上述年龄不得成为婚姻关系的主体。

法律关系主体的社会性，是指法律规范确定的法律关系主体的性质与范围不是任意的，而是由一定社会物质生活条件决定的。在奴隶社会中只有奴隶主和其他自由民才是法律关系的主体，占社会绝大多数的奴隶被排除在权利主体之外，被当作会说话的工具，成为法律关系的客体。在封建社会中属于被统治地位的农民阶级，他们的社会地位虽然比奴隶有所改善，但仍然是被束缚在土地上，在人身上依附于地主阶级，在法律上是不完全的权利主体。这些法律制度直接由一定社会的生产方式所决定，不是奴隶主阶级和封建主阶级的任意选择。在社会主义制度下，消灭了剥削制度，人民成了国家的主人，国家实行以公有制为主的多种经济结构，法律关系主体的范围空前广泛。

二、法律关系主体构成的资格

作为法律关系主体必须具备法律规定的权利能力，某些类型的法律关系主体还必须同时具备行为能力。

（一）权利能力

权利能力，又称权义能力，是指由法律确认的能够参与一定的法律关系，依法享有权利或承担义务的能力或资格。它是法律关系主体实际取得权利、承担义务必须具备的前提条件，只有具备了权利能力，才具有法律上的人格或主体资格。也可以这样说，权利能力只为一定主体享有权利和承担义务提供了可能性，要将这种可能性转化为现实性，还需要其他条件。

但没有这一可能性，现实性无从谈起。因此，权利能力与权利是不同的。权利能力是取得权利、承担义务的资格，而权利是主体凭借这种资格进行活动的结果。

在自然人的权利能力问题上，近现代法制均确认一切公民的权利能力一律平等，非公民的自然人在人身和财产关系方面，也与公民具有平等的权利能力。这容易被误认为权利能力为自然人与生俱来的东西。实际上，权利能力是由法律赋予的。在奴隶社会，奴隶之所以作为权利的客体，是因为法律未赋予奴隶权利能力。今昔对比，权利能力的法律赋予性就显示出来了。法学界主流观点把公民的权利能力分为一般权利能力和特殊权利能力两类。一般权利能力为所有公民不分性别、种族、地位等而普遍享有，始于出生，终于死亡。特殊的权利能力以一定的法律事实出现为条件才能享有。例如，在政治领域方面的权利能力（选举权和被选举权等），这种权利能力往往要受法定年龄或政治条件等的限制。

一个组织的权利能力开始于该组织的依法成立，结束于它的解散或撤销，这种权利能力的内容和范围与该组织的成立目的直接相关，并由有关法律或组织章程加以规定。

案例分析

材料一：死者是否享有权利能力

《鲁迅像传》2013 年由贵州人民出版社出版，作者黄某某通过对丰富历史资料的整合和以照片为佐证的学术研究方法，著成《鲁迅像传》一书，向社会广大读者介绍鲁迅事迹、解读鲁迅精神。2014 年 2 月，周某某等以《鲁迅像传》侵犯鲁迅肖像权为由，将作者黄某某和出版单位、销售商一同告上法庭。2014 年 11 月 6 日下午，上海市黄浦区人民法院对该案作出一审判决，对四位原告提出的停止侵权、消除影响、赔偿经济损失等全部诉讼请求均不予支持。该案是多起涉及鲁迅肖像纠纷案件中首例以判决方式审结的案件。

材料二：胎儿是否享有权利能力

李某和王某是夫妻，2012 年，丈夫李某因车祸去世，而此时王某怀孕 6 个月。在分割李某遗产时，李某的父母和王某之间产生了分歧。李某父母认为，王某的孩子尚未出生，因此不能参与遗产的分割，而王某认为，胎儿也可以参与遗产的分割。那么，到底胎儿能不能继承遗产呢？

材料三：动物是否享有权利能力

2002 年 3 月 9 日，成都市 96 岁的法学博士申某某老人溘然离世，他留下了四份让人们费解的遗嘱。令人万万想不到的是，老人的遗嘱并没有把财产留给子孙，而是全部给了一只一直与他相伴相依长达 9 年之久的狮子犬——"欢欢"。这四份遗嘱是这样写的：凡以我的名义收的钱财均交申学发保管，以作为小狗"欢欢"的生活费。长期以来，因我卧病不起，夜里、白天都是它在陪我，消除了我的苦闷，解除了你们没时间照料我的困难，故将我一生的积蓄作为报酬，答谢"欢欢"，让它今后的生活有个着落，我死也瞑目了。不情之处，望众子孙原谅。一时间，这份特殊的遗嘱在四川引起轩然大波，社会各界更是众说纷纭。

这是中国第一例把遗产赠与宠物的案例。"遗产赠宠物"不仅在中国是个法律空白，也对中国有关法律提出了令人思索、有待完善的新问题。

结合上述三则材料，谈谈你对法律关系主体资格的认识。

（二）行为能力

行为能力是指由法律确认的法律关系主体能够通过自己的行为取得权利、承担义务的能力或资格。具备权利能力，并不意味着法律关系主体都能正确地运用这种能力，要正确地运用权利能力，还必须具备行为能力。公民的行为能力是公民的意识能力在法律上的反映，行为能力不仅意味着公民能够以自己的名义独立地参加到法律关系中，而且意味着公民能够认识理解自己行为的性质，控制自己的行为并对自己的行为负责。因此，智力发育水平就成为判断公民行为能力的标准，对这一标准世界各国的法律中都从年龄和健康状况方面加以具体化。

公民的行为能力也可以进行不同的分类。世界各国的法律，一般都把本国公民划分为完全行为能力人、限制行为能力人和无行为能力人。

（1）完全行为能力人，是指达到一定法定年龄、智力健全、能够对自己的行为负完全责任的自然人（公民）。例如，在民法上，18 周岁以上的公民是成年人，具有完全的民事行为能力，可以独立进行民事活动，是完全民事行为能力人。

（2）限制行为能力人，是指行为能力受到一定限制，只具有部分行为能力的公民。例如，《民法典》规定，8 周岁以上的未成年人和不能完全辨认自己行为的成年人，是限制民事行为能力人。中国刑法将已满 12 周岁不满 16 周岁的公民视为限制行为能力人（不完全的刑事责任能力人）。

（3）无行为能力人，是指完全不能以自己的行为行使权利、履行义务的公民。在民法上，不满 8 周岁的未成年人和不能辨认自己行为的成年人是无民事行为能力人。在刑法上，不满 12 周岁的未成年人和精神病人，被视为无刑事责任能力人；对公民行为能力在健康方面的限制包括："不能辨认自己行为的成年人为无民事行为能力人，由其法定代理人代理实施民事法律行为。""不能完全辨认自己行为的成年人为限制民事行为能力人，实施民事法律行为由其法定代理人代理或者经其法定代理人同意、追认；但是，可以独立实施纯获利益的民事法律行为或者与其智力、精神健康状况相适应的民事法律行为。"

公民不具有权利能力，绝不会成为法律关系主体，但无行为能力人或限制行为能力人，在有的法律关系中可以成为法律关系的参加者。如继承法律关系、代理法律关系，即使是婴儿、精神病患者也可作为法律关系的一方参加到该关系中。因此，公民的行为能力和权利能力在特定情况下是可以分离的。

社会组织的行为能力不同于自然人的行为能力：自然人的行为能力与权利能力不是同时存在的，其行为能力的存在受自然人的智力发育水平的影响，而社会组织的行为能力与权利能力是一致的，二者同时存在；自然人的行为能力因受智力发育水平的影响，分为完全行为能力、限制行为能力及无行为能力，而社会组织原本非人而由法律拟制为人，不存在智力发育程度的判别，因而自成立至终止，始终具有完全行为能力。

法人组织也具有行为能力，但与公民的行为能力不同，表现在以下方面。

（1）公民的行为能力有完全与不完全之分，而法人的行为能力总是有限的，由其成立宗旨和业务范围所决定。

（2）公民的行为能力和权利能力并不是同时存在的。也就是说，公民具有权利能力却不一定同时具有行为能力，公民丧失行为能力也并不意味着丧失权利能力。与此不同，法人的行为能力和权利能力却是同时产生和同时消灭的。法人一经依法成立，就同时具有权利能力和行为能力。法人一经依法撤销，其权利能力和行为能力就同时消灭。

与行为能力直接相关的是责任能力。责任能力是行为人对自己的行为承担法律责任的能力，它是行为能力在保护性法律关系中的特殊表现形式。在大多数保护性法律关系中，责任能力无须特殊规定，它与行为能力是一致的。在刑事法律关系中，刑事责任能力具有特殊性。按照我国刑法的规定，已满 16 周岁的人犯罪，应当负刑事责任。已满 14 周岁不满 16 周岁的人，犯故意杀人、故意伤害致人重伤或者死亡、强奸、抢劫、贩卖毒品、放火、爆炸、投放危险物质罪的，应当负刑事责任。已满 12 周岁不满 14 周岁的人，犯故意杀人、故意伤害罪，致人死亡或者以特别残忍手段致人重伤造成严重残疾，情节恶劣，经最高人民检察院核准追诉的，应当负刑事责任。对依照前三款规定追究刑事责任的不满 18 周岁的人，应当从轻或者减轻处罚。这些规定，都体现了刑事责任能力的特殊要求。

第四节　法律关系的客体

一、法律关系客体的概念

法律关系客体是法律关系主体间的权利义务所指向的共同对象。法律关系主体为了实现某种利益，必须在法律关系中围绕着特定的对象设定权利、承担义务。特定对象所承载的利益，就是通过法律关系中的权利、义务的形式表现出来的。在任何一个法律关系中，权利客体与义务客体都是重合的，具有一致性。客体是将法律关系主体间的权利义务联系在一起的中介，没有这个中介，就无法形成法律关系。正因如此，客体是法律关系必须具备的构成要素之一。

法律关系客体是一定利益的法律形式，其具体范围受一定生产力发展水平和社会文明程度的制约。但总的趋势是，随着生产力的不断发展，法律关系客体的范围越来越广泛，许多原来不属于法律关系客体的社会财富变为客体，如清洁的空气、试管婴儿、人体器官等。在奴隶社会中，奴隶是会说话的工具，必然成为买卖、赠与等许多法律关系的客体；在封建社会中，由于农奴和农民对封建主具有相当程度的人身依附关系，因此在许多重要法律关系中，是农奴主的权利客体；在社会主义条件下，由于消灭了阶级对立和阶级剥削，社会主义的根本任务是解放生产力，不断满足人民日益增长的生活需求，因此只要符合社会发展的，能够满足广大劳动人民的物质需要和文化需要的各种物质和非物质财富都可以成为法律关系的客体。在现代社会，一般而言，只有同时符合以下四个条件者，才能成为法律关系的客体：

第一，必须是经法律规定许可的，具有合法性；

第二，必须是一种资源，能够满足人们的某种需要，具有价值；

第三，必须具有一定的稀缺性，不能被需要它的一切人毫无代价地占有利用；

第四，必须具有可控性，可以被需要它的人为了一定目的而加以占有和利用。

二、法律关系客体的种类

法律关系客体是一个历史的概念，随着社会历史的不断发展，其范围和形式、类型也在不断地变化着。总体来看，由于权利和义务类型的不断丰富，法律关系客体的范围和种类有不断扩大和增多的趋势。归纳起来，有以下几类。

（一）物

法律意义上的物，是指法律关系主体支配的、在生产上和生活上所需要的客观实体。它可以是天然物，也可以是生产物；可以是活动物，也可以是不活动物。

作为法律关系客体的物与物理意义上的物既有联系，又有不同，它不仅具有物理属性，而且具有法律属性。至于哪些物可以作为法律关系的客体或可以作为哪些法律关系的客体，应由法律予以具体规定。在我国，大部分天然物和生产物可以成为法律关系的客体，但下列几种物不得进入国内商品流通领域，成为私人法律关系的客体：一是人类公共之物或国家专有之物，如海洋、山川、水流、空气；二是国家所有的文物；三是军事设施、武器（枪支、弹药等）；四是危害人类之物（如毒品、假药、淫秽书籍等）。

（二）行为（行为结果）

作为法律关系客体的行为，指的是权利主体的权利和义务主体的义务所共同指向的作为或不作为。作为又称积极的行为，是指要求从事一定的行为；不作为又称消极的行为，是指对一定行为的抑制。需要注意的是，作为法律关系客体的行为要与行为结果联系在一起。权利人为了实现某种利益，要求义务人实施一定的行为，义务人只要按权利人要求的行为数量和质量去行为，就能产生满足权利人利益要求的结果，只不过有些表现为物化结果，有些表现为非物化结果。

在很多法律关系中，其主体的权利和义务所指向的对象是行为或行为结果。作为法律关系客体的行为结果是特定的，即义务人完成其行为所产生的能够满足权利人利益要求的结果。例如，义务人的行为（劳动）凝结于一定的物体，产生一定的物化产品或建筑物（房屋、道路、桥梁等）。有时候义务人的行为没有转化为物化实体，而仅表现为一定的行为过程，直至终了，最后产生权利人所期望的结果。例如，权利人在义务人完成一定行为后，得到了某种精神享受（听乐器演奏）或物质享受，增长了知识和能力等。

（三）智力成果

智力成果是人通过某种物体（如书本、砖石、纸张、胶片、磁盘）或大脑记载下来并加以流传的思维成果。精神产品不同于有体物，其价值和利益在于物中所承载的信息、知识、技术、标识（符号）和其他精神文化。同时它又不同于人的主观精神活动本身，是精神活动的物化、固定化。精神产品属于非物质财富，西方学者称之为"无体（形）物"。我国法学界常称为"智力成果"或"无体财产"。

（四）人身利益

人身是由各个生理器官组成的生理整体（有机体），它是人的物质形态，也是人的精神利益的体现。在现代社会，随着现代科技和医学的发展，使得输血、植皮、器官移植、精子捐献等现象大量出现，同时也产生了此类交易买卖活动及其契约，带来了一系列法律问题。这样，人身不仅是人作为法律关系主体的承载者，而且在一定范围内成为法律关系的客体。但需要注意的是，第一，活人的（整个）身体，不得视为法律上之"物"，不能作为物权、债权和继承权的客体。禁止任何人（包括本人）将整个身体作为"物"参与有偿的经济法律活动。活人的身体不得转让或买卖。贩卖或拐卖人口、买卖婚姻，是法律所禁止的违法或犯罪行为，应受法律的制裁。第二，权利人对自己的人身不得进行违法或有伤风化的活动，不得滥用人身，或自践人身和人格。例如，卖淫、自杀、自残行为属违法行为或至少是法律所不提倡的行为。第三，对人身行使权利时必须依法进行，不得超出法律授权的界限，严禁对他人人身非法强行行使权利。例如，有监护权的父母不得虐待未成年子女的人身。

 案例分析 ⟩ ⋯⋯⋯⋯⋯⋯⋯⋯⋯⋯⋯⋯⋯⋯⋯⋯⋯⋯⋯⋯⋯⋯⋯

冷冻胚胎，亲人能否继承？

2013年3月20日深夜，江苏省宜兴市境内发生一起车祸：一辆轿车失控侧翻，撞到路边树上，坐在车内的女子当场死亡，驾车的男子被送往医院抢救，最终也未能挽回生命。死者系沈杰、刘曦夫妇，当天晚上，夫妻俩到刘曦娘家为母亲庆祝完生日驱车回家，在距家不到一公里路段遭遇不测。二人都是独生子女，2011年结婚。由于刘曦迟迟不能怀孕，夫妻俩在南京市鼓楼医院做了人工授精。也是在出事这天下午，医院向夫妻俩发来喜讯，人工授精胚胎发育良好，5天后刘曦就可以进行胚胎移植手术。然而，一场车祸导致胚胎移植手术终止。

一场惨烈的车祸，无情地夺走一对年轻夫妻的生命，双方父母四位失独老人悲痛万分。所幸的是，小夫妻在医院保存了孕育生命的人工授精胚胎，这成为四位老人最后的期盼。然而，冷冻胚胎的归宿却成了一个难题——能否继承？不让继承，似乎不合情理；允许继承，可能找人代孕，涉嫌违背法理。情理与法理，孰轻孰重？2014年9月17日，江苏省无锡市中级人民法院对这起全国首例人工授精胚胎处置权争夺案做出终审宣判，4枚冷冻胚胎由四位失独老人共同监管和处置。

第五节　法律关系的内容

法律关系的内容是指法律关系主体相互之间在法律上形成的权利和义务。任何法律上的权利和义务都必须是法律规范所规定，并得到国家的确认和保护，这是法律意义上的权利与义务不同于其他意义上的权利与义务的特殊性。因此，主体享有的权利和承担的义务就构成了法律关系的内容，离开了特定的权利与义务，任何法律关系都不可能存在。

一、权利和义务的概念及分类

权利和义务是一切法律规范、法律部门（部门法），甚至整个法律体系的核心内容。法的运行和操作的整个过程和机制（如立法、执法、司法、守法、法律监督等），无论其具体形态多么复杂，但终究不过是围绕权利和义务这两个核心内容和要素而展开的：确定权利和义务的界限，合理分配权利和义务，处理有关权利和义务的纠纷与冲突，保障权利和义务的实现，等等。

（一）权利的概念及分类

1. 权利的概念

"权利"一词可以在不同的意义上使用，如"道德权利""自然权利""习惯权利""法律权利"，等等。关于权利的本质，学者们的解释也很不统一，主要有以下几种。

（1）自由说，认为权利即自由。

（2）范围说，认为权利是法律允许人们行为的范围。

（3）意思说，认为权利是法律赋予人的意思力或意思支配力。

（4）利益说，认为权利就是法律所保护的利益。

（5）折中说（综合意思说和利益说），认为权利是保护利益的意思力或依意思力所保护的利益。

（6）法力说，认为权利就是一种法律上的力。

（7）资格说，认为权利就是人们做某事的资格。

（8）主张说，认为权利是人们对某物的占有或要求做某事的主张。

（9）可能性说，认为权利是权利人做出或要求他人做出一定行为的可能性。

（10）选择说，认为权利是法律承认一个人有比另一个人更优越的选择。

虽然上述几种解释都含有某些正确的认识，但从法理学的角度看，这些解释又都有一定的片面性和局限性。本书所要讨论的是法律权利。所谓法律权利，就是国家通过法律规定对法律关系主体可以自主决定做出某种行为的许可和保障手段，它表现为主体可以做出一定的行为或不做出一定的行为，也可以表现为主体可以要求他人做出或不做出一定的行为。其特点如下。

（1）权利的本质由法律规范所决定，得到国家的认可和保障。当人们的权利受到侵犯时，国家应当通过制裁侵权行为以保证权利的实现。

（2）权利是权利主体按照自己的愿望来决定是否实施的行为，因而权利具有一定程度的自主性。

（3）权利是为了保护一定的利益所采取的法律手段。因此，权利与利益是紧密相连的。而通过权利所保护的利益并不总是本人的利益，也可能是他人的、集体的或国家的利益。

（4）权利总是与义务人的义务相关联的，离开了义务，权利就不能得以保障。

2. 权利的分类

按照不同的标准可以将权利进行不同的分类。

1）财产权和非财产权

按照权利是否以财产为主要内容可以将权利分为财产权和非财产权。财产权是指以财产利益为主要内容，直接与经济利益相联系的权利。财产权既包括有形财产权（如税务机关的征税权、行政机关的罚款权、公民或法人的所有权等），也包括无形财产权（如专利权、著作权、商标权等）。非财产权又称为人身权，是指无直接财产内容，与主体的人身不可分离的权利，如选举权、游行权、生命权、健康权、名誉权、隐私权等。

 案例分析 ▶ ⋯⋯⋯⋯⋯⋯⋯⋯⋯⋯⋯⋯⋯⋯⋯⋯⋯⋯⋯⋯⋯⋯⋯⋯⋯⋯⋯⋯⋯

人狗同餐案

1999 年 8 月 1 日中午，王某与妻子到宝鸡市向阳餐饮有限公司所属的向阳阁饭店就餐，正在用餐中，有两名妇女带着京巴狗来就餐，让狗在饭桌上吃，用的是餐厅的公用餐具，小狗吃得津津有味。王某夫妇认为自己的人格尊严受到了损害，要求餐厅老板解决，没有得到满意的答复。遂以《中华人民共和国消费者权益保护法》起诉，要求餐厅老板赔偿精神损失费 2.5 万元。法院认为，餐厅不具有故意，不符合《中华人民共和国消费者权益保护法》第二十五条的规定，驳回原告的起诉。

对于本案法律工作者有两种观点。第一种观点认为：《中华人民共和国消费者权益保护法》中规定经营者的义务条款，是指第二十五条所规定的："经营者不得对消费者进行侮辱、诽谤，不得搜查消费者的身体及其携带的物品，不得侵犯消费者的人身自由。"餐厅并没有实施侮辱、诽谤消费者等行为，不构成对原告权利的侵害。第二种观点认为：公民的人格尊严受法律保护，对《中华人民共和国消费者权益保护法》第二十五条不能做狭义的理解。实际上，《中华人民共和国消费者权益保护法》是要保护公民的人格尊严，保护公民的一般人格权。法院的处理是不正确的。

　问题：1. 本案中餐厅是否侵犯了王某夫妇的权利，有没有法律依据？
　　　　2. 本案中法院应当如何保护王某夫妇的权利？

2）绝对权和相对权

按照权利是否以特定义务主体履行一定的义务为条件，可以将权利分为绝对权和相对权。绝对权，又称为一般权利，是指以不特定的任何人为义务主体的权利。它是一种以权利人之外的一切人为义务人的权利，即绝对权的权利人是特定的，而义务人则是不特定的。绝对权排除他人的侵害，通常要求义务人不得做出一定的行为。绝对权的效力及于不特定的任何人，如国家的安全权、公民的选举权与被选举权、公民的财产所有权和人身权等，均属于绝对权。

相对权，又称为特殊权利，是指以特定的人为义务主体的权利。这是一种权利人是特定的，而义务人也是特定的权利。相对权的权利主体可以要求义务人做出一定的行为或要求义务人禁止做出一定的行为。相对权的效力只及于特定的人，如宪法中公民的休息权、劳动权，民法中公民或法人的债权等均属于相对权。

3）基本权利和普通权利

按照规定权利的法律规范不同，可以将权利分为基本权利和普通权利。基本权利是指由宪法或宪法性法律规定的权利。由于基本权利是宪法规定的，因而它具有不可缺性、不可转让性、不可替代性、统一性和稳固性等特点。一般认为，有些权利在所有的权利体系中处于更为重要的地位，属于根本的权利，这些权利就构成所谓的基本权利。很多国家的宪法都列举了各种权利，这些权利通常被称为基本权利。我国宪法采取列举式的方式设定了公民基本权利，具体范围包括：平等权、选举权与被选举权、人身自由、宗教信仰自由、文化教育权利、社会经济权利、监督权与请求权、特定主体权利以及言论、出版、集会、游行、结社、示威自由。而其他法律确认的权利重要性弱一些，则交由普通法律保护。

普通权利是指由宪法以外的法律规定的权利。普通权利属于非基本的权利，它是人们的普通经济生活、文化生活和社会生活中的权利，如消费者的权利、财产权、人身权、继承权、著作权、公民或组织订立合同的权利等。

4）个人权利、集体权利和国家权利

按照享有权利的主体不同，可以将权利分为个人权利、集体权利和国家权利。

个人权利又称为公民权利，是指公民作为法律关系主体所享有的权利。个人权利是公民在生产和生活中，依法所享有的政治权利、经济权利、文化权利和社会权利等，如公民的控告权、休息权、所有权、生命权、受教育权等。

集体权利是指社会组织作为法律关系主体所享有的权利。社会组织包括企业单位、事业单位、社会团体及其他组织，它们可以是法人，也可以是非法人。集体权利如各类社会组织的财产权、名称权、依合同享有的权利等。

国家权利是指国家作为法律关系主体以国家或社会的名义所享有的权利。国家权利是国家及其国家机关在政治、经济、国防、外交、军事、文化、卫生等社会各方面享有的权利，如外交权、审判权、检察权、立法权、执法权等。

5）公权利和私权利

按照权利的目的不同，可以将权利分为公权利和私权利。公权利是指基于公法关系所产生的权利。在公法关系上，国家不一定是单向地依权力去命令特定或不特定的主体，反而，在许多场合下，国家尊重和保护公民的自由。根据宪法的规定，公民的公权利主要包括：平等权、言论自由、选举权，等等。另外，虽然公权利的种类非常纷杂，几乎制定一个公法，就会连带地创设许多公权利，但是，即便如此，宪法规定的公权利却具有相对的稳定性，因为它们是已经被典型化、类型化了的权利。

私权利则是基于私法关系所产生的权利，大致可以分为财产权与非财产权。而财产权又可以区分为债权、物权以及知识产权。至于非财产权则有人格权、身体权、身份权（基于一定身份关系所产生，如继承权、父母对子女的惩戒权等）。

公权利与私权利具有各自的特殊性，一般而言，公权利和私权利的区别如下：一是公权利在法律上以不能舍弃为原则；二是法律规定的公权利不能转移于他人，法律对其转移加以限制。相反，私权利原则上只以权利者本身的利益为目的，即使该权利消灭，也无害于公益或者他人的利益。所以，除法律有特别规定之外，私权利以权利主体能任意处分为原则。同时，私权利一般都以经济的价值给付为内容，而这种经济的价值给付，无论对何人行使，除亲属法和继承法上的权利之外，普遍可以转移为原则。

 案例分析 ▶ ·······································

磨坊主诉威廉一世案

1866 年 10 月 13 日，德国普鲁士国王威廉一世登上仿照巴黎凡尔赛宫式样建造的桑苏西宫眺望美景。然而，宫殿旁侧的一座旧磨坊挡住了他眺望美景的视线，这让他大为扫兴。磨坊不属于王室，威廉一世只好派人去协商购买磨坊事宜，但倔强的磨坊主坚决不同意转让磨坊。威廉一世一怒之下派人强拆了磨坊。

磨坊主一纸诉状将威廉一世告上了柏林高等法院，要求赔偿一切损失。这成为世界法律史上第一宗"市民诉国王案"。高等法院的法官最终裁定：威廉一世擅用王权，侵犯了磨坊主的私有财产权，触犯了 1849 年《帝国宪法》第七十九条第六款之规定，应当立即恢复原状并赔偿磨坊主的一切经济损失。此案成了德国司法史上标志司法独立的里程碑，为后世所传诵。

在司法独立、法律至上等法治传统的影响下，磨坊主用法律捍卫了自己的财产权，法官用公正的判决树立了宪法和法律的权威。威廉一世重建的磨坊至今仍矗立于桑苏西宫旁侧，成为德国司法独立和私有财产不可侵犯公理的象征。本案使德国民众深受洗礼：宪法和法律应当将国王的宫殿与穷人的磨坊一视同仁地予以保护。从某种意义上说，本案为 1900 年《德国民法典》的起草和颁布执行营造了良好的法治氛围。

6）支配权、请求权、形成权、抗辩权

权利要求的语言经常是冷冰冰的，以一种正式、合法的进攻性的方式起作用。就权利的作用方式加以分类，不但是一种最常见的区分方法，而且对于了解权利的性质也很重要。通常从功能的角度出发，可以将权利分为支配权、请求权、形成权、抗辩权。

支配权是指直接支配权利之客体，并因之得以对抗所有其他非权利人的权利。最常被提出作为实例的支配权，有基于人格或基于身份的支配权，如人格权、姓名权等；对于物的支配权，如所有权等；对于其他法益的支配权，如著作权、商标权等。但是支配权并不限于以上所举各种私法上的权利，如宪法上也有关于公法主体的权利规定。一般而言，支配权是常态下的权利，如若遭遇纠纷，其往往表现为由其所引申的请求权。

请求权是一种指向他人的权利，其特点在于权利的行使总是牵涉其他人的行为。请求权在很多场合基于债的关系产生，但是也会基于物权而产生请求权，如返还原物请求权。另外，基于身份关系同样会产生身份法上的请求权，如配偶请求履行同居的义务。同样，在公法规范之中也设定了各种各样、为数众多的请求权。请求权是指要求他人作为或不作为的权利。例如，在请求积极的作为方面，当住宅遭到盗贼入侵的时候，住宅的主人可以向警方提出请求，要求派遣人员到场进行对窃贼的逮捕或驱离。在请求消极的不作为方面可以基本权利为例。在宪法学上，基本权利的典型意义就是一种防御性权利。具体而言，公民有权要求国家非以法律的规定，不得妨碍其自由表达意见；无法律的授权，不得将人民的不动产加以拆迁；非以法定程序，不得任意进入其住宅进行搜查。

众所周知，社会福利权方面的法律规范的主要功能在于资源分配，往往不具备司法可适用性。在社会福利方面，受益人尽管可以请求国家提供相应的福利保障，但是这种典型的公法上的请求权往往不能够寻求司法救济。

形成权是指在法律关系中，权利人通过单方的意思表示就能直接创设、改变或者消灭某一法律关系的权利。如在民法中，在选择之债的情况下债务人的选择权，或在债务人给付迟延时债权人的契约解除权。形成权在未行使前，对原法律关系不发生任何影响，但是一经行使，具体的权利义务即随之发生变更。形成权与请求权的一个最大区别在于其并无与之相对应的义务。形成权在这个意义上也可以说是一种"能改变权利的权利"，或者说是一种"法律上之能"。在这个意义上，形成权只是一种附属权。

抗辩权是指妨碍他人行使请求权的一种对抗权，是对抗请求权的一种相对权利。抗辩权必须经由权利人行使，才能对原法律关系产生影响。抗辩权以妨碍他人行使权利（尤其是请求权）为其内容。因此，抗辩权可以被理解为请求权的相对权。抗辩权又可以分为一时的抗辩权和永久的抗辩权：一时的抗辩权能一时地阻止他人行使其请求权，如同时履行抗辩权；永久的抗辩权，可以使他人的请求权永久地归于消灭，如消灭时效完成的抗辩权。诉讼法上的抗辩权可包括程序法上的抗辩权及实体法上的抗辩权，前者为诉讼进行中所采取的攻防手段，后者则包括了所有的抗辩权。

（二）义务的概念及分类

1. 义务的概念

义务，一般包括以下含义：第一，它是指义务人必要行为的尺度（或范围）；第二，它是指人们必须履行一定作为或不作为的法律约束；第三，它是指人们实施某种行为的必要性。义务的性质表现在两点：第一，义务所指出的，是人们的"应然"行为或未来行为，而不是人们事实上已经履行的行为。已履行的"应然"行为是义务的实现，而不是义务本身。第二，义务具有强制履行的性质，义务人对于义务的内容不可随意转让或违反。法律义务是指法律所规定的，法律关系主体所应承担的某种行为的必要性或责任，它表现为主体必须做出一定的行为或者禁止做出一定的行为。

2. 义务的分类

义务可以分为作为的义务和不作为的义务。作为的义务又称为积极义务，如纳税、抚养子女、服兵役等。不作为的义务，又称为消极义务，如不得损坏他人财物、不得侵犯他人健康，禁止非法拘禁他人等。

法律义务的特征主要表现如下。

（1）范围法定性。法律规定了法定义务的范围，义务的履行是有严格的法定界限的。对于法定范围外的要求，义务人有权拒绝。

（2）强制性。由于法律义务是法律规范确定的，所以义务是必须履行的，义务人拒绝履行法定义务，就会受到国家强制力的制裁。而且，义务人不得将自己的法定义务进行转移或放弃。

（3）必要性。法律义务是满足权利人的需要和利益的法律手段，所以，义务人必须履行其法律义务，否则权利人的权利就无法实现。

（4）严格性。义务主体履行义务必须严格按照法定时间、法定程序进行。

二、权利和义务的关系

（一）权利和义务的区别

在法律关系中，权利和义务都有严格的法律界限。权利人在法定范围内，可以自由地做出或不做出一定的行为，这是权利人的权利；但同时，在法定范围外做出或不做出一定的行为又是权利人的义务。同样，在法定范围内必须做出或不做出一定的行为，是义务人的义务；对于超出法定范围的要求不予履行又是义务人的权利。

（二）权利和义务的联系

权利和义务作为构成法律关系内容的要素，二者是紧密联系、不可分割的，它们共处于法律关系的统一体中，相互联系、相互统一。在法律关系中，权利和义务是相互依存、不可分割的。没有权利，就没有义务；没有义务，也谈不上享有权利。权利人权利的实现，有赖于义务人义务的履行，义务人不履行义务，权利人就无法实现权利。因此，权利和义务是相辅相成、缺一不可的。

在法律关系中，权利和义务不仅相互联系，而且往往是相互对应的。权利主体在享受权利的同时必须承担相应的义务。权利主体在履行义务的同时也享有相应的权利。权利与义务往往表现为同一行为对一方当事人而言是权利，而对另一方当事人而言则是义务。如租赁法律关系中，出租人的权利是收取租金，义务是交付租赁物；而承租人的义务是交付租金，权利是占有、使用租赁物。

权利和义务之间的连接方式和结构关系是非常复杂的，可以从以下角度和方面来分析。

（1）从结构上看，二者是紧密联系、不可分割的。这种结构上的相关关系既包括道德上的相关关系也包括逻辑上的相关关系。这种相关性主要表现为：权利和义务二者是对立统一的，它们既是同一事物中两个相互对立的因素，同时也是一对相互依存的事物的两面。其相互依存性表现为权利或义务都不可能孤立地存在和发展，它们的存在和发展都必须以另一方的存在和发展为条件。在一般意义上，人们通常所说的"没有无义务的权利，也没有无权利的义务"比较好地说明了法律权利和义务的相关关系。因此，权利和义务都不可能孤立地存在和发展。它们的存在和发展都必须以另一方的存在和发展为条件。它们之间一方不存在了，另一方也不可能存在。

（2）从数量上看，两者的总量是相等的。权利和义务在数量上等值主要是指一个社会的权利总量和义务总量是相等的，并且尤其是指权利和义务所指向的正利益和负利益是相等的。法律是通过权利和义务来分配利益的，权利和义务逻辑上的相关关系决定了权利所能要求的东西与义务所能提供的东西在数量上必然是等值的。关于这一点，有学者曾做了细致的逻辑推导：如果把既不享受权利也不履行义务表示为零的话，那么权利和义务的关系就可以表示为以零为起点向相反的两个方向延伸的数轴，权利是正数，义务是负数，正数每展长一个刻度，负数也一定展长一个刻度，而正数与负数的绝对值总是相等的。

（3）从产生和发展上看，两者经历了一个从浑然一体到分裂对立再到相对一致的过程。在原始社会，由于还不存在法律制度，权利和义务的界限也不很明确，两者实际上是混为一体的。随着阶级社会、国家的出现和法律的产生，权利和义务发生了分离。在剥削阶级法律制度中，两者甚至在数量分配上也出现了不平衡：统治集团只享受权利，而几乎把一切义务强加于被统治者。社会主义法律制度的建立，实行"权利和义务相一致"的原则，使两者之间的关系发展到了一个新的阶段。

（4）从价值上看，权利和义务代表了不同的法律精神，它们在历史上受重视的程度有所不同，因而两者在不同国家法律体系中的地位是有主、次之分的。关于权利和义务何者为主要或主导方面，即是权利本位（重心）还是义务本位（重心）的问题。在不同历史时期，法律的价值取向是不同的，一般而言，在等级特权社会（如奴隶社会和封建社会），法律制度往往强调以义务为本位，权利处于次要的地位。而在民主法治社会，法律制度较为重视对个人权利的保护。此时，权利是第一性的，义务是第二性的，义务设定的目的是保障权利的实现。

所谓权利本位指的是以下一些法律特征。

（1）社会成员皆为法律上平等的权利主体，没有人因为性别、种族、肤色、语言、信仰等特殊情况而被剥夺权利主体的资格，没有人在基本权利的分配上被歧视或在基本义务的分配上被任意加重。

（2）在权利和义务的关系上，权利是目的，义务是手段，法律设定义务的目的在于保障权利的实现，权利是义务存在的依据和意义。

（3）在法律没有明确禁止或强制的情况下，可以做出权利推定，即推定公民有权利（自由）作为或不作为。

（4）权利主体在行使其权利的过程中，只受法律所规定的限制。也就是说，法律的力量仅限于禁止每一个人损害别人的权利，而不能禁止他行使自己的权利。

第六节　法律关系的产生、变更与消灭

一、法律关系产生、变更与消灭的条件

法律关系是法律对社会关系加以确认和调整的结果，因此，具有相对的稳定性。然而在

社会生活中，法律关系是多种多样、错综复杂、相互制约的，随着社会生活本身的不断变化，经常有某些法律关系在产生、变更与消灭。法律关系的产生是指在主体之间形成了权利义务关系；法律关系的变更是指法律关系形成以后主体、内容或客体的改变；法律关系的消灭是指法律关系主体间权利义务关系完全终止。

法律关系的产生、变更与消灭不是随意的，必须具备一定的条件，其中最主要的条件如下。

（1）法律规范的存在。它是法律关系产生、变更与消灭的前提和法律依据。法律规范只是概括地、抽象地规定了人们在社会生活中的权利和义务，这种规定是假设性的，即假设当一定事件或行为出现后，法律关系应处于何种状态。因此，法律规范的存在只为法律关系的产生、变更与消灭提供了可能性。

（2）法律事实的存在。它是法律规范中假定部分所规定的各种情况，一旦情况出现，就会产生、变更或消灭法律关系。因此，法律事实的出现可以使法律规范中可能的权利和义务转变成现实的权利和义务。如果说，法律规范为法律关系的产生、变更与消灭提供了可能性条件，那么，法律事实则为法律关系的产生、变更与消灭提供了现实性条件。

二、法律事实的种类

（一）法律事实的概念

法律事实是指由法律规定的，能够引起法律关系产生、变更与消灭的条件或根据。法律事实是具有法律意义的各类事实的总称，具有区别于一般事实的特点。

（1）法律事实是符合法律规定的事实。在现实社会生活中存在各种各样的事实，法律只对那些具有法律意义的事实才加以规定，也就是说只有对于明确人们的权利、义务及其界限具有重要性，在决定应当如何评价和对待某种行为、利益和要求时必须加以考虑的事实，才纳入法律规范的视野之内。至于哪些事实具有法律意义则受社会物质生活条件和社会事实的制约。

（2）法律事实是能够引起法律后果的那些事实。由于法律事实的出现而产生的法律后果包括法律关系的产生、变更与消灭。

（二）法律事实的种类

法律事实可以根据不同标准进行分类，如有肯定的法律事实和否定的法律事实。本书主要介绍一种最基本的分类，即依据是否以权利主体的意志为转移，法律事实可以分为法律行为和法律事件。

1. 法律行为

"法律行为"一词，来自民法学。德国18世纪法学家丹尼尔·奈特尔布拉德所著的《实在法学原理体系》中，开始使用"法律行为"一词，指"与权利和义务相关的行为"。其后，历史法学派奠基者古斯塔夫·胡果首创德文"法律行为人"一词。1807 年，胡果的学生、德国"学说汇纂"体系创立人海泽在著作中明确使用了后被译作"法律行为"的德文名词。著名法学家弗里德里希·卡尔·冯·萨维尼所著的《当代罗马法体系》中，对此概念做了系统论述，被认为是法律行为理论的集大成者。萨维尼提出法律行为的"意思学说"，将"法律行为"与"意思表示"相提并论。这一学说对后世民法理论及民事立法影响颇大。这一带有"意思自由"和"私人自治"印记的概念，在民法学上推导出一系列的概念，但民法的"法律行为"只是在民法知识框架内的一个特定概念，其准确汉译应为"法律示意（表示）行为"，与"事实行为"处于同一位阶，属于一定的法律事实。它不可能作为一个最上位的概念用来描述和解释一切法律部门（如刑法、行政法）的行为现象，否则将导致法律解释上的困难和混乱。一般意义上的"法律行为"应是各法律部门中的行为现象的高度抽象，是各部门法律行为（宪法行为、民事法律行为、行政法律行为、诉讼法律行为等）与各类别法律行为（如合法行为、违法行为、犯罪行为等）的最上位法学概念（或法学范畴）。

法律行为是以权利主体的意志为转移引起法律后果的法律事实。作为能够引起法律关系产生、变更和消灭的行为，必须是人们在一定意识或意志支配下表现于外部的行为，并且能够产生一定的法律后果。那些无刑事责任能力人的行为或在暴力胁迫下所进行的行为，或不表达于外部的个人思想、心理状态，或不发生任何法律后果的如朋友间的约会、个人书写的日记等都不能作为法律意义上的行为。

在现实生活中，大量的最为重要的法律事实是行为，包括合法行为和不合法行为。合法行为是与法律规范的要求相一致的行为。合法行为又可分为两类：一类是以产生某种法律后果为目的的行为，如订立合同、结婚等；另一类是不以产生某种法律后果为目的的行为，如公民抢救国家财产的行为、见义勇为的行为等，公民在从事该行为时虽有目的，但不在于与国家或与其他人建立某种法律关系。正因如此，法律对两类行为的主体要求不同。

不合法行为是与法律规范的要求不一致的行为，表现为人们做出法律所禁止的行为，或不做出法律规定所要求的行为。不合法行为不具有法律效力，是无效行为，但并不一定是违法行为。不合法行为不能产生行为人所预期的法律后果，不能产生调整性法律关系，但都是承担法律责任的根据，因而可以产生保护性法律关系。

2. 法律事件

法律事件是法律规范规定的、不以当事人的意志为转移而引起法律关系形成、变更或消灭的客观事实。法律事件又分成社会事件和自然事件两种。前者如社会革命、战争等，后者如人的生老病死、自然灾害等，这两种事件对于特定的法律关系主体（当事人）而言，都是不可避免和不以其意志为转移的。但由于这些事件的出现，法律关系主体之间的权利与义务关系就有可能产生，也有可能发生变更，甚至完全归于消灭。例如，由于人的出生便产生了父母与子女间的抚养关系和监护关系；而人的死亡却又导致抚养关系、夫妻关系或赡养关系的消灭和继承关系的产生，等等。

本章复习题

一、选择题

1. 韩某与刘某婚后购买住房一套，并签订协议："刘某应忠诚于韩某，如因其婚外情离婚，该住房归韩某所有。"后韩某以刘某与第三者的 QQ 聊天记录为证据，诉其违反忠诚协议。法官认为，该协议系双方自愿签订，不违反法律禁止性规定，故合法有效。经调解，两人离婚，住房归韩某。关于此案，下列说法中不正确的是（   ）。

A. 该协议仅具有道德上的约束力

B. 当事人的意思表示不能仅被看作一种内心活动，而应首先被视为可能在法律上产生后果的行为

C. 法律禁止的行为或不禁止的行为，均可导致法律关系的产生

D. 法官对协议的解释符合"法伦理性的原则"

2. 苏某和熊某毗邻而居。熊某在其居住楼顶为 50 只鸽子搭建了一座鸽舍。苏某以养鸽子行为严重影响居住环境为由，将熊某诉至法院，要求熊某拆除鸽舍，赔礼道歉。法院判定原告诉求不成立。关于本案，下列说法中错误的是（   ）。

A. 本案涉及的是安居权与养鸽权之间的冲突

B. 从案情看，苏某的安居权属于宪法所规定的文化生活权利

C. 从判决看，解决权利冲突首先看一个人在行使权利的同时是否造成对他人权利的实际侵害

D. 本案表明，权利的行使与义务的承担相关联

3. 甲、乙分别为某有限责任公司的自然人股东，后甲在乙知情但不同意的情况下，为帮助妹妹获取贷款，将自有股份质押给银行，乙以甲侵犯其股东权利为由向法院提起诉讼。关于本案，下列说法中正确的是（   ）。

A. 担保关系是债权关系的保护性法律关系

B. 债权关系是质押关系的第一性法律关系

C. 诉讼关系是股权关系的隶属性法律关系

D. 债权关系是质押关系的调整性法律关系

4. 张女士穿行马路时遭遇车祸，导致两颗门牙缺失。交警出具的责任认定书认定司机负全责。张女士因无法与肇事司机达成赔偿协议，遂提起民事诉讼，认为司机虽赔偿 3 000 元安装假牙，但假牙影响接吻，故司机还应就她的"接吻权"受到损害予以赔偿。关于本案，下列说法中正确的是（   ）。

A. 张女士与司机不存在产生法律关系的法律事实

B. 张女士主张的"接吻权"属于法定权利

C. 交警出具的责任认定书是非规范性法律文件，具有法律效力

D. 司机赔偿 3 000 元是绝对义务的承担方式

5. 孙某的狗曾咬伤过邻居钱某的小孙子，钱某为此一直耿耿于怀。一天，钱某趁孙某不备，将孙某的狗毒死。孙某掌握了钱某投毒的证据之后，起诉到法院，法院判决钱某赔偿孙

某 600 元钱。对此，下列说法中正确的是（　　）。

　　A. 孙某因对其狗享有所有权而形成的法律关系属于保护性法律关系

　　B. 由于孙某起诉而形成的诉讼法律关系属于第二性的法律关系

　　C. 因钱某毒死孙某的狗而形成的损害赔偿关系属于纵向的法律关系

　　D. 在因钱某毒死孙某的狗而形成的损害赔偿关系中，孙某不得放弃自己的权利

　　6. 甲与乙因琐事发生口角，甲冲动之下将乙打死。公安机关将甲逮捕，准备移送检察机关提起公诉。这时，甲因病而亡。公安机关遂做出撤销案件的决定。公安机关是基于（　　）撤销案件的。

　　A. 法律行为　　　　B. 违法行为　　　　C. 事实构成　　　　D. 自然事件

　　7. 法律关系的内容是法律关系主体之间的法律权利和法律义务，二者之间具有紧密的联系。下列有关法律权利和法律义务相互关系的表述中，（　　）没有正确揭示这一关系。

　　A. 权利和义务在法律关系中的地位有主、次之分

　　B. 享有权利是为了更好地履行义务

　　C. 权利和义务的存在、发展都必须以另一方的存在和发展为条件

　　D. 义务的设定目的是保障权利的实现

　　8. 张某到某市公交公司办理公交卡退卡手续时，被告知：根据本公司公布施行的"某市公交卡使用须知"，退卡时应将卡内 200 元余额用完，否则不能退卡，张某遂提起诉讼。法院认为，公交公司依据"某市公交卡使用须知"拒绝张某要求，侵犯了张某自主选择服务方式的权利，该条款应属无效，遂判决公交公司退还卡中余额。关于此案，下列说法中正确的是（　　）。

　　A. 张某、公交公司之间的服务合同法律关系属于纵向法律关系

　　B. 该案中的诉讼法律关系是主法律关系

　　C. 公交公司的权利能力和行为能力是同时产生和同时消灭的

　　D. "某市公交卡使用须知"属于地方规章

　　9. 买卖合同法律关系不属于（　　）。

　　A. 调整性法律关系　　　　　　　B. 创设性法律关系

　　C. 平权的法律关系　　　　　　　D. 第一性法律关系

　　10. 单向法律关系是指权利人只享有权利，义务人只履行义务，两者之间不存在相反的联系。据此，下列选项中，属于单向法律关系的是（　　）。

　　A. 夫妻关系　　　　　　　　　　B. 对受赠人无附加义务的赠与关系

　　C. 买卖合同关系　　　　　　　　D. 学生与学校之间的关系

　　11. 下列选项中，属于第一性法律关系的是（　　）。

　　A. 公民甲拒绝履行与公民乙形成的房屋租赁合同而形成的有关法律关系

　　B. 某男因与第三者发生婚外情而与其妻之间形成的有关法律关系

　　C. 某高校一名学生因考试作弊而与学校形成的有关法律关系

　　D. 通过高考并被录取的张某在办理入学手续后与其所在学校形成的法律关系

　　12. 下列选项中，属于平权（横向）法律关系的是（　　）。

A. 家长与子女之间就子女行为管理而形成的法律关系

B. 学生与学校在教学秩序维护方面形成的法律关系

C. 某公安机关因采购办公用品而与辖区内超市之间形成的法律关系

D. 某市东市区工商管理局因计量器具抽查而与辖区内双利街瓜果摊贩之间形成的法律关系

13. 关于法律关系主体，以下选项中正确的是（　　）。

A. 法律关系主体是指法律关系中处于主动地位的一方

B. 法律关系主体是指在法律关系中享有权利的一方

C. 法律关系主体是指法律关系中一定权利的享有者和一定义务的承担者

D. 在任何法律关系中，主体的数量都限于两个，且必须都是自然人

14. 公民要成为法律关系主体，并能实际享有权利和承担义务，必须具有（　　）。

A. 权利能力和行为能力　　　　　　　B. 固定住所

C. 某国公民资格　　　　　　　　　　D. 一定的财产

15. 关于权利能力，以下说法中正确的是（　　）。

A. 权利能力是指能够参加一定的法律关系、依法享有一定权利的法律资格

B. 权利能力是指法律关系主体实际取得权利、承担义务的前提条件

C. 权利能力是指法律关系主体在法律关系中享有的权利和承担的义务的具体内容

D. 权利能力以行为能力为前提

16. 在各种权利能力中，一国所有公民均具有的、作为任何人取得公民法律资格的基本条件且不能被剥夺或解除的权利能力，称为（　　）。

A. 一般权利能力　　　　　　　　　　B. 特殊权利能力

C. 普通权利能力　　　　　　　　　　D. 政治权利能力

17. 公民行使选举权的资格，属于（　　）。

A. 特殊权利能力　　　　　　　　　　B. 一般权利能力

C. 行政权力能力　　　　　　　　　　D. 行为能力

18. 法人的权利能力（　　）。

A. 有一般权利能力和特殊权利能力的划分

B. 与公民的权利能力相同

C. 不因法人的不同而不同

D. 其范围由法人成立的宗旨和业务范围决定

19. 在法律上不能赋予精神病患者行为能力，是因为（　　）。

A. 他们不能实施行为

B. 他们不能享有法律权利

C. 他们不能履行法律义务

D. 他们不能认识到自己行为的性质、意义并且不能预见自己行为的后果

20. 达到一定年龄、智力健全、能够对自己的行为负完全责任的自然人（公民），称为（　　）。

A. 完全权利能力人　　　　　　　B. 一般行为能力人

C. 特殊行为能力人　　　　　　　D. 完全行为能力人

21. 在我国民法中，8 周岁以上的未成年人和不能完全辨认自己行为的成年人，是（　　　）。

A. 完全行为能力人　　　　　　　B. 限制行为能力人

C. 无行为能力人　　　　　　　　D. 限制权利能力人

22. 关于行为能力，以下说法中正确的是（　　　）。

A. 行为能力是指法律关系主体做出的一定行为

B. 行为能力是法律关系主体取得权利的资格和履行义务的能力

C. 公民具有行为能力必须以具有权利能力为前提

D. 某服刑罪犯在劳动中摔伤了腿而不能行动，这意味着其行为能力受到了限制

23. 法律关系客体中包括"精神产品"，下列选项中不属于这种客体的是（　　　）。

A. 专利技术　　　B. 技术秘密　　　C. 商标　　　　　D. 书本

24. 引起法律关系的形成、变更和消灭的两个最主要条件是（　　　）。

A. 法律关系主体和法律关系客体　　B. 法律主体和法律规范

C. 法律行为和法律事件　　　　　　D. 法律规范和法律事实

二、简答题

1. 试述法律关系的分类。

2. 试述法律关系主体资格的内容。

3. 法律关系变更的前提是什么？

第十一章

法 律 责 任

☑ 教学目的和要求

1. 正确理解并掌握什么是责任、什么是法律责任以及为什么要追究法律责任。
2. 正确理解法律责任的构成要件以及法律责任的分类、法律责任的认定与归结等。

☑ 教学重点和难点

对法律责任本质问题的把握。

第一节 法律责任释义

一、责任的词义

　　法律责任是"法律"与"责任"的合成概念。为了解释、界定法律责任，有必要首先对"责任"进行语义分析。

　　在古代汉语中，"责任"同"责"，是一个语义丰富的概念。据《辞源》《辞海》等权威辞书的解释，"责"有六种意义。其一，求，索取。如"宋多责赂于郑。"其二，要求，督促。"不教而责成功，虐也。"其三，谴责，诘问，责备。"文姜通于齐侯，桓公闻，责文姜。""使先生自责，乃反自誉。"其四，处罚，责罚，加刑。"（刘）崇患太祖慵惰不作业，数加笞责。""责小过以大恶，安能服人？""苟可否多少在户部，则财伤害民，户部五所逃其责矣。"其五，同"则"，责任，负责。"若尔三王是有丕子之责于天。"其六，债，所欠的钱财。"先生不羞，乃有意欲为收责于薛乎？"

　　在现代汉语中，"责任"一词有三个互相联系的基本词义。第一，分内应做的事。如"岗位责任""尽职尽责"等。这种责任实际上是一种角色义务。每个人在社会中都扮演一定角色，即有一定地位或职务，相应地，也就应当而且必须承担与其角色相应的义务。第二，特定人对特定事项的发生、发展、变化及其成果负有积极的助长义务。如"担保责任""举证责任"。第三，因没有做好分内的事情（没有履行角色义务）或没有履行助长义务而应承担的不利后果或强制性义务，如"违约责任""侵权责任""赔付责任"。人们把前两种责任称为积极责任，而把后一种责任称为消极责任。在消极责任中，有违反政治义务的政治责任，违反道德准则的道德责任，不遵守或破坏纪律的违纪责任，还有违反法律规定的法律责任。

在英文中，与"责任"一词相对应的英文单词有：duty、obligation、liability、responsibility。其中 duty 的基本含义是"义务"，obligation 的基本含义源于民法法系的"债"。英语国家在提及责任、民事责任、行政责任时，一般使用 liability 或 responsibility，尤其是后者。

二、法律责任的定义

由于"责任"一词在不同语境中具有不同的含义，加之"责任"一词在法律文献中时常被按照不同的语义来使用，这就使法律责任的界说十分困难。中国法理学界通常把法律责任分成广义法律责任和狭义法律责任两类。按照这种区分，广义的法律责任就是一般意义上的法律义务的同义词，狭义的法律责任则是由违法行为所引起的不利法律后果。这种区分虽有一定的可取之处，但是在法律概念的实际使用过程中却会不可避免地引起某种混乱。所以，越来越多的学者倾向于在狭义上使用法律责任这一概念。这样，一方面可以消除把法律责任与一般意义上的法律义务混为一谈的混乱；另一方面，也可以寻求一个涵盖性更强的法律责任的定义。因此，法律责任可定义为：因损害法律上的义务关系所产生的对于相关主体所应当承担的法定强制的不利后果。

在理解法律责任的概念时，有一点需要特别注意：在法律责任系统中，由违反义务（法定和约定义务）所引起的法律责任居于主导地位，而不以违法或违约为前提的其他法律责任则居于从属地位。这是因为前一种责任的存在范围更为广阔，其社会功能也更为重要，而后一种责任则带有对适用前一种责任所留下的有限空间予以补充的性质。就此而论，可以把违法责任和违约责任视为具有典型意义的法律责任，这些责任与义务（第一性义务）之间有着明确而严格的界限；其他法律责任均不具有此种典型意义，它们与义务之间的界限并不十分严格。

三、法律责任的特点

法律责任是社会责任的一种，它与其他社会责任（如政治责任、道义责任等）有密切联系，但是法律责任与其他社会责任有原则性的区别，法律责任的特点如下。

（1）法律责任首先表示一种因违反法律上的义务关系而形成的责任关系，这种责任关系派生于法律上规定的义务关系。行为人往往是因为违反了法律上的义务规定才导致责任关系的产生。法律责任是以法律义务的存在为前提的。例如，民事损害赔偿法律责任中的责任关系，是以"不得侵权"的法律义务关系为前提的。

（2）法律责任还表示一种责任方式，即承担或追究否定性、不利性后果。法律责任方式是由法律规定的，它通常有两种，即补偿与制裁。例如，民事责任方式包括赔偿、修理、重作、返还等；行政责任方式包括拘留、罚款、降级、降职等；刑事责任方式包括有期徒刑、无期徒刑等。

（3）法律责任具有内在逻辑性，即存在前因与后果的逻辑关系。其中破坏责任关系是前因，追究责任或承受制裁是后果。由此可见在破坏责任关系的前提下派生出第二层次的责任方式的后果问题。如果没有责任关系这一前因，也就不会有追究责任方式这一后果。

（4）法律责任的追究和执行是由国家强制力实施或者潜在保证的。所谓强制实施追究和执行，是指由有关国家机关依据法定职权和程序采取直接强制手段予以实施。但这不等于说一切法律责任的实现均由国家强制力直接介入，如民事责任可以由当事人自行协商和承担，如果责任人没有承担民事责任，才出现国家强制保证实施责任的追究和执行，所以说是"潜在保证"。

法律责任是法律整体的重要组成部分。在法律史的早期，立法是紧紧围绕法律责任的依据、范围、承担者、认定和执行等问题展开的，司法更是以法律责任的认定、归结和执行为其全部职能。[①]在现代社会，法律责任制度与其他制度一样有了进一步的发展。有些法律或法规以规定法律责任为重要内容或主要内容，如"消费者权益保护法""产品质量法""国家赔偿法"等。法律责任在惩罚和教育违法者、补偿受害者的损失、维护社会的秩序和安全等方面都具有重要作用。

四、法律责任的本质

法律责任的本质，是从更深层次回答法律责任是什么和为什么的问题。西方法学家在研究法律责任时，就法律责任的本质问题提出了不同的理论，其中影响较大的有"三论"，即道义责任论、社会责任论和规范责任论。

道义责任论是以哲学和伦理学上的非决定论（即自由意志论）为理论基础的，它假定人的意志是自由的，人有控制自己行为的能力，有自觉行为和行使自由选择的能力。由此推定，违法者应对自己出于自由意志做出的违法行为负责，应该受到道义上的责难。对违法者的道义责难就是法律责任的本质所在。

与道义责任论相反，社会责任论是以哲学和伦理学上的决定论为理论基础的。它假定一切事物（包括人的行为）都有其规律性、必然性和因果制约性。由此推断，违法行为的发生不是由行为者自由的意志，而是由客观条件决定的。因而，只能根据行为人的行为环境和行为的社会危害性来确定法律责任的有无和轻重。确定和追究法律责任，一方面是为了维护社会秩序和社会存在，另一方面是为了使违法者适应社会生活和再社会化，这就是法律责任的本质。

规范责任论则认为，法体现了社会的价值观念，是指引和评价人的行为的规范。它对符

---

① 张文显. 法学基本范畴研究. 北京：中国政法大学出版社，1993：183.

合规范的行为持肯定（赞许）的态度，对违反规范的行为持否定的态度。否定的态度体现在法律责任的认定和归结中，这种责任就是法律规范和最根本的价值准则评价的结果。因此，行为的规范评价是法律责任的本质。

上述三种理论各有其合理性与局限性。道义责任论正确地揭示了行为主观因素的作用，却忽视了社会环境对行为方式的巨大影响；社会责任论正确地揭示了行为的发生受制于一定的客观条件，却忽视了行为人主观因素的重要作用。从历史哲学和法律哲学的角度上看，前者所理解的个人，是一种脱离了特定社会关系和社会环境的孤立的个人；后者则完全否认了个人在社会整体面前的相对独立性和主观能动性。因而，这些理论的片面性都与其根本的理论出发点直接相关，仅仅靠增加理论的弹性或对之进行有限的改良，都难以完全消除这种片面性。

相对而言，规范责任论更加全面地对法律责任的本质进行了揭示。它强调了法律责任与体现一定价值标准的法律规范有直接联系。由于法律在评价行为时，不能排除对行为的主观因素和社会环境的考虑，这样规范责任论从研究法律责任的形式特征入手，有可能把法律评价、主观因素和社会环境三者较好地统一起来。然而，西方非马克思主义法学家所提出的规范责任论，既不能充分地理解社会生活中客观规律性与主观能动性的辩证关系，也不可能充分注意到阶级社会中阶级利益冲突和阶级斗争对法律评价标准的深刻影响。

基于以上分析，本书认为，法律责任的本质属性主要体现在以下三个方面。

首先，法律责任是居于统治地位的阶级或社会集团运用法律标准对行为给予的否定性评价。这种评价的直接目的在于为法律制裁提供法律上的前提，其根本目的则在于消除或减少滥用权利和不履行义务的行为，从而使居于统治地位的阶级或社会集团的利益和要求在秩序良好的状态下最大限度地得到实现。

其次，法律责任是自由意志支配下的行为所引起的合乎逻辑的不利法律后果。从法律范畴的逻辑联系上看，典型意义的法律责任（即违法责任和违约责任）总是与行为的内在方面和外在方面联结在一起的。根据"自由意味着责任"这样一条伦理学原则，那些在自由意志支配下的行为，如果其内在方面有过错，其外在方面以作为或不作为的方式对其他个人的和社会的正当利益造成了损害，那么，按照法律的逻辑，行为人就必须对此承担责任。在此意义上，法律责任就是直接由违法行为所引起的不利法律后果。

最后，法律责任也是社会为了维护自身的生存条件而强制性地分配给某些社会成员的一种负担。从系统论的观点来看，社会虽然是由个人组成的，但它并不能完全还原为一个个孤立的个人因素。社会作为一个有机的整体，它使一切个人因素都或多或少地具有了某种社会意义。当事人之间的许多关系都不是纯粹的个人私事。任何违法行为，无论是直接针对自然人和法人，还是针对社会或国家，都是对统治阶级根本利益和国家确认、保护和发展的社会关系、社会秩序和社会发展目标的侵犯，是不能容许的。因此，法律责任的实质是国家对违反法定义务、超越法定权利界限或滥用权利的违法行为所做的法律上的否定性评价和谴责，是国家强制违法者做出一定行为或禁止其做出一定行为，从而补救受到侵害的合法权益，恢复被破坏的法律关系（社会关系）和法律秩序（社会秩序）的手段。在这种意义上，法律责任也是一种纠恶或纠错的机制。

五、法律责任的竞合

法律责任的竞合，是指由于某种法律事实的出现，导致两种或两种以上的法律责任产生，而这些责任之间相互冲突，但又不能同时追究，只能追究其一，这种情况即是法律责任的竞合。

竞合，从语义上讲，是竞相符合或同时该当之意，即同一行为同时符合不同法律责任的构成要件，从而导致了不同法律责任间的冲突。法律责任竞合是法律竞合的一种，它既可发生在同一法律部门内部，如民法上侵权责任和违约责任的竞合；也可发生在不同的法律部门之间，如民事责任、行政责任和刑事责任等的竞合。

法律责任的竞合的特点如下。

（1）数个法律责任的主体为同一法律主体。不同法律主体的不同法律责任可以分别追究，不存在相互冲突的问题。

（2）责任主体实施了一个行为。如果是数个行为分别触犯不同的法律规定，并且符合不同的法律责任构成要件，则应针对各行为追究不同的法律责任，而不能按法律责任的竞合处理。

（3）该行为符合两个或两个以上的法律责任构成要件。行为人虽然仅实施了一个行为，但该行为同时触犯了数个法律规范，符合数个法律责任的构成要件，因而导致了数个法律责任的产生。

（4）数个法律责任之间相互冲突。如果数个法律责任可以被其中之一所吸收（如某犯罪行为的刑事责任吸收了其行政责任），或可以并存（如某犯罪行为的刑事责任与附带民事赔偿责任被同时追究），则不存在法律责任的竞合问题。当责任主体的数个法律责任既不能被其中之一所吸收，也不能并存，而如果同时追究，显然有悖法律原则与精神时，就会发生法律责任之间的冲突，产生竞合。

之所以会发生法律责任的竞合，是因为不同的法律规范从不同角度对社会关系加以调整，而由于法律规范的抽象性以及社会关系的复杂性，不同的法律规范在调整社会关系时可能会产生一定的重合，使得一个行为同时触犯了不同的法律规范，面临数种法律责任，从而引起法律责任的竞合问题。

对于不同法律部门间法律责任的竞合，一般来说，应按重者处之。如果相对较轻的法律责任已经被追究，再追究较重的法律责任应适当考虑折抵。

目前在实践中，法律责任的竞合较多的是指民事上的侵权责任与违约责任的竞合。对这种法律责任的竞合的性质及法律上如何处理，理论上存在争议，各国的法律规定也有所不同。有的国家禁止竞合，规定不得将违约行为视为侵权行为，从而不产生竞合问题；有的则允许或有限制地允许竞合，而赋予当事人选择请求权。如我国《民法典》第一百八十六条规定：因当事人一方的违约行为，损害对方人身权益、财产权益的，受损害方有权选择请求其承担违约责任或者侵权责任。

第二节　法律责任的产生原因和构成要件

一、法律责任的产生原因

法律责任的产生原因包括违法行为、违约行为和法律规定。

（一）违法行为

1. 违法行为的含义

广义的违法行为，指所有违反法律的行为，包括犯罪行为和狭义的违法行为。狭义的违法行为，也可以称为一般侵权行为，包括民事侵权行为和行政侵权行为，指除犯罪外所有非法侵犯他人人身权、财产权、政治权利、精神权利或知识产权的行为。

2. 违法行为的构成要素

违法行为的构成要素如下。

（1）违法行为以违反法律为前提。

（2）违法行为必须是某种违反法律规定的行为。

（3）违法行为必须是在不同程度上侵犯法律上所保护的社会关系的行为。

（4）违法行为需要有行为人的故意或过失。

（5）违法者必须具有法定责任能力或法定行为能力。

3. 违法行为与其他一些行为的区别

（1）违法行为与违反道德的行为及其他不合法但也并不违法的行为的区别。并非所有违法行为都是违反道德的行为，因为有些违法行为并不涉及道德评价的问题。同样，有些违反道德的行为并不构成违法行为。还有一些行为，虽不合法但也并不违法，处于法律调整的范围之外，也不能与违法行为相提并论。

（2）违法行为与法律上无效行为的区别。违法行为当然不能发生行为人实施违法行为时所希冀的为法律所肯定的有效结果，但是不能认为法律上无效的行为都是违法行为，有些法律上无效的行为并不构成违法。

4. 违法行为是法律责任产生的原因

某种行为被认定为违法行为，主要是它在不同程度上侵犯了法律所保护的某种社会关系和社会利益，这是违法行为之所以成立并被追究法律责任的关键。

（二）违约行为和法律规定

（1）违约行为，即违反合同约定，没有履行一定法律关系中的作为义务或不作为义务。

违约行为是产生民事法律责任的重要原因。

（2）法律规定成为法律责任的产生原因，是指从表面上看，责任人并没有从事任何违法行为，也没有违反任何契约义务，仅仅由于出现了法律所规定的法律事实，就要承担某种赔偿责任，它可以导致民事法律责任和行政法律责任的产生。

二、法律责任的构成要件

法律责任的构成是指认定法律责任时所必须考虑的条件和因素。由于法律责任会给责任主体带来法定的不利后果，表明了社会对责任主体的道德非难和法律处罚，因此必须科学、合理地确定法律责任的构成，以保障行为人的行为自由，保护责任主体的利益，实现法律的功能，维持社会秩序，促进社会发展。

由于违法行为和违约行为是最主要、最基本的产生法律责任的原因和根据，是认定和归结法律责任的前提，因此违法行为或违约行为的构成要件与法律责任的构成要件有着密切的关系。根据构成违法行为或违约行为的要件，可以将法律责任的构成要件概括为责任主体、违法行为或违约行为、损害结果、因果关系、主观过错五方面。

（一）责任主体

责任主体是指因违反法律、违反合同约定或违反法律规定的事由而承担法律责任的人，包括自然人、法人和其他社会组织。责任主体是法律责任构成的必备条件。违法、违约首先是一种行为，没有行为就没有违法或违约，而行为是由人的意志支配的活动，因此实施违法或违约必须有行为人。但是，并非任何人都可以成为违法行为或违约行为的实施者，没有行为能力的人就不可能成为实施违法行为或违约行为的人。因此，责任主体与法律责任的有无、种类、大小有着密切的关系。

 案例分析 ⟩ ···

复旦大学林某某投毒案

林某某，复旦大学上海医学院 2010 级硕士研究生，在中山医院实习期间，牵涉复旦大学医学院研究生黄某被投毒死亡案。2013 年 4 月 16 日，警方初步认定同寝室的林某某存在重大作案嫌疑，将其刑事拘留。2014 年 2 月 18 日，上海市第二中级人民法院一审以故意杀人罪判处林某某死刑。2014 年 12 月 8 日此案二审开庭。2015 年 1 月 8 日，上海市高级人民法院宣判，驳回上诉、维持原判，死刑判决依法报请最高人民法院核准。2015 年 12 月 9 日，最高人民法院下发核准林某某死刑的裁定书。2015 年 12 月 11 日，林某某被依法执行死刑，终年 29 岁。

（二）违法行为或违约行为

违法行为或违约行为在法律责任的构成中居于重要地位，是法律责任的核心构成要件。违法行为或违约行为包括作为和不作为两类。作为是指人的积极的身体活动，直接做了法律所禁止或合同所不允许的事自然要导致法律责任。不作为是指人的消极的身体活动，行为人在能够履行自己应尽义务的情况下不履行该义务，如不做法律规定应做的事或不做合同中约定的事，也要承担法律责任。区分作为与不作为，对于确定法律责任的范围、大小具有重要意义。

 案例分析 ＞ ···

承担法律责任必须具备实质违法性——社会危害性

被告人李某，女，21岁。某日李某骑自行车途遇一男青年企图抢其自行车，李某不敢反抗，便主动表示"可以把车推走，但不要伤害她"，同时李某又说车上打气筒是借的，要求留下。男青年表示同意。李某趁其不备用打气筒将男青年击倒在地，并骑车去报案。当李某来到就近的一个屯子时，四周一片漆黑，只有一户人家尚有灯光，李某便寻灯光而去。这家有母女二人，李某向主人说明遭遇后，母女深表同情，李某即留宿在该户人家。母亲恐客人害怕，便让女儿陪宿。男青年被击倒醒来后，悻悻而归，原来李某借宿的正是男青年的家。他一进门便发现自己抢过的自行车在院内，急忙问明来历，母亲叙说了事情的经过。男青年听后急忙问明李某睡觉的位置及方向，母亲说李某在外侧，女儿睡内侧，头朝北。男青年遂持菜刀悄悄拨开房门，在黑暗中摸准睡在炕外侧的人头，照颈部猛砍一刀，杀死了被害人。但事后发现被杀害的不是李某，而是男青年的妹妹。原来，李某躺下后，久久未能入睡，男青年与母亲的谈话以及拿菜刀拨门的声音她都听得一清二楚，在极度恐慌中，李某不得已悄悄移动罪犯的妹妹，将其推至土炕外侧，自己睡在她的位置，才幸免于难。

上述案例的争论点在于是否可以以牺牲他人的生命来维护自己的生命。一种观点认为人的生命是作为人在任何时候都不能被侵犯的权利，是人的最高价值，而且，人的生命具有平等性，绝对不允许为了保护自己的生命而牺牲他人的生命；另一种观点则认为，正因为人的生命是最宝贵的，因此就不能苛求个体在面临生命的现实威胁时，不采取任何可能的手段来保护，所以像上例那样通过献出他人生命来维护自己生命权的方式在刑法上是应该被原谅的。

（三）损害结果

损害结果是指违法行为或违约行为侵犯他人或社会的权利和利益所造成的损失和伤害，包括实际损害、丧失所得利益及预期可得利益。损害结果可以是对人身的损害、财产的损害、精神的损害，也可以是其他方面的损害。损害结果表明法律所保护的合法权益遭受了侵害，因而具有侵害性。同时，损害结果具有确定性，它是违法行为或违约行为已经实际造成的侵害事实，而不是推测的、臆想的、虚构的、尚未发生的情况。损害结果的确定性，表明损害事实在客观上能够认定。认定损害结果时一般根据法律、社会普遍认识、公平观念并结合社会影响、环境等因素进行。

（四）因果关系

因果关系是违法行为或违约行为与损害结果之间的必然联系。因果关系是一种引起与被引起的关系，即一种现象的出现是由于先前存在的另一种现象而引起的，则这两种现象之间就具有因果关系。因果关系是归责的基础和前提，是认定法律责任的基本依据。因果关系对于确定行为主体、认定责任主体、决定责任范围具有重要意义。法律责任中的因果关系是一种特殊的因果关系，它既具有一般因果关系的共性，又有其特殊性。因果关系是客观的，不以人的意志为转移，人们只能根据事物之间的客观联系来判断因果关系的有无。事实上的因果关系极为复杂，一个结果可能由多个原因造成，法律只考虑其中与法律责任认定有关的因素。

 案例分析 ▷ ···

2013 年 4 月 15 日 11 时许，王某和朋友吃完夜宵后步行回家，醉酒的王某在路上对李某搂抱女朋友的行为看不顺眼，硬挤开俩人走到俩人的中间，遭到李某的谩骂。王某愤怒，即追打李某，并对李某拳打脚踢。后被朋友拉开，王某和其朋友离开后，李某因心脏病猝死。经查，王某不知道李某是心脏病患者。

本案中对王某的行为如何定性，有两种不同的观点。第一种观点认为，王某以伤害的故意，实施了伤害他人身体的行为，并造成他人的死亡，应认定为故意伤害致死罪；第二种观点认为，王某对李某系心脏病患者不知情，王某的殴打行为与李某的死亡之间不存在刑法上的因果关系，故本案系意外事件。请结合本案，谈谈你的看法。

（五）主观过错

主观过错是指行为人实施违法行为或违约行为时的主观心理状态。在人类社会的早期，按照客观原则进行归责，因而主观过错对法律责任的构成没有什么意义，仅仅对法律责任的大小有一定关系。现代社会将主观过错作为法律责任的构成要件之一，不同的主观心理状态对于认定某一行为是否有责任及承担何种法律责任有直接的联系。主观过错作为犯罪的主观方面的内容，是犯罪的构成要件之一，对于认定和衡量刑事责任具有重要作用。在民事责任方面，一般也要考虑主观过错，采用过错责任原则。

主观过错包括故意和过失两类。故意是指明知自己的行为会发生危害社会的结果，希望或者放任这种结果发生的心理状态。过失是指应当预见自己的行为可能导致损害他人、危害社会的结果，因为疏忽大意而没有预见，或者已经预见而轻信能够避免，以致发生这种结果的心理状态。

 案例分析 ▷ ···

"蛋壳脑袋"规则

原告符文光与符小串系同乡好友，1991 年 11 月 22 日下午 3 时许，两人在南开乡税务所门前相遇。由于两人久未谋面，原告上前抱住符小串，用自己的前额与符小串前额相碰以示亲热，符小串当即蹲下，称其头晕及身体麻木，经他人扶送回家。随后，符小串被送往海南省人民医院诊治，经诊断为肺癌晚期且癌细胞已转移。1992 年 4 月 1 日，符小串死亡。符小串之子符亚明、符亚宁认为其父之死系原告碰撞其头部所致，要求原告赔偿全部医疗费用及其他费用，并以暴力相威胁。原告不服，称符小串之死系癌症及其转移所致，与碰头无关，遂向法院起诉。请问原告符文光对符小串之死，究竟应不应负赔偿责任？

　　注："蛋壳脑袋"规则，是指某人有一个像"鸡蛋壳那样薄的脑袋"，通常不会对正常人造成伤害的打击却会造成对该人的致命损害。为确定责任，保护受害人，在判断行为与损害之间是否存在因果关系时，应认为存在因果关系并且加害人有"过失"。做出这一判断的最重要原因是，存在损害事实且加害人没有抗辩事由。在"蛋壳脑袋"规则中，应当适用过错责任，而不是公平责任。

第三节　法律责任的分类

　　根据不同标准，法律责任有不同的分类结果。下面介绍我国法学界常见的一些分类方法。

一、公法责任和私法责任

　　根据违法行为所违反的法律的性质可以把法律责任分为私法责任和公法责任。其中私法责任主要是指民事责任，公法责任主要是指行政责任、刑事责任、诉讼责任、国家赔偿责任和违宪责任。

　　所谓民事责任，是指公民或法人因违约、违反民商法律或者因法律规定的其他事由而依法承担的不利后果。所谓行政责任，是指因违反行政法或因行政法规定的事由而应当承担的不利后果，它又包括行政机关及其工作人员的行政责任和行政相对人的法学责任。我国经济法上的法律责任既有民事责任的性质，又有行政责任的性质。例如，违反《中华人民共和国环境保护法》规定的排污行为的责任有损害赔偿（即向受害人支付赔偿金），也有征收排污费、罚款以及警告，即由行政主管机关向排污者实施行政处罚。前者属于民事责任，后者属于行政责任。所谓刑事责任是指因违反刑事法律而应当承担的不利后果。所谓诉讼责任是指诉讼关系主体在各类诉讼活动中违反诉讼法而引起的不利后果。例如，民事诉讼原告不提交证据被审判机关推定为撤诉，承担撤诉责任；被告无故不到庭，则承担缺席判决的不利后果。所谓国家赔偿责任是指在国家机关行使公权力时由于国家机关及其工作人员违法行使职权所引起的由国家作为承担主体的赔偿责任。所谓违宪责任是指有关国家机关制定的某种规范性法律文件或者国家机关做出的具体权力行为与宪法相抵触，从而应当承担的法律责任。

二、过错责任、无过错责任和公平责任

　　根据主观过错在法律责任中的地位，可以把法律责任分为过错责任、无过错责任和公平责任。

所谓过错责任，是指以存在主观过错为必要条件的法律责任，换言之，即承担的责任是以其行为有主观过错为前提的一种责任。它是根据"无过错即无责任"的原则认定的一种法律责任。过错责任是法律责任中最古老、最为普遍的责任形式。过错责任原则起源于古代罗马法，经近代法的继承，在近代各国民法中得到普遍确立并一直被沿用至今。近代法乃至现代法都普遍关心是否能够保障权利主体权利平等，由此引出在承担责任时必须以行为人有过错为前提条件。所以过错责任与权利平等有着密切的联系。

所谓无过错责任，是指不以主观过错的存在为必要条件而认定的责任，换言之，即承担这种责任不必考虑行为人是否存在主观过错。在现代社会，无过错的合法行为，照样可能造成损害，现代法律为了解决合法行为造成的损害而采取了无过错责任制度。在现代高度发达的工业社会中，如果要一一证明过错和损害事实的关系是非常困难的，所以19世纪末20世纪初一些国家确立了无过错责任作为过错责任的补充。我国对于无过错责任的规定主要集中在民法和经济法的一些规定中，如《民法典》规定的高度危险责任、环境污染和生态破坏责任，产品质量法规定的产品责任。一般来说，无过错责任不适用于刑法。

所谓公平责任，是指法无明文规定适用无过错责任，但适用过错责任又显失公平，因而不以行为人有过错为前提并由当事人合理分担的一种特殊的责任。这是在19世纪后期出现的一种特殊的责任。它与无过错责任一样，不以行为人的主观过错为责任承担前提。但与过错责任不同的是，它的适用范围只限于：第一，法律无明确规定要适用无过错责任；第二，如果适用过错责任又显失公平或违背公平合理原则。公平责任反映了道德意识与法律意识、社会责任与法律责任的某种有机统一的趋势。我国法律特别是民事法律方面，也规定过公平责任。例如，原《中华人民共和国民法通则》第一百三十二条规定：当事人对造成损害都没有过错的，可以根据实际情况，由当事人分担民事责任。

三、职务责任和个人责任

根据行为主体的名义，可以把法律责任分为职务责任和个人责任。

所谓职务责任，是指行为主体以职务的身份或名义从事活动时违法所引起的法律责任，它是由该行为主体所属的组织（机关、企业、事业单位或其他组织）来承担责任的。例如，国家行政机关工作人员在履行公务中违反法律导致损害赔偿责任，应当认定为公务行为，承担职务责任。又如，公司成员在履行职务中以公司名义与他人签订合同，当发生违约时，构成职务责任。此时，应当由其所属公司来承担违约责任。

所谓个人责任，是指行为主体以个人的身份或名义从事活动中违法所引起的法律责任，它是由该行为主体个人来承担责任的。例如，国家行政机关工作人员在工作时间之外从事非职务行为时致人损害，则由其本人承担个人责任。

四、财产责任和非财产责任

根据责任承担的内容不同，可以把法律责任分为财产责任和非财产责任。

所谓财产责任，是指以财产为责任承担内容的法律责任，如民事法律中的赔偿损失、返还原物，刑事法律中的罚金、没收财产等。所谓非财产责任是指不以财产为责任承担内容而是以人身、行为、人格等为责任承担内容的法律责任，如拘留、判刑是以人身为责任承担内容的，修理、重作是以行为为责任承担内容的，训诫是以人格为责任承担内容的。

另外，根据责任的承担程度不同，可以把法律责任分为有限责任和无限责任；按照责任的严格程度不同，可以把法律责任分为严格责任、较严格责任和非严格责任；按照责任是否可以联系或转移，可以把法律责任分为单一责任和连带责任。根据责任主体共同行为之间的联系，可以把法律责任分为共同责任和混合责任。

五、民事法律责任、行政法律责任、刑事法律责任和违宪责任

在法律实践中，最基本的分类方法是根据法律责任的类型所做的分类，即把法律责任大致分为民事法律责任、行政法律责任、刑事法律责任和违宪责任四种。

（1）民事法律责任。民事法律责任是指公民或法人因违反法律、违约或者因法律规定的其他事由而依法承担的不利后果。民事法律责任是现代社会常见的法律责任，主要为补偿性的财产责任。民事法律责任的承担者是具有民事责任能力的自然人和法人。同时，在法律规定的某些条件下，国家也是民事责任的主体。民事法律责任主要是由违法行为或违约行为引起的，这种违法行为、违约行为除了民事违法行为和违约行为外，还包括部分刑事违法行为和行政违法行为。

（2）行政法律责任。行政法律责任是指因违反行政法律或行政法规定的事由而应当承担的法定的不利后果。行政法律责任既包括行政机关及其工作人员、授权或委托的社会组织及其工作人员在行政管理中因违法失职、滥用职权或行政不当而产生的行政法律责任，也包括公民、社会组织等行政相对人违反行政法律而产生的行政法律责任。

（3）刑事法律责任。刑事法律责任是指因违反刑事法律而应当承担的法定的不利后果。行为人违反刑事法律的行为必须具备犯罪的构成要件才承担刑事法律责任。刑事法律责任的主体，不仅包括公民，也包括法人和其他社会组织。刑事法律责任的方式为惩罚，即责任主体受到国家强制力的制裁。刑事责任是严格的行为人个人责任。刑事法律责任也是最严厉的一种法律责任。

（4）违宪责任。违宪责任是指因违反宪法而应当承担的法定的不利后果。违宪通常是指有关国家机关制定的某种法律、法规和规章，以及国家机关、社会组织或公民的某种行为与宪法的规定相抵触。现代宪法一般都有"合宪性"的规定，即明确规定宪法具有最高的法律地位和法律效力，因而任何一种违宪的法律、法规、规章和行为都是无效的，都必须承担违宪责任。在我国，全国人民代表大会常务委员会负责监督宪法实施，认定违宪责任。

第四节　法律责任的归结与免除

法律责任的归结是由国家特设或授权的专门机关依照法定程序进行的。在法律领域，认

定违法责任并把它归结于违法者的，只能是具有归责权（追究权）的专门国家机关，而且认定和归结的过程表现为一系列法律程序和活动。

一、归责原则

归责是一个复杂的责任判断过程，判断、确认、追究以及免除责任时必须依照一定的原则。归责原则体现了立法者的价值取向，是责任立法的指导方针，也是指导法律适用的基本准则。归责一般必须遵循以下法律原则。

（一）责任法定原则

责任法定原则的含义如下。

（1）违法行为发生后应当按照法律事先规定的性质、范围、程度、期限、方式追究违法者的责任。法律责任作为一种否定性法律后果，应当由法律规范预先规定，这是法律可预测性的必然要求。

（2）排除无法律依据的责任，即责任擅断和"非法责罚"。国家的任何归责主体都无权向一个责任主体追究法律明文规定以外的责任，任何责任主体都有权拒绝承担法律明文规定以外的责任。刑事责任上还指"罪刑法定主义""法无明文不为罪"。

（3）在一般情况下要排除对行为人有害的既往追溯。国家不能以今天的法律来要求人们昨天的行为，这主要表现为刑法上的不溯及既往原则。

（二）因果联系原则

因果联系原则的含义如下。

（1）在认定行为人违法责任之前，应当首先确认行为与危害或损害结果之间的因果联系，如伤害动作与被害人的伤势状况之间是否存在因果联系是认定法律责任的重要事实依据。

（2）在认定行为人违法责任之前，应当首先确认意志、思想等主观方面因素与外部行为之间的因果联系，有时这也是区分有责任与无责任的重要因素。例如，没有主观上的过错而致使他人对自己的财产失去控制，就不能认定为犯罪。

（3）在认定行为人违法责任之前，应当区分这种因果联系是必然的还是偶然的，直接的还是间接的。有时还存在一因多果，或一果多因，这也影响法律责任的归结和追究方式，所以在具体案件中必须注意区分。

（三）责任相称原则

责任相称原则是法律公正精神在法律责任归结上的具体表现，其含义如下。

（1）法律责任的性质与违法行为的性质相适应。法院在审理案件中往往要准确认定行为性质。因为，只有在确认行为性质后才能确认责任性质。一般来说，民事责任与刑事责任的性质不同，不能用刑事责任方式来追究民事违法行为；合同责任与民事侵权责任不同，不能混淆适用。

（2）法律责任的轻重和种类应当与违法行为的危害或者损害相适应。例如，在刑法领域除了考虑犯罪构成外，还要考虑自首、未遂、中止、主犯和从犯等情节；在民法领域要适当考虑当事人的经济收入、必要的经济支出等。

（3）法律责任的轻重和种类还应当与行为人主观恶性相适应。这也就是所谓"罚当其罪""罪责均衡""赔偿不超额"。否则，不仅不能起到恢复法律秩序和社会正义的目的，还容易产生新的不公正。在责任相称原则中还包含注重责任效益的含义，即在必要时要以立法和司法手段适当加重违法、侵权者的法律责任，提高其违法、侵权的成本，从而抑制违法、侵权和犯罪的发生。

（四）责任自负原则

责任自负原则的含义如下。

（1）违法行为人应当对自己的违法行为负责。

（2）不能让没有违法行为的人承担法律责任，即反对株连或变相株连。

（3）要保证责任人受到法律追究，也要保证无责任者不受法律追究，即做到不枉不纵。在以"身份"联系为特征的古代社会，每个人都因其身份而与家庭、家族和社会密切相连，所以在认定和归结法律责任时盛行株连制，往往一人犯法，祸及家庭、家族，甚至朋友、邻居、同事、部下。责任自负原则是现代法的一般原则。当然，在某些特殊的情况下，为了法律秩序特别是财产保护上的需要，也可能会产生责任转承问题。例如，监护人对被监护人的行为承担替代责任，用人单位对其工作人员的行为承担替代责任，上级对下级的行为承担替代责任，等等。

二、免责条件

免责条件是指对于行为人免除法律责任的条件。免责条件在不同的法律中有不同的规定。一般来说，私法责任与公法责任是有明显区别的。私法上的免责条件充分体现了功利性，这是由于权利主体一方考虑问题更多地会注重利益和成本问题，即功利问题。当事人一方实际上可以把民事纠纷看成交换关系的组成部分，是交换关系的延续。如果当事人一方从功利角度认为没有必要起诉，那么也就不存在诉讼问题，甚至也就不存在责任问题。例如，当事人一方从成本上考虑索赔所得尚不足以维持诉讼费用或者与其商业对手"打官司"将影响双方的正常贸易关系，这样一来他也就放弃补偿要求了；如果对方已经做了补偿（如修复、抢救等），或者与对方有了解决纠纷的协议（甚至交易，如权利主体一方把免责作为今后贸易关系的一项条件），那么责任也就可免除或者成为一种新的合同义务了。私法的免责条件有两种：一种是法定免责条件，另一种是意定免责条件。私法的法定免责条件主要是"不可抗力"。我国民法上的"不可抗力"是指不能预见、不能避免并不能克服的客观情况。正当防卫和紧急避险虽然表面看来像免责条件，实质上它们不属于免责范畴，因为它们从根本上说不构成法律责任。

私法的意定免责条件，即当事人自行决定的免责条件，包括：第一，权利主张超过时效，即权利方当事人不行使其追偿权利，经过一定期限，责任人则被免除了责任；第二，有效补救即责任人或者其他人在国家机关追究责任之前，对于行为引起的损害采取有效补救措施，受害人愿意放弃追究责任时，可以免责；第三，自愿协议，即基于双方当事人在法律允许范围内的协商同意，可以免责。

通常公法责任都由国家专门机关负责认定和追究，并且公法责任不允许在当事人之间进行和解，即所谓"私了"。其免责条件除了不可抗力、正当防卫和紧急避险等类似于私法免责的条件外，还包括：第一，超过时效，即违法者在其违法行为发生一定期限后，不再承担法律责任。例如，我国刑法规定法定最高刑不满五年有期徒刑的，经过五年就不再追究行为人刑事责任。第二，自首或立功，即对于违法之后有立功或者自首表现的人，免除其全部或者部分责任。第三，当事人不起诉，公法案件中也存在权利方当事人不起诉、不受理的情况。例如，行政赔偿、涉及家庭关系等轻微刑事案件，法律责任的承担与否都取决于当事人的起诉行为。在大多数情况下公法责任免责条件的认定并不像私法责任那样由当事人决定，而是由代表国家立场的规范性法律规定并由特定机关认定的。例如，对于立功人员采取刑事免责是由法律规定并由法院以裁决方式认定。

第五节　法律责任的承担与实现

一、法律责任承担与法律责任的实现

由于违反了法律和约定，违法行为人、违约行为人需要付出相应的代价，承担一定的法律责任。

法律责任的承担是一个社会评价的过程，通过法律责任的实现，进行功利补救和道义谴责，以弥补社会损害，有效地分配社会资源，实现立法目的，体现法律权威，进行社会控制，保持社会平衡，恢复社会秩序，恢复社会常态，维护社会公正。

主动地承担法律责任由责任主体自动实现，被动地承担法律责任只能由法定的国家机关等有权主体通过法定程序实现。一般而言，有权追究法律责任的主体是多样的，实现法律责任的方式和程序也各不相同。

二、法律责任的实现方式与承担方式

法律责任的实现方式，简称法律责任方式，是指承担或追究法律责任的具体形式，如刑事处罚、行政罚款、赔偿损失等就是法律责任方式的具体化。任何法律责任都具有国家强制的特点，因此法律责任方式也具有强制性，具体表现为：第一，法律责任由带有强制性的法律来规定；第二，法律责任一般是由有关国家机关来认定和追究，以国家强制力保证法律责任的认定和追究；第三，即使一些可以由当事人自行处理的法律责任，也是由潜在的国家强制力做保障的，即一旦权利人申请国家有关机关执行，该责任也就具有强制性了。

法律责任的承担方式，是指承担或追究法律责任的具体形式，包括制裁、补偿、强制三种。

（一）制裁

制裁是指以法律的道义性为基础，通过国家强制力对责任主体实施的以人身、精神以及财产方面的惩罚为内容的法律制裁。制裁（惩罚）主要有以下三种形式。

1. 民事制裁

民事制裁是指依照民事法律规定对责任人所实施的惩罚性措施，通常是指支付违约金，即一方违约后，不管是否造成对方损害都应当支付给对方一定金额的违约金。它对于责任人即违约方具有惩罚性。

2. 行政制裁

行政制裁是指依照行政法律规定对责任人所实施的惩罚性措施，它主要包括行政处罚、行政处分。行政处罚是指对违反行政法律规定的责任主体给予的警告、罚款、没收、行政拘留等惩罚性措施；行政处分是指对于违法失职的公务员或其他所属人员所实施的惩罚性措施，包括警告、记过、降级、留用察看等惩罚性措施。

3. 刑事制裁

刑事制裁是指依照刑事法律规定对犯罪人所实施的惩罚性措施，即刑罚制裁，在我国刑事制裁包括自由刑、生命刑、资格刑和财产刑，具体分为管制、拘役、有期徒刑、无期徒刑、死刑以及若干附加刑。它是一种最严厉的法律制裁。

（二）补偿

补偿是指以法律上的功利性为基础，通过当事人要求或者国家强制力保证，要求责任主体以作为或不作为形式承担弥补或赔偿的责任方式。补偿主要有以下三种形式。

1. 民事补偿

民事补偿是指依照民事法律规定要求责任人承担的弥补、赔偿等责任方式。民事责任以补偿为主，包括停止侵害、排除妨碍、消除危险、返还财产、恢复原状、赔偿损失、消除影响、恢复名誉、修理、重作、更换，等等。

2. 行政补偿

行政补偿是指依照行政法律规定要求责任人承担的弥补、赔偿等责任方式，我国实践中通常称为行政赔偿。它主要是指行政主体对行政相对人的补偿责任，如因违法行政行为造成相对人损害的行政赔偿、因合法行政行为（如征用土地）造成相对人损害的行政补救。

3. 司法补偿

司法补偿是指司法机关及其工作人员在行使侦查权、检察权、审判权和看守、监狱管理权时，如果违法给无辜公民、法人或者其他组织的生命、健康、自由和财产造成损害，国家应当承担赔偿责任。

司法补偿的特征表现在以下四个方面。

（1）司法补偿的侵权行为主体是司法机关及其工作人员。司法补偿本质上是对因司法权违法行使造成的损害的赔偿，而司法权是由司法机关及其工作人员来行使的，因此侵权主体是司法机关及其工作人员。根据国家赔偿法的相关规定，司法机关及其工作人员主要包括：第一，行使刑事侦查权的公安机关、国家安全机关、军队保卫部门及其工作人员；第二，行使检察权（仅限于刑事检察权）的人民检察院及其工作人员；第三，行使审判权的人民法院（包括专门人民法院，如军事法院）及其工作人员；第四，行使监狱管理权的机关及其工作人员。此为司法补偿的形式特征。

（2）司法补偿的原因是司法机关及其工作人员在司法活动中违法行使司法权侵害了公民、法人或者其他组织的合法权益。在我国，公安机关具有治安行政管理与刑事侦查两种职能，分别体现为行政权行使主体与司法权行使主体，其在履行治安行政管理过程中违法侵害他人合法权益的，产生行政赔偿责任；在履行刑事侦查职能时违法侵害他人合法权益的，产生司法补偿责任。

（3）司法补偿实行有限赔偿原则，范围很窄。在刑事赔偿中，只对无罪被羁押者以及错误判处死刑并已执行的人给予赔偿，而对轻罪重判、有罪被超期羁押的不予赔偿。在民事诉讼、行政诉讼中，国家只对人民法院违法采取妨害诉讼的强制措施、保全措施以及执行措施等造成的损害给予赔偿，对因错误判决造成的损害以及其他诉讼行为造成的损害则不予赔偿。

（4）司法补偿以独特的非诉讼程序进行。该程序分为侵权机关及侵权行为人所在机关自我确认行为违法并赔偿的程序；上级机关对赔偿复议的程序；人民法院赔偿委员会对赔偿的决定程序。

 案例分析

呼格吉勒图案

1996 年 4 月 9 日，内蒙古自治区呼和浩特市毛纺厂女厕发生强奸杀人案，随后，年仅 18 周岁的职工呼格吉勒图被认定为凶手。法院判决呼格吉勒图死刑并立即执行。2005 年，内蒙古系列强奸杀人案凶手赵志红落网，其交代的数起案件中就包括"4·9"毛纺厂女厕强奸杀人案，从而引发媒体和社会对呼格吉勒图案的广泛关注。2014 年 11 月 20 日，内蒙古自治区高级人民法院宣布，经过对呼格吉勒图案的申诉审查，认为本案符合重新审判条件，决定再审。2014 年 12 月 15 日上午，内蒙古自治区高级人民法院向呼格吉勒图父母送达了呼格吉勒图案冉审判决书。再审判决主要内容：一、撤销内蒙古自治区高级人民法院（1996）内刑终字第 199 号刑事裁定和呼和浩特市中级人民法院（1996）呼刑初字第 37 号刑事判决；二、原审被告人呼格吉勒图无罪。呼格吉勒图案国家赔偿项目及金额如下：向赔偿请求人李三仁、尚爱云支付死亡赔偿金、丧葬费共计 1 047 580 元；向赔偿请求人李三仁、尚爱云支付呼格吉勒图生前被羁押 60 日的限制人身自由赔偿金 12 041.40 元；向赔偿请求人李三仁、尚爱云支付精神损害抚慰金 100 万元。以上各项合计 2 059 621.40 元。2015 年 11 月 11 日凌晨 5 时，呼格吉勒图的骨灰被迁入离呼和浩特市区约 30 公里的新墓地安葬。

（三）强制

强制是指国家通过强制力迫使不履行义务的责任主体履行义务。强制的功能在于保障义务的履行，从而实现权利，使法律关系正常运作。强制包括对人身的强制、对财产的强制。对人身的强制有拘传、强制传唤、强制戒毒、强制治疗、强制检疫等方式。对财产的强制有强制划拨、强制扣缴、强制拆除、强制拍卖、强制变卖等方式。强制是承担行政法律责任的主要方式。强制主要为直接强制，也有代执行、执行罚等间接强制。

三、法律责任的减轻与免除

法律责任的减轻和免除，即通常所说的免责。"免责"同"无责任"或"不负责任"在内涵上是不同的。免责以法律责任的存在为前提，是指虽然违法者事实上违反了法律，并且具备承担法律责任的条件，但由于法律规定的某些主观或客观条件，可以被部分或全部地免除（不实际承担）法律责任。无责任或不负责任则是指虽然行为人事实上或形式上违反了法律，但因其不具备法律上应负责任的条件，故没有（不承担）法律责任。这两种情况时常被混淆。例如，许多论著和法规把未达到法定责任年龄、精神失常、正当防卫、紧急避险等不负法律责任的条件当作免除法律责任的条件。

在我国的法律规定中，免责的条件和情况是多种多样的，主要有以下情况。

（一）时效免责

即违法者在其违法行为发生一定期限后不再承担强制性法律责任。时效免责初看起来是不公正的，但实际上它对于保障当事人的合法权利，督促法律关系的主体及时行使权利、结清债务，维护社会秩序的稳定，以及提高法院的工作效率和质量，有着重要的意义。

（二）不诉免责

即所谓"告诉才处理""不告不理"。在我国，不仅大多数民事违法行为是受害当事人或有关人告诉才处理，而且有些轻微的刑事违法行为也是不告不理。不告不理意味着当事人不告，国家就不会把法律责任归结于违法者，即意味着违法者实际上被免除了法律责任。在法律实践中，还有一种类似不诉免责的免责方式，即在国家机关宣布有责主体须承担法律责任的情况下，权利主体自己主动放弃执行法律责任的请求。必须注意，作为免责形式的"不告诉"必须是出于被害人及其代理人的自由意志。如果"不告诉"是在某种压力或强制环境下做出的，则不构成免除有责主体的法律责任的条件和依据。

（三）自首、立功免责

即刑法规定犯罪者在犯罪后有自首和立功表现的，可以从轻、减轻或者免除处罚。犯罪后自首又有重大立功表现的，应当减轻或者免除处罚。

（四）补救免责

即对于那些实施违法行为，造成一定损害，但在国家机关归责之前采取及时补救措施的人免除其部分或全部责任。这种免责的理由是违法者在归责之前已经超前履行了第二性义务。

（五）协议免责或意定免责

即基于双方当事人在法律允许的范围内的协商同意的免责，即所谓"私了"。这种免责一般不适用于犯罪行为和行政违法行为（"公法"领域的违法行为），仅适用于民事违法行为（"私法"领域的违法行为）。

（六）自助免责

自助免责是对自助行为所引起的法律责任的减轻或免除。所谓自助行为是指权利人为保护自己的权利，在情势紧迫而又不能及时请求国家机关予以救助的情况下，依靠自己的力量，对他人的财产或自由施加扣押、拘束或其他相应措施，而为法律或社会公共道德所认可的行为。自助行为可以免除部分或全部法律责任。

（七）人道主义免责

权利是以权利相对人即义务人的实际履行能力为限度的。在权利相对人没有能力履行部分责任或全部责任的情况下，有关的国家机关或权利主体可以出于人道主义考虑部分免除或全部免除有责主体的法律责任。例如在损害赔偿的民事案件中，人民法院在确定赔偿责任的范围和数额时，应当考虑到有责主体的财产状况、收入能力、借贷能力等，适当减轻或者免除责任，而不应使有责主体及其家庭因赔偿损失而处于无家可归、不能生计的状态。在有责主体无履行能力的情况下，即使人民法院把法律责任归结于他并试图强制执行，也会因其不能履行而落空。

 本章复习题

一、选择题

1. 根据本书观点，法律责任是（　　）。

A. 法律的否定性评价　　　　　　　　B. 法律上的不利后果

C. 国家实施的法律制裁　　　　　　　D. 违反第一性义务而引起的第二性义务

2. 西方法学家在法律责任的本质问题上形成的影响较大的理论中不包括（　　）。

A. 道义责任论　　　B. 社会责任论　　　C. 规范责任论　　　D. 国家责任论

3. 违法行为或违约行为与损害结果之间的必然联系，在法律责任的构成中是指（　　）。

A. 责任主体　　　　B. 因果关系　　　C. 主观过错　　　D. 法律规定

4. "违法者应对自己出于自由意志做出的违法行为负责"，在法律责任的本质问题上持此观点的是（　　）。

A. 道义责任论　　　B. 规范责任论　　　C. 社会责任论　　　D. 否定性评价论

5. 道义责任论的理论基础是（　　　）。

A. 假定人的意志是自由的

B. 假定一切事物都有其规律性、必然性和因果制约性

C. 认为法体现了社会的价值观念，是指引和评价人的行为的规范

D. 认为社会由道德调整

6. 在法律责任的本质问题上，有法学家认为，只能根据行为人的行为环境和行为的社会危险性来确定法律责任的有无和轻重；确定和强制履行法律责任，一方面是为了维护社会秩序和社会存在，另一方面是为了使违法者适应社会生活和再社会化。持此观点的是（　　　）。

A. 道义责任论　　　B. 规范责任论　　　C. 社会责任论　　　D. 否定性评价论

7. 下列选项中，错误的说法是（　　　）。

A. 将法律责任界定为法律的否定性评价，这种观点与"规范责任论"存在密切联系

B. 持"道义责任论"者认为对违法者的道义责难是法律责任的本质所在

C. 持"社会责任论"者认为出现违法行为并不只是违法者自己的责任

D. 认定和追究法律责任的唯一、最终目的就是惩罚违法者、违约者

8. 将法律责任界定为法律的否定性评价，这种观点实际上属于（　　　）。

A. 道义责任论　　　B. 规范责任论　　　C. 社会责任论　　　D. 义务论

9. 根据教材观点，法律责任的核心构成要素是（　　　）。

A. 责任主体　　　　　　　　　B. 违法行为或违约行为

C. 损害结果　　　　　　　　　D. 主观过错

10. 法律责任构成的必备条件是（　　　）。

A. 责任主体　　　　　　　　　B. 违法行为或违约行为

C. 主观过错　　　　　　　　　D. 损害结果

11. 民事法律责任主要是（　　　）。

A. 财产责任　　　B. 惩罚性责任　　　C. 国家责任　　　D. 有限责任

12. 关于民事法律责任，下列选项中说法错误的是（　　　）。

A. 民事法律责任主要是补偿性的财产责任

B. 民事法律责任主要为自然人责任和法人责任，特殊情况下也会出现国家责任

C. 行为人即使没有违法行为和违约行为也可能要承担民事法律责任

D. 刑事违法行为和行政违法行为不会引起民事法律责任

13. 某县人民代表大会常务委员会做出了一项关于对屡次上访不听劝阻的人员可以拘留15日的决定。该县人民代表大会常务委员会做出的这一决定将直接引起（　　　）。

A. 民事法律责任　　　　　　　B. 行政法律责任

C. 刑事责任　　　　　　　　　D. 违宪责任

14. 下列选项中说法错误的是（　　　）。

A. 承担民事法律责任的主体一般为具有民事责任能力的自然人和法人

B. 行政法律责任的责任主体限于行政机关及其工作人员或者授权委托的社会组织及其

工作人员

  C. 刑事法律责任的主体既可能是公民，也可能是法人和其他社会组织

  D. 违宪责任只能由立法行为引起

15. 甲、乙二人依法签订合同，甲在合同约定的交货期限内无故拖延交货，给乙造成了 2 万元的损失。甲在乙的强烈要求下，交付了货物，赔偿了乙 2 万元的损失。甲赔偿乙损失的行为，从法律责任的承担与实现方式上来看，属于（ ）。

  A. 惩罚　　　　B. 主动承担　　　C. 法律制裁　　　D. 被动承担

16. 违约行为人在国家的强制下支付违约金属于（ ）。

  A. 民事制裁　　B. 行政制裁　　　C. 刑事制裁　　　D. 违宪制裁

17. 记过、降级、降职属于（ ）。

  A. 行政处罚　　B. 行政处分　　　C. 民事制裁　　　D. 违宪制裁

18. 撤销规范性法律文件、罢免国家机关的领导人员，属于（ ）。

  A. 民事制裁　　B. 违宪制裁　　　C. 刑事制裁　　　D. 行政制裁

19. 刑事法律责任的认定和归结权属于（ ）。

  A. 公安机关　　B. 人民检察院　　C. 人民法院　　　D. 监狱

20. 责任法定原则直接体现的是（ ）。

  A. 法治原则　　B. 平等原则　　　C. 公平原则　　　D. 差别原则

21. 责任与处罚相当原则直接体现的是（ ）。

  A. 法治原则　　B. 平等原则　　　C. 公平原则　　　D. 差别原则

22. 法律责任的大小、处罚的轻重应与违法行为或违约行为的轻重相适应，这是法律责任归责原则中的（ ）。

  A. 责任法定原则　　　　　　　　　B. 因果联系原则

  C. 责任与处罚相当原则　　　　　　D. 责任自负原则

23. 甲开高级轿车行至路口遇红灯停车，乙骑自行车飞快穿越路口撞碎甲车前大灯，甲修理大灯花费 2 000 元。甲让乙赔偿，乙称无钱，甲诉至法院。法院查明乙下岗多年，靠送水勉强维持生计且居无定所，借住水业公司办公室，遂驳回了甲的诉讼请求。这一案件中影响法院判决的是（ ）。

  A. 不诉免责　　B. 补救免责　　　C. 自助免责　　　D. 人道主义免责

24. 家住偏远山区的王某将入室抢劫的刘某捆绑起来，关押了 6 小时之后，才将刘某押送到 20 公里以外的乡派出所。王某关押刘某的行为可以免除法律责任，这属于（ ）。

  A. 协议免责　　B. 补救免责　　　C. 自助免责　　　D. 人道主义免责

25. 某律师因指使证人作伪证而被省司法厅吊销了律师执业证书，对该律师的这种处理属于（ ）。

  A. 行政处罚　　B. 行政处分　　　C. 民事制裁　　　D. 违宪制裁

26. 张老太介绍其孙与马先生之女相识，经张老太之手曾给付女方"认大小"钱 10 100 元，后双方分手。张老太作为媒人，去马家商量退还"认大小"钱时发生争执。因张老太犯病，马先生将其送医院，并垫付医疗费 1 251.43 元。后张老太以马家未返还"认大小"钱为

由，拒绝偿付医药费。马先生以不当得利为由诉至法院。法院考虑此次纠纷起因及张老太疾病的诱因，判决张老太返还马先生医疗费 1 000 元。关于本案，下列理解正确的是（   ）。

A. 我国男女双方订婚前由男方付"认大小"钱是通行的习惯法

B. 张老太犯病直接构成与马先生的医药费返还法律关系的法律事实

C. 法院判决时将保护当事人的自由和效益原则作为主要的判断标准

D. 本案的争议焦点不在于事实确认而在于法律认定

27. 《中华人民共和国民法典》第一百八十六条规定："因当事人一方的违约行为，损害对方人身权益、财产权益的，受损害方有权选择请求其承担违约责任或者侵权责任。"该条款规定了（   ）这一法律现象的处理原则。

A. 法律位阶的冲突　　　　　　　　B. 法律责任的免除

C. 法律价值的冲突　　　　　　　　D. 法律责任的竞合

28. 张某过马路闯红灯，司机李某开车躲闪不及将张某撞伤，法院查明李某没有违章，依据《中华人民共和国道路交通安全法》的规定判李某承担 10% 的赔偿责任。关于本案，下列选项错误的是（   ）。

A. 《中华人民共和国道路交通安全法》属于正式的法的渊源

B. 违法行为并非承担法律责任的唯一根源

C. 如果李某自愿支付超过 10% 的赔偿金，法院以民事调解书加以确认，则李某不能反悔

D. 李某所承担的是一种竞合的责任

29. 从违法行为的构成要素来看，判断某一行为是否违法的关键因素是（   ）。

A. 该行为在法律上被确认为违法

B. 该行为有故意或者过失的过错

C. 该行为由具有责任能力的主体做出

D. 该行为侵犯了法律所保护的某种社会关系和社会利益

30. 某医院确诊张某为癌症晚期，建议采取放射治疗，张某同意。医院在放射治疗过程中致张某伤残。张某向法院提起诉讼要求医院赔偿。法院经审理后认定，张某的伤残确系医院的医疗行为所致。但法官在归责时发现，该案既可适用《医疗事故处理条例》的过错原则，也可适用原《中华人民共和国民法通则》第一百零六条第三款规定的无过错原则。这是一种法律责任竞合现象。对此，下列说法错误的是（   ）。

A. 该法律责任竞合实质上是指两个不同的法律规范可以同时适用于同一案件

B. 法律责任竞合往往是在法律事实的认定过程中发现的

C. 法律责任竞合是法律实践中的一种客观存在，因而各国在立法层面对其做出了相同的规定

D. 法律解释是解决法律责任竞合的一种途径或方法

二、简答题

1. 法律责任的本质属性包括哪些方面？

2. 简答法律责任的构成要素。

3. 我国认定和归结法律责任的原则有哪些？

4. 在我国法律规定和法律实践中，免责的条件和情况主要有哪些？

5. 试述责任法定原则。

6. 试述责任与处罚相当原则。

参 考 文 献

[1] 沈宗灵. 现代西方法理学 [M]. 北京：北京大学出版社，1992.

[2] 吕世伦. 当代西方理论法学研究 [M]. 北京：中国人民大学出版社，1997.

[3] 奥斯丁. 法理学的范围 [M]. 刘星，译. 北京：中国法制出版社，2002.

[4] 庞德. 法理学：第 1 卷 [M]. 邓正来，译. 北京：中国政法大学出版社，2004.

[5] 刘升平，冯治良. 走向 21 世纪的法理学 [M]. 昆明：云南大学出版社，1996.

[6] 张文显. 马克思主义法理学：理论、方法和前沿 [M]. 北京：高等教育出版社，2003.

[7] 哈特. 法律的概念 [M]. 张文显，译. 北京：中国大百科全书出版社，1998.

[8] 张晓芝，杨建军. 法理学 [M]. 西安：西北大学出版社，2006.

[9] 葛洪义. 法理学 [M]. 北京：中国政法大学出版社，2012.

[10] 张文显. 法理学 [M]. 4 版. 北京：高等教育出版社，2012.

[11] 卓泽渊. 法理学 [M]. 北京：法律出版社，2009.

[12] 卓泽渊. 法学导论 [M]. 北京：法律出版社，2014.

[13] 朱力宇. 法理学原理与案例教程 [M]. 北京：中国人民大学出版社，2007.

[14] 马克思，恩格斯. 共产党宣言 [M]. 北京：人民出版社，1972.

[15] 博登海默. 法理学：法律哲学与法律方法 [M]. 邓正来，译. 北京：中国政法大学出版社，1999.

[16] 孙国华. 马克思主义法理学研究：关于法的概念和本质的原理 [M]. 北京：群众出版社，1996.

[17] 黄健武. 法理学 [M]. 广州：广东人民出版社，2008.

[18] 付子堂. 法理学初阶 [M]. 北京：法律出版社，2006.

[19] 舒国滢. 法理学导论 [M]. 北京：北京大学出版社，2006.

[20] 舒国滢. 法理学阶梯 [M]. 北京：清华大学出版社，2006.

[21] 波斯纳. 法理学问题 [M]. 北京：中国政法大学出版社，2004.

[22] 劳埃德. 法理学 [M]. 许章润，译. 北京：法律出版社，2007.

[23] 霍姆斯. 法律的生命在于经验：霍姆斯法学文集 [M]. 北京：清华大学出版社，2007.

[24] 李希昆，施蔚然. 法理学 [M]. 昆明：云南大学出版社，2008.

[25] 刘星. 法律是什么 [M]. 北京：中国政法大学出版社，1996.

[26] 梁治平. 法律的文化解释 [M]. 上海：上海三联书店，1995.

[27] 马长山. 法理学导论 [M]. 北京：北京大学出版社，2014.

[28] 拉德布鲁赫. 法律智慧警句集 [M]. 北京：中国法制出版社，2001.

[29] 瞿同祖. 中国法律与中国社会 [M]. 北京：中华书局，2003.

[30] 费孝通. 乡土中国 生育制度 [M]. 北京：北京大学出版社，1998.